2024 年度河南省高校人文社会科学一般项目结项成果"数字经济促进制造业转型升级研究"（编号：2024-ZDJH-102）

数字经济背景下中国制造业的转型与升级

薄利娜◎著

中国商务出版社

·北京·

图书在版编目（CIP）数据

数字经济背景下中国制造业的转型与升级／薄利娜
著. --北京：中国商务出版社，2023.12
ISBN 978-7-5103-5090-0

Ⅰ.①数…　Ⅱ.①薄…　Ⅲ.①制造工业—产业结构升
级—研究—中国　Ⅳ.①F426.4

中国国家版本馆 CIP 数据核字（2024）第 029112 号

数字经济背景下中国制造业的转型与升级

薄利娜◎著

出版发行：中国商务出版社有限公司

地　　址：北京市东城区安定门外大街东后巷 28 号　邮　　编：100710

网　　址：http://www.cctpress.com

联系电话：010—64515150（发行部）　　010—64212247（总编室）
　　　　　010—64515164（事业部）　　010—64248236（印制部）

责任编辑：薛庆林

排　　版：北京天逸合文化有限公司

印　　刷：宝蕾元仁浩（天津）印刷有限公司

开　　本：787 毫米×1092 毫米　1/16

印　　张：14.75　　　　　　　　　　　字　　数：218 千字

版　　次：2023 年 12 月第 1 版　　　　　印　　次：2023 年 12 月第 1 次印刷

书　　号：ISBN 978-7-5103-5090-0

定　　价：79.00 元

前 言

随着物联网、云计算、AI 等新型数字化技术的发展，数字经济也呈现出了新的形式。如今，数字经济被很多国家作为国家发展战略的重点内容，推动了新一轮产业变革，也为国际竞争力的提升提供了支撑。数字经济的出现与发展将催生出诸多新业态，增强我国经济发展活力，进而实现产业的高质量发展。同时，我国制造业在发展中也面临着一些突出问题，在经济高质量发展、产业转型升级的影响下，数字经济与中国制造业之间的融合将推动制造业朝着智能化、高附加值、个性化转变，更好地满足消费者的需求，适应国家发展规划。本书基于数字经济背景探索中国制造业的转型与升级，可以划分为五个部分，第一部分为绪论，对国内外学者相关理论研究成果进行了梳理与总结，简要概述了本书研究背景与意义、研究现状、研究思路与内容以及研究方法。第二部分为数字经济背景下中国制造业转型与升级的理论阐述，对数字经济、制造业转型与升级的概念进行界定，针对经济增长理论、产业结构升级理论、创新驱动理论、产业集群理论、长尾理论、市场均衡理论明晰了本书研究的理论基础。第三部分为数字经济对中国制造业转型与升级的影响机理分析，主要分析阐述了制造业企业技术创新影响、制造业企业资本循环影响，以及制造业产业转型与升级影响。第四部分为数字经济背景下中国制造业转型升级的现状与问题，研究了我国数字经济发展现状、中国制造业发展现状以及数字经济赋能中国制造业高质量发展现状，剖析了数字经济背景下中国制造业转型与升级面临的问题，体现在数字化基础设施不完善、数据共享与整合难度较大、企业数字化转型阻碍较多、复合型高层次人才欠缺等方面。第五部分为数字经济背景下中国制造业转型与升级的优化策略，从阶梯式、雁阵式两个角度明确了数字经济背景下中国制造业转型升级的思路，并提出了具体的优化策略，以及对数字经济背景下中国制造业转型与升级的未来展望。

　　总之，中国是当今世界上发展最快的经济体，要积极主动地抢占全球数字竞争先机，应对数字经济对我国制造业带来的新机遇和新挑战，通过解决制造业转型升级中遇到的各种问题，为实现制造强国提供助力。由于本人研究精力有限，书中难免有不足之处，望该领域的专家学者能够给予批评与意见，在日后的研究中将进一步完善与优化，特此感谢。

薄利娜

2023 年 12 月

目　录

第一章　绪　论

第一节　研究背景与意义

一、研究背景

改革开放以来，我国制造业呈现出了良好的发展态势，在中国经济社会发展中占据着重要的地位。如今，中国制造业规模位于世界首位，已经构建了完备的、独立的、庞大的产业体系，尤其是在高端制造领域中不断突破和创新，如超级计算机、光伏、高铁、新能源汽车、大型飞机、载人深潜、载人航天、北斗卫星导航、万米级深海石油钻探装备、百万千瓦级发电设备等，形成了一批又一批世界级的优势产业和骨干企业，为我国现代化进程的推进提供了助力，彰显了我国的总体实力。根据国家统计局发布的数据，2018 年我国制造业总产值超过 26 万亿元，同比增长 6.2 个百分点，占同年国内生产总值的 29.4%，几乎是美、日、德三个国家的制造业产值之和。现在，中国是世界制造业第一大国、世界第二大经济体。根据《中国制造 2025》实施规划，我国将在 21 世纪中叶建成引领世界制造业发展的制造强国，为实现社会主义现代化强国梦打下坚实基础。

但不容忽视的是，我国制造业在发展壮大的过程中也遇到了很多挑战，需要转型与升级。首先，关键技术领域存在着短板，中国制造业在一些关键

数字经济背景下中国制造业的转型与升级

技术领域中发展比较缓慢，起步也稍晚一些，比如核心零部件、先进工艺、关键基础材料等，并且存在经验积累不足，人才欠缺，投资渠道单一等问题，部分行业过度依赖进口，导致我国制造业核心竞争力被大大削弱。其次，比较优势不明显，以前中国借助人口红利、资源禀赋、投资驱动等优势发展了众多劳动密集型产业，这些产业大多来自发达国家，中国制造业在发展的同时也成了世界代工厂，不仅利润低，附加值也不高。随着我国经济社会的不断发展，成本逐渐上升，资源利用率下降，对环境造成了危害，加上盲目投资也带来了一定的产能过剩，最终导致中国制造业的比较优势被削弱，传统的粗放型"代工厂模式"已经无法满足结构调整、提质增效的需求，急需进行转型。最后，国际竞争日益加剧，2008 年国际金融危机爆发，促使西方发达国家制定了相应的工业化发展战略，将制造业当作经济复苏的主要手段，例如美国在 2011 年就制订了多项先进制造业计划，借助智能制造、工业互联网等渠道来推动制造业的进一步发展，从而抢占新一轮工业革命制高点，掌握全球经济主导权。德国在 2013 年提出了工业 4.0 战略，强调加强数字经济与制造业之间的融合，开展智能制造，并且为全球范围内的智能制造提供必要的设备设施。英国于 2013 年提出了"英国工业 2050"计划，确定了新一代信息技术改造下英国制造业发展的方向，同时日本也提出了"日本再兴战略"，强调了人工智能的价值与地位，提出要在世界机器人产业中占据核心地位。这些国家所制定的战略规划表明了发达国家通过数字经济复苏制造业的决心和信心。发达国家再工业化对我国制造业也产生了深远的影响，并深刻地影响着我国制造业的市场供求。

从供给侧的角度来看，发达国家与中国围绕技术、知识、标准、人才和资本等创新要素展开的竞争不可避免，发达国家再工业化和中国制造业转型升级都是以技术创新为根本，以智能制造为突破点，对创新要素的需求必然存在竞争。改革开放四十年来，中国积极通过以市场换技术、基于进口商品的逆向工程、基于外商直接投资的技术外溢、海外并购、出国留学和交流等多种正规渠道获取国际创新要素，弥补国内资源短缺，创新能力显著增强。世界知识产权组织（WIPO）发布的"全球创新指数"显示，中国 2016 年成为首个跻身该指数 25 强的中等收入经济体，2019 年中国创新指数全球排名第 14 位，名次连续四年上升。① 由此可见，我国创新能力在不断提升，但是也遭受了发达国家的技术封锁和威胁，部分发达国家凭借自身的优势不断地阻挠我国制造业的转型与升级。

从需求侧的角度来看，发达国家与中国的制造业对国际市场的争夺日渐加剧：首先是新兴大国和传统强国的发展关系使然，中国作为负责任的新兴大国，始终致力于维护一个互利共赢的开放型世界经济，中国制造业以"一带一路"倡议为契机实行的全球化发展，必然引起美国等传统强国的不安和警惕；其次是制造业未来发展的重点领域使然，生物、新能源汽车、新能源、新材料、节能环保、装备制造、新一代信息技术等战略性新兴产业既是我国制造业转型升级的方向，也是发达国家再工业化的目标，发展方向的相似性引发了出口市场的重叠性。据此，以美国为主的发达国家实施了贸易保护主义，通过挑起贸易争端、制造贸易摩擦等方式来阻止中国制造业出口。

面对这一现实情况，中国制造业急需进行转型与升级，走一条稳定的、健康的、可持续的发展之路。数字经济依赖于数字化的信息与知识，体现出了较强的渗透性、先导性与融合性，形成了新一代信息技术，对传统产业的方方面面产生了影响，深刻地改变了传统产业的技术模式、资源要素、市场需求结构等，为中国制造业转型与升级提供了便利的条件。为此，我国政府也制定了一系列的发展政策，例如 2018 年习近平总书记在国家网络安全和信息化工作会议上提到，要切实推进产业数字化，借助新技术对传统产业开展相应的改造，凸显出数字经济的功能。② 2020 年 1 月，教育部、国家发展改革委、财政部共同发布了《关于"双一流"建设高校促进学科融合 加快人工智能领域研究生培养的若干意见》，提出要针对基础理论、原创算法、高端芯片、生态系统构建完善的硕博学术型人才培养体系，激励高水平人才勇闯

---

① 2019 年全球创新指数排名发布：中国排名升至第 14 位，2019-07-24。据新华网新华视频首页：http://www.xinhuanet.com//video/2019-07/24/c_ 1210212590.htm.

② 习近平. 敏锐抓住信息化发展历史机遇 自主创新推进网络强国建设 [N]. 人民日报，2018-04-22 (01).

"无人区"。① 这意味着党和国家已经认识到了人工智能人才培养的重要性，将高水平的核心科研作为人才培养的重心。

总之，21 世纪是数字经济的时代，我们必须紧抓全球数字竞争的先机，制定新的战略规划，为中国制造业转型升级提供助力。

二、研究意义

如今，数字经济已经迎来了黄金发展期，逐渐渗透到了传统产业的方方面面，对传统产业的关键要素、技术突破、基础设施等方面产生了重要的促进作用，也成了我国制造业克服发展困境的有力武器，体现出了鲜明的理论价值与意义。

理论意义：数字经济的发展可能导致新一轮世界格局的变更。数字基础设施、数字技术、数字金融等均已成为助推我国制造业转型升级的重要抓手。尽管数字经济已经以各种形态融入经济生活的方方面面，并为经济发展带来新动能，但是关于数字经济能否促进制造业转型升级的相关学术研究仍较少。通过梳理相关文献，发现在数字经济与产业发展关系方面的研究较少，因此，本书着重研究数字经济对制造业转型升级的影响及面临的现实困境与解决对策，丰富了传统产业研究，对于制造业数字化转型政策的制定提供了相应的理论支持，具有较为重要的理论意义。

现实意义：制造业发展在我国经济发展中发挥着关键的影响作用，为我国经济发展提供了强劲的动力。我国是世界上规模最大的制造业国家，制造业工业体系也十分完备，但是由于核心技术、关键技术十分欠缺，我国制造业始终处于劣势地位，面对着激烈的行业竞争。为了解决这一现实困境，我国颁布了《中国制造 2025》，明确规划了制造业未来发展方向，该规划也提出，信息技术的有效应用是我国制造业发展的关键环节，要致力于构建数字化的、智能化的、网络化的生产管理模式，从而切实地增强我国制造业整体

---

① 教育部，发改委，财政部．关于"双一流"建设高校促进学科融合　加快人工智能领域研究生培养的若干意见，2020-01-21。

发展水平，因此，研究数字经济时代下我国制造业转型升级具有十分重要的现实价值。

第二节　国内外研究现状综述

一、国外研究现状综述

（一）关于数字经济的相关研究

国外学者对数字经济进行了丰富的理论研究，如 B. Erkut（2020）认为数字治理是数字经济的重要保障，数字化治理不能单纯以数字方式提供政府服务，要使人们参与决策过程的治理结构，同时避免政府滥用大数据。[①] S. Ojanperä 等人（2019）认为数字经济能够对创造经济价值的方式进行一定的改变，因为数字经济可以深刻地影响商业结构和相关流程。[②] B. Greve（2019）从产业融合的角度认为数字经济对欧洲福利国家企业就业和融资起到了关键的影响作用，先进的数字技术加快了产业融合的进程。[③] R. Bukht 等人（2017）认为数字经济是由新一代信息技术和基于数字商品或数字服务的商业模式所产生的经济产出部分，注重数字经济的产出功能。[④] A. Gannamaneni（2017）认为可以采用免费数字内容的核算方式对数字经济进行测量，通过对数字化产品、福利变化的研究来精确地获取数字经济测量结果。[⑤] P. Miller 等人（2001）认为数字经济是一种新的经济形态，涉及新一代信息技术、网络

① Erkut B. From digital government to digital governance：are we there yet？[J]. *Sustainability*, 2020, 12（03）：860.

② Ojanperä S, Graham M, Zook M. The digital knowledge economy index：mapping content production [J]. *The Journal of Development Studies*, 2019, 55（12）：2626-2643.

③ Greve B. The digital economy and the future of European welfare states [J]. *International Social Security Review*, 2019, 72（03）：79-94.

④ Bukht R, Heeks R. Defining, conceptualising and measuring the digital economy [J]. *Development Informatics working paper*, 2017（68）.

⑤ Gannamaneni A. Using massive online choice experiments to measure changes in well-being [D]. *Massachusetts Institute of Technology*, 2017.

设施、数据要素，不仅与电子信息制造业、信息技术服务业、互联网行业等紧密相关，同时也涵盖了政府借助新一代信息技术开展的数字化创新，例如治理模式创新、治理能力创新、治理体系创新等。[1] T. L. Mesenbourg（2001）认为数字经济主要是由电子商务、电子商务流程、电子商务基础设施三个部分组成的，由于行业范围界定存在一定的差异性，导致行业规模无法得到准确的测量，对数字经济概念的界定也产生了影响。[2]

（二）关于制造业转型升级的相关研究

J. C. Anyanwu（2018）对 1990—2011 年非洲大陆的人力资本进行了研究，结果表明人力资本是制造业结构升级的重要影响因素，随着教育程度的不断提升，人力资本对制造业增加值的影响呈现出了明显的正相关，促进了制造业结构升级。[3] A. Caputo 等（2016）认为物联网与制造业之间的融合，能够对制造业产生根本性的影响，从而提升制造业智能化水平，并且提高制造业的生产效率。[4] P. Thompson 等人（2013）从生产要素数据化的角度出发，认为数字技术在制造业中的应用能够有效地降低成本，对供应链进行优化，并提升生产率，进而获得更多的利润，激励制造业企业自主地开发各种资源，实现创新目标。[5] S. Miyazaki 等人（2012）将日本公司作为研究对象，指出 ICT 技术会对制造业的生产力起到积极的促进作用，借助于生产函数将生产率进行量化，结果表明 ICT 技术显著地提高了制造业的生产率。[6] I. Moosa 等人（2011）在研究中发现中国上市公司中的"两化融合"制造业企业通过信息

① Miller P, Wilsdon J. Digital futures—an agenda for a sustainable digital economy [J]. *Corporate Environmental Strategy*, 2001, 8（03）：275-280.

② Mesenbourg T L. Measuring the digital economy [J]. *US Bureau of the Census*, 2001（1）：1-19.

③ Anyanwu J C. Does human capital matter in manufacturing value added development in Africa [J]. *Asian Journal of Economic Modelling*, 2018, 6（03）：294-317.

④ Caputo A, Marzi G, Pellegrini M M. The internet of things in manufacturing innovation processes：development and application of a conceptual framework [J]. *Business Process Management Journal*, 2016, 22（2）：383-402.

⑤ Thompson P, Williams R, Thomas B. Are UK SMEs with active web sites more likely to achieve both innovation and growth? [J]. *Journal of Small Business and Enterprise Development*, 2013, 20（04）：934-965.

⑥ Miyazaki S, Idota H, Miyoshi H. Corporate productivity and the stages of ICT development [J]. *Information Technology and Management*, 2012（13）：17-26.

化网络拓宽了生产模式，实现制造网络化、制造集约化。[①] F. Malerba（2007）对制造业转型升级的影响因素进行了研究，认为创新和技术为制造业转型升级提供了动力，同时也深刻地影响着产业演化。[②] C. Pietrobelli 等人（2006）认为制造业的价值链升级有四种路径：工艺流程升级是通过重组业务流程或引进新技术，提高投入产出比；产品升级是进入更复杂的产品线，增加产品单位价值；职能性升级是在价值链中取得新的、高层次的职能，如设计或销售，或放弃目前的低附加值职能，以集中于高附加值的活动；跨部门升级是运用在某一特定职能中获得的能力，进入一个新部门。[③]

二、国内研究现状综述

（一）关于数字经济的研究

管杜娟等人（2023）认为数字经济属于一种新的经济形态，为经济有效转型提供了助力，不仅能够推动数字基础设施建设，促进数字产业发展，也能够实现数字应用融合与数字技术创新，进而对经济高质量发展起到积极的促进作用。[④] 李健（2022）从乡村振兴的角度研究了数字技术的具体应用，指出数字技术能够切实地增强农业生产智能化，提高数字化水平，进而推动乡村经济的数字化转型，彰显了数字经济的时代价值。[⑤] 秦建群等人（2022）认为数字经济深刻地影响着产业结构升级，在数字经济时代下，可以借助技术创新与金融发展来推动产业结构升级。[⑥] 武常岐等人（2022）认为数字经

---

① Moosa I, Li L, Naughton T. Robust and fragile firm-specific determinants of the capital structure of Chinese firms [J]. Applied Financial Economics, 2011, 21 (18)：1331-1343.

② Malerba F. Innovation and the dynamics and evolution of industries：Progress and challenges [J]. International Journal of Industrial Organization, 2007, 25 (04)：675-699.

③ Pietrobelli C, Rabellotti R. Upgrading to compete global value chains, clusters, and SMEs in Latin America [J]. 2006.

④ 管杜娟, 刘翠苹, 苏理梅. 数字经济与经济高质量发展：作用机制与溢出效应 [J]. 重庆理工大学学报（社会科学）网络首发，2023-12-14.

⑤ 李健. 数字技术赋能乡村振兴的内在机理与政策创新 [J]. 经济体制改革，2022（03）：77-83.

⑥ 秦建群, 赵晶晶, 王薇. 数字经济对产业结构升级影响的中介效应与经验证据 [J]. 统计与决策，2022, 38（11）：99-103.

济发展推动了传统制造业企业数字化转型的步伐，数字经济所具备的功能与价值能够对整个生产体系产生影响，以此实现数字化转型的目标。^① 吴新叶（2022）基于政府治理的视角指出数字政府建设已经进入了技术赋能 2.0 时代，因此要加强数字经济与政府治理之间的紧密融合，构建相应的算法场景技术赋能框架，提高公共服务的供给质量。^② 郑永兰等人（2022）认为数字经济时代下乡村治理迎来了机遇，可以利用先进的信息技术来开展数字化治理，并且根据中国式现代化基本要求来构建未来乡村数字治理体系，强化数字技术与乡村治理之间的融合。^③ 蒋敏娟等人（2022）构建了数字素养"五力"模型，认为在提升公民数字素养时，既要强调数字化设备的基本操作知识和技能，也要注重行业企业数字化转型过程中需要的共同技能。^④ 郁晨怡等人（2022）认为数字经济驱动了城乡物流统筹发展，使城乡物流统筹发展具有了更加强劲的动力与多层次的内涵，据此要按照"共享化、数智化、集约化"的原则来提高城乡物流统筹发展的整体水平。^⑤ 裴莹等人（2022）指出要立足于数字经济构建我国产业链安全保障体系的理论机制，主要包括数字化基础设施提供底层支撑、数据要素提升抗风险能力、数字技术推进智能化和绿色化转型、数字化转型提升产业链复原力、数字化治理降低交易成本等五个方面。^⑥ 李洁、王琴梅（2022）在研究中总结出我国数字经济整体发展水平提升且呈现"高—高"或"低—低"的空间集聚特征；南北区域差异显著，南方数字经济发展水平总体高于北方，具有更明显的空间溢出效应；2013 年以后南方数字经济收敛态势快于北方，主要差距体现在数字经济创新

① 武常岐，张昆贤，陈晓蓉. 传统制造业企业数字化转型路径研究——基于结构与行动者视角的三阶段演进模型 [J]. 山东大学学报（哲学社会科学版），2022（04）：121-135.

② 吴新叶. 算法赋能的场景议题与应用框架——以数字政府建设为对象 [J]. 人文杂志，2022（06）：40-49.

③ 郑永兰，周其鑫. 乡村数字治理的三重面向：理论之维、现实之困与未来之路 [J]. 农林经济管理学报，2022，21（06）：635-643.

④ 蒋敏娟，翟云. 数字化转型背景下的公民数字素养：框架、挑战与应对方略 [J]. 电子政务，2022（01）：54-65.

⑤ 郁晨怡，陈拓，李朝敏. 数字经济驱动下城乡物流统筹发展水平提升路径与对策——以浙江嘉兴为例 [J]. 物流科技，2022，45（16）：31-35.

⑥ 裴莹，晏晨景，张利国. 数字经济时代我国产业链安全保障体系构建与对策研究 [J]. 国际贸易，2022（12）：32-43.

维度方面。① 王晨晨等人（2021）认为数字经济的发展和科学技术的进步，使企业所处的营销环境发生了前所未有的变化，与此同时消费者的购买习惯也发生了颠覆性转变。数字经济促进了企业营销模式的多样化发展，网络营销成为企业必不可少的销售服务模式之一。②

（二）关于制造业转型升级的研究

邓小华（2023）认为数字经济对制造业转型升级带来了深刻的影响，通过地区产业高级化与合理化来推动制造业转型升级的进程，其中科技创新水平在产业结构升级中发挥着中介作用。③ 刘新争、曹宇彤（2023）研究了新技术范式下制造业转型升级的具体情况，认为要从制度变革的角度入手，对制造业传统制度框架进行适当的调整，确保与技术范式转换要求相适应，从而实现制造业产业转型升级的最终目标。④ 王伟（2023）认为要实现东莞制造业转型升级，要依据国家提出的"双循环"新发展格局来彰显东莞制造业发展竞争的优势，从本土自有品牌、内需挖掘、关键技术、营商环境、人才培养等方面来制定制造业转型升级的对策。⑤ 陈丽贤（2023）认为数字金融对制造业转型升级起到了一定的促进作用，通过大数据、智能化、区块链等信息技术可以解决金融服务市场存在的一些信息不对称问题，为制造业的创新发展、绿色转型、产业优化提供了动力。⑥ 王丽芳、徐久香（2022）认为我国制造业发展面临自主创新能力不强、产业链关键环节被"卡脖子"、制造

---

① 李洁，王琴梅. 数字经济发展水平测度及时空演变 ［J］. 统计与决策，2022，38（24）：73-78.

② 王晨晨，谭佳慧，史阁妮. 数字经济背景下企业网络营销策略研究 ［J］. 商展经济，2021（24）：105-107.

③ 邓小华，袁晨露. 数字经济发展对安徽省制造业转型升级影响研究 ［J/OL］. 青岛大学学报（自然科学版），2013（12）：21-23.

④ 刘新争，曹宇彤. 新技术范式下制造业转型升级的理论逻辑、现实困境与制度变革 ［J］. 经济纵横，2023（11）：71-79.

⑤ 王伟. "双循环"新发展格局下东莞制造业转型升级对策探讨 ［J］. 现代商业，2023（21）：39-42.

⑥ 陈丽贤. 数字金融助推制造业转型升级的机理分析 ［J］. 现代工业经济和信息化，2023，13（10）：199-201+204.

业绿色低碳发展能力较低等问题和挑战，因此，我国仍要加大对制造业的政策支持力度，加强核心技术攻关，建立健全制造业产业链，推动制造业绿色低碳发展，进一步加快制造业转型升级步伐，推动我国尽快实现由制造大国向制造强国转变。① 罗荣晋（2022）认为我国制造业近年来取得了长足进步，但所取得的成绩主要集中在主机端、系统集成和消费品领域，关键装备、核心零部件等工业底层领域仍有待发展。未来，商业银行应加强对重大装备、核心零部件等工业底层技术领域的金融支持，探索更加多元化的金融服务产品和更加丰富的金融创新工具。② 李昀臻（2022）认为数字经济时代下传统制造业遭遇到了困境，例如生产方式单一、创新机制不完善、数字化人才队伍欠缺等，为此要从生产革新、创新机制、数字化人才队伍建设等方面来进一步推动制造业的高质量转型与发展。③

第三节　研究的整体思路与内容

本研究整体思路与内容体现在以下几个方面：

第一章，绪论。借助文献研究法等多种研究方法搜集与整理国内外学者关于数字经济、制造业转型升级的文献资料，并概述本书研究背景、研究意义、研究现状、研究思路，研究内容以及研究方法等。

第二部分，数字经济背景下中国制造业转型与升级的理论阐述。对数字经济、制造业转型与升级的概念进行界定，并阐述了本研究的理论基础，主要包括经济增长理论、产业结构升级理论、创新驱动理论、产业集群理论、长尾理论、市场均衡理论等，为本书接下来的撰写奠定了良好的理论基础。

第三部分，数字经济对中国制造业转型与升级的影响机理分析。在制造业企业技术创新影响方面，数字经济增强了劳动者技能，强化了劳动资料功

① 王丽芳，徐久香. 推动我国制造业转型升级的对策建议 [J]. 广东科技，2022，31（11）：31-34.

② 罗荣晋. 制造业转型升级背景下金融服务研究 [J]. 现代金融导刊，2022（09）：24-27.

③ 李昀臻. 数字经济赋能传统制造业转型升级思考 [J]. 合作经济与科技，2022（11）：40-41.

能，延伸了劳动对象边界；在制造业企业资本循环影响方面，数字经济优化了购买阶段生产要素的合理配置，提高了生产阶段产品的质量与效率，降低了销售阶段流通的时间与费用，并借助数字金融实现了产业资本转化。数字经济对制造业产业转型与升级的影响则体现在传统制造业转型为先进制造业、形成以需求为核心的新产业模式、促进制造业全球价值链的转型与升级上。

第四部分，数字经济背景下中国制造业转型升级的现状与问题。本部分对我国数字经济发展现状以及中国制造业发展现状进行了研究，探索了数字经济赋能中国制造业高质量发展现状，重点揭示了数字经济背景下中国制造业转型与升级面临的现实问题，如数字化基础设施不完善、数据共享与整合难度较大、企业数字化转型阻碍较多、复合型高层次人才十分欠缺等。

第五部分，数字经济背景下中国制造业转型与升级的优化策略。根据上述研究成果，总结了数字经济背景下中国制造业转型与升级的思路，从打造新一代数字基础设施、强化数字要素的驱动功能、明确制造业转型升级的方向、推动供需动态匹配的力度、发挥产学研协同创新能力、建立数字治理保障机制等方面入手制定了相应的解决方案，同时对数字经济背景下中国制造业转型与升级进行了展望。

第四节　研究方法

（1）文献研究法。通过搜集梳理国内外参考文献及相关资料，梳理数字经济、制造业转型升级的现有研究成果，归纳总结数字经济对制造业转型升级的影响为后文的机理分析和机制研究打好理论基础，并提出数字经济促进制造业转型升级的相关对策。

（2）理论交叉研究与定性分析法。本书研究过程涉及多学科的多种理论，如数字经济相关的经济增长理论、市场均衡理论等，产业结构转型相关的产业结构升级理论、产业集群理论等，在它们交叉研究与综合运用的基础上，对数字经济和制造业转型与升级进行界定，归纳数字经济和制造业转型与升级现状，进而深入分析数字经济对制造业转型与升级的影响机制。

（3）比较分析法。本书在研究我国数字经济发展现状的过程中，运用比较分析法对比研究了电子商务、云计算、大数据、人工智能等新兴领域数字经济发展概况，以及数字经济中主要产业部门的规模、增长速度及相互关系，并且对比分析了我国共享经济各行业交易额，同时从制造业企业技术创新、资本循环、转型升级等维度探索了数字经济对我国制造业转型升级产生的不同影响。

（4）跨学科学习法，是指将多学科的理论、方法和成果，从一个学科的总体上对一个问题进行全面的研究。本书在分析数字经济背景下中国制造业转型升级的同时，以计算机科学、信息与通信工程为基础，对数字经济与中国制造业融合的过程进行了优化。

第二章　数字经济背景下中国制造业转型与升级的理论阐述

目前，我国数字经济正处于高速发展的阶段，在推动我国社会经济快速发展方面的作用日渐凸显。与此同时，数字经济的持续发展，也让我国在科技创新、实体经济转型发展等方面取得了显著的成效。2021 年，党中央正式提出，要在新时期的产业体系建设与发展中充分结合并融入数字经济发展模式。而这一举措，突显出了时下我国社会发展背景下，数字经济对现代化体系建设以及结构升级的重要意义。毋庸置疑，即便在科技更趋进步的今天，制造业也依旧是我国无可替代的强国之基和立国之本。而要让我国制造业，在当前的数字化背景下，紧跟社会发展实际，实现整体上的转型升级，必须将数字经济与制造业深度融合，只有这样我国传统制造业在信息化发展背景下凸显出来的市场需求不足、竞争杂乱无序等问题才能够得到极大的优化改善。受双循环新发展格局的影响，当前，我国经济已经进入高质量发展阶段。因此，更应以数字经济的优势来把握发展机遇，进一步推动我国制造业的转型与升级。

第一节　相关概念界定

一、数字经济

（一）数字经济的内涵

1. 数字经济的概念

"数字经济（Digital Economy）"一词的提出，最早可追溯至 20 世纪六七十年代。当时，马克·卢普（1962）和马可·波拉特（1977）先后提出了信息经济的概念。后来伴随着数字技术的不断进步和发展，以突出数字化为特征的数字经济概念逐渐衍生出来，数字经济的内涵得到充分的发展，在2016年的G20峰会上，对数字经济一词有了较为统一的概念解读。

2. 数字经济的内涵

数字经济，就是以数字化的知识和信息作为关键的生产要素，以现代信息网络作为载体，借助于信息通信技术，推动经济的结构优化发展的过程中所产生的一系列极富推动力的经济活动。① 因此，数字经济，又可以称为信息经济，是一个内涵极其广泛的概念。顾名思义，和现代数据信息技术紧密相连，涉及新零售行业、新制造行业、物联网、人工智能、大数据以及5G通信等比较广泛的应用层面和技术层面。因此，但凡可以直接或间接以现代信息技术为引导，实现资源作用发挥的能够助力现代化社会经济发展，推动生产力进步的经济形态，都可以称为数字经济。数字经济以经济学为基础，是人类通过数字化的知识和信息，以识别、选择、过滤、存储、使用为基础性环节，让资源能够实现快速的优化、配置和再生，进而推动社会经济高质量发展的凸显时代特征的一种经济形态，与虚拟经济最大的区别在于数字经济实现了数字产业化与产业数字化的充分结合。而时至今日，数字经济发展早已经成为产业的智能化建设与发展最为主要的目标之一。

3. 数字经济的发展现状

随着信息时代的到来，数字技术发展速度加快，相关的技术应用越来越广泛，数字经济也逐渐发展起来。而数字经济较之于农业经济和工业经济，有着极大的不同。数字经济作为全新的经济形态，具有新动能和新业态，在推动全人类经济整体性深刻变革方面也有着难以忽视的作用。

现阶段，以数字技术为依托的数字化产品及服务，一方面以多方向、多层次的形式不断向传统的行业领域渗透，实现了产业数字化发展。另一方面，也促使更多互联网数据中心这样的大型产业集群或数字服务产业链条迅速发

---

① 韦帅民. 数字经济与制造业低碳转型的理论与经验证据 [J]. 技术经济与管理研究，2023（12）：45-48.

展起来，实现了数字产业化发展。因此，也可以说，当下我国大力支持建设的数据中心以及 5G 网络等新型基础设施，从本质上来讲，就是基于科技新产业的数字经济基础设施建设。因此，毋庸置疑，当前数字经济已经成为驱动我国社会经济持续健康发展的新引擎，而这其中不断催生出来的各种新产业、新模式，也将为我国经济重要增长提供更多的支持与保障。

（二）数字经济范围

近期，由联合国发布的《2019 年数字经济报告》认为，数字经济发展的两大驱动因素为数字平台及数据。数字平台也可以进一步分成创新平台和交易平台，创新平台为内容和代码生产者开发应用程序和软件以操作系统或技术标准的形式创造环境。交易平台是双边或多边市场，通过在线基础设施支持多方之间的交流。本书认为数字技术是数字经济产生的基础，而数字技术是在信息通信技术的基础上演进而来的，数字技术与各行各业的深度融合催生出数字经济，经过长期的发展，数字经济已逐渐成熟。参考国际上一些发展数字经济较早国家关于数字经济的观点，并结合我国数字经济发展的现状，本书认为应从以下三方面来衡量地区数字经济发展水平：①数字技术基础设施。数字技术基础设施是数字经济赖以生存的基础，主要包括信息通信设备、计算机软硬件、电信设备等一些能够为数字经济提供安全保障，使其能稳定运行、快速发展的数字基础设施。②数字媒体。数字媒体是数字经济的重要组成部分。媒体的主要作用是完成信息的传输，在农耕文明与工业文明初期，信息通常使用物理方式进行传输，例如绳子打结、手口相传、飞鸽传书、邮寄信件、签订支票、索要收据、现场会议等，在如今的数字经济时代，这些传输方式已经被数字化，信息、知识、内容能够以光速从一个地方传递到另外一个地方，极大地方便了信息的传输，消除了在传输过程中时间和空间的限制，让人们能够在极短的时间里获得大量的信息。数字化媒体包括以大数据为依托的媒体、线上直播媒体和个性化媒体等。③数字交易方式。在传统农耕文明中，人们发明出一般等价物，并采取物与物的交易方式，交易十分不便；进入到工业文明后，人们设计出纸质货币，创造以银行为代表的金融机构，虽然方便了交易，但依然需要有形货币。在如今的数字经济时代，信息通信技术的快速发展促使交易方式发生革命性变革，人们已不需要通过有形货币进行交易，可以利用数字钱包，采用线上交易的方式获取物美价廉的产品，并在交易中享受到便捷舒适的购物体验。合理划分数字交易的种类，对数字经济的准确测度具有深刻意义。

二、制造业转型与升级

（一）制造业转型与升级

1. 制造业转型与升级

首先，制造业指的是人类发展至机械工业时期，为了最大限度地满足市场需求，将各类生产要素通过制造转化为有益于人类生存和发展的各类产品的制造类型。制造业是现阶段我国的国民经济支柱，制造业的发展水平反映出我国当前整体的生产力发展水平。制造业涉及食品制造业、纺织业、家具制造业、汽车制造业、仪器仪表制造业以及医药制造业、农副食品加工业、非金属矿物制造业等。

其次，产业结构通常强调的是同一产业类型内部不同的生产要素以及产业、时空环境、层次等共同构成的五维空间关系，也称为产业体系，是我国社会经济体系中不可或缺的重要组成部分。当前，人们越来越重视对产业经济相关领域的深入研究，产业结构的内涵也更趋丰富。目前相关的内涵解读可以从产业结构的"质"和"量"两个角度进行。所谓产业结构的"质"，与产业部门的技术水平发展程度密切相关，是从动态的角度来深层次研究农业、工业和服务业三大产业之间的更替规律的。同时，也会对不同产业间的协调及合理程度的规律性展开深入研究。而产业结构的"量"，强调的是不同的产业之间，在劳动力、资本资源以及技术水平等不同的生产要素方面的投入和利用所呈现的比例关系。因此，对"量"的分析更趋向于从静态角度进行，主要分析的是不同的生产要素在以农业、工业、服务业为主导的不同产业间的占比情况。

最后，制造业的转型升级，简单来说，指的是制造业产业内的各实体企业为了尽可能地适应市场需求，进一步提高企业自身的竞争力，并实现企业的可持续发展，采取基于产业结构调整、生产方式改变、技术水平提升和创新能力优化等措施，将企业由传统的低附加值、高成本、高耗能、低技术含量的制造业企业转变为高附加值、高技术含量的现代制造业企业的过程和结果。制造业的转型升级可以涉及多个方面，包括但不限于技术创新和升级、产业结构调整和转型、服务化和智能化、跨界合作和创新等。就技术创新和升级来讲，企业可以借助于引进、消化、吸收和创新等方式推动技术进步，以此来优化企业传统的生产工艺和流程，让企业的生产设备更加先进，以技术的升级带动企业转型发展。比如，企业通过产品设计创新、工艺创新、材料创新等优化技术，提高自身的产品质量，降低生产成本，提高生产效率。就产业结构调整和转型来讲，制造业企业可以通过调整产品结构，增加产品附加值，延伸产业链条，构建更为完善的产业链，加强资源共享，科研开发、技术引进、人才培养等，提高技术水平和创新能力，拓展市场，开拓新的销售渠道，扩大产品的市场份额，注重企业发展中的绿色制造和可持续发展，引入现代环保技术与设施设备等，让企业实现转型发展。就服务化和智能化来讲，传统制造业企业完全可以依托现代化的大数据技术、人工智能技术等准确收集和整理市场及消费数据，并将数据信息化，从中提炼消费群体的消费走向与变化规律，借此为消费群体提供更多的增值服务、个性化定制服务，实现企业的智能制造发展，将制造业从单纯的产品制造转变为服务和解决方案的提供者，以此来提高企业附加值，同时，提升企业盈利空间。此外，制造业企业还可以通过跨界合作的方式，与其他行业之间达成深度合作关系，以有效的资源共享、技术交流和协同创新为企业获得更多的技术、市场及品牌等方面的发展提供帮助，进而为推动企业的专业升级提供助力。

毋庸置疑，制造业的转型升级是一个系统性的过程，涉及技术、产业结构、服务模式、创新能力等多个方面的改变和提升，而制造业企业重视转型升级，通过转型升级能够大幅度地提升自身的竞争实力，进而实现可持续发展。尤其在当前的数字技术不断创新与更迭的科技化时代发展背景下，制造业企业更应该深挖和了解自身在发展中存在的问题与弊端，选择适合行业与企业类型的数字技术进行产业转型升级，这对于推动企业数字化、智能化以及我国数字经济发展具有积极意义。

2. 数字经济推动制造业转型升级的内涵

在对数字经济推动制造业转型升级的内涵进行深入理解前，需要对数字经济和数字经济融合制造业改造的特性，有一定的直观性认知。前述部分已经对数字经济、制造业、制造业结构升级等相关的概念，进行了深入的学习和理解，明确认识到数字经济以技术性作为基础属性。而在对数字经济的理论和实践进行探索的过程中，都需要对数字技术有较为深刻地理解认知。数字技术是典型的通用技术。所谓的通用技术指的是人类在推动历史发展的过程中，所产生的可以让人类社会的生产力实现更进一步提升的技术类型。这样的技术往往范围是比较广的，并不会特别局限于某个特定行业，而是会扩散至社会经济发展的各层面、各维度、各领域。比如，前几次工业革命中出现的蒸汽机技术、电力技术以及互联网技术等。而数字技术作为通用技术，渗透进当前的社会发展各领域和各层次，推动了数字技术——经济范式的显现和发展。数字技术的存在也催生出了数据这种全新的生产要素。另外，数字经济还让电商、数字化治理、平台经济等全新的经济发展模式不断产生，甚至打破传统的基建概念，以人工智能、大数据技术等为核心的基础建设体系逐渐形成。在此基础上，数字经济和制造业产业进行深度融合，对于推动我国社会经济发展有不容忽视的作用。

基于上述种种，对数字经济推动制造业转型升级的内涵做出解释，具体包括以下两个方面。第一，数字技术推动制造业数字化改造，是促进制造业产业转型升级的基础和前提。数字经济以数字技术为前提，而数字经济要充分将创新赋能的作用发挥出来，也必须以数字技术为技术保障，这样数字技术才能够在经济运行的各个环节得到充分的应用。简言之，数字经济的发展，必须以数字技术为前提，对传统产业和实体经济进行深层次的数字化改造。所以，数字经济推动制造业产业转型升级的前提是推动制造业进行数字化改造，将大数据、云计算、人工智能等新型的技术，渗透进制造业产业的生产、研发管理及销售等全环节。也正是因为数字经济带动了市场需求、市场模式等的创新，倒逼企业不得不重视和完成数字化改造，以让企业实现管理、运营及制造等模式的全面变革。而将不同产业的数字化改造升级和行业现状、市场制度等结合起来，就可以从更宏观的角度推动制造业产业的变革，进而推动产业的转型升级，让数字经济和制造业达到深度融合的目的。第二，数字技术体系的整体融合是推动制造业产业转型升级的核心。数字技术是一种技术体系，与制造业融合的数字技术侧重点不同，对应的研究范式也有明显的不同，推动制造业产业转型升级的过程走向及结果必然也会有所不同。[1] 数字技术体系包括云计算、大数据、物联网、人工智能等多个方面，这些技术的融合将为制造业带来全新的机遇和挑战。[2] 一方面，云计算与大数据技术的应用便于制造业企业进行全生产过程监控与数据分析，企业整体的生产效率和质量可以得到极大提升。物联网技术让设备间的智能连接与协同工作也会让企业的生产线自动化水平更高。另一方面，人工智能技术的应用可以实现制造过程的自动化和智能化，大数据和物联网技术的支持，也能让制造业企业更好地了解客户需求，实现个性化定制生产，为客户提供更加精准的产品和服务。此外，数字技术的整体融合，也加强了制造业与服务业、金融业等其他行业之间的深度融合，实现了产业链的延伸和价值链的优化。

而现阶段存在三种相关的研究范式，一是工业互联网范式，这一范式的提出者以中国信息通信研究院为代表；二是产业互联网范式，该范式由腾讯等互联网企业为代表提出；三是智能制造范式，在中国工程院的引领和实践下提出。

工业互联网范式，强调以 5G 信息通信技术为技术保障，将技术和工业设备设施融合起来，形成万物联网的形态。因此，工业互联网对工业智能设备的重视更甚，以此为基础衍生出各种智能化的产业模式和工业生态。

① 王佳，韩雪珂，张欣然，等. 数字经济下生产性服务业与制造业融合发展的实现路径研究[J]. 商业经济，2024（01）：56-59.

② 王佳，韩雪珂，张欣然，等. 数字经济下生产性服务业与制造业融合发展的实现路径研究[J]. 商业经济，2024（01）：56-59.

所以工业互联网的重心在于打造万物联网的基础设施，需要将信息技术和工业系统进行深度融合，并进一步对生产相关环节的数据进行深入的联网互通。这对于提升制造业产业的决策科学性，推动设备设施的智能控制发展，实现工业部门生产成本的控制以及相应生产运营效率的提升有显著作用。

产业互联网范式，则更侧重于在已有的商业模式和利益机制的基础上，进行创新和优化，并借助于云数据技术、算力技术等，让传统的制造产业达到资源的进一步优化配置，将互联网产业链内的资源配置优化和集成作用充分激发出来，强调互联网和制造业不同行业领域之间的双重结合，也即人们所了解的"互联网+"。比如，"互联网+农业""互联网+工业"等，这样依托互联网将整个制造业产业的分工和要素进行重新划分和配置，能够让制造业产业内的各链条以及不同规模的实体企业，实现进一步的深度融合发展，是典型的"互联网+"政策的制造业产业领域深化落实。平台经济模式就是此处所说的较为典型的产业互联网范式之一。

智能制造范式的概念则更具包容性，也更有深度，结合了工业互联网范式和产业互联网范式，并以网络技术将制造业产业内所有的企业内部及企业间主体、流程等连接起来，在此基础上打造了具有自我的感知、学习、决定、执行和适应等较为全面的发展功能的制造系统，以全面实现对现代制造业发展的"全面互联、数据驱动、信息物理融合、智能自主和开放共享"为目的推动制造业进一步转型升级。这其中又以"认知学习"能力最能凸显出智能制造系统的特征。一方面，制造系统中的生产系统具备较强的可重构性，制造业产业借助不同模块，生产出的产品有明显的差异化特征，而这样的产品往往能够帮助制造业产业快速地适应市场需求的变化，进而生产出更多能够满足消费群体需求的个性化和定制化的产品，产能的调节也更加灵活。另一方面，依托制造系统的认知学习能力，可以完成生产制造、管理运营等方面的自学习和自适应，这有助于制造业产业达到智能决策和控制的优化和完善的目的，让制造业的产业发展更深入，效率更高。

因此，在数字经济的基础上理解制造业转型升级的概念，需要先厘清工业互联网范式、产业互联网范式和智能制造范式。因为数字经济推动制造业转型升级，不仅是数字技术与制造业产业内部改造的一种融合，而是更深层次地将生产数据、运营管理数据等进行分析总结后，得出的能够让制造业产业的决策和流程更加优化的智能化结果，需要借助不同商业模式和方法的创新，将制造业产业现有的资源和供求关系进行优化配置，也需要借助需求引导供给的方式，引导制造业产业不断创新和优化智能制造模式，这样才能够体现出数字经济在推动制造业转型发展方面的重要作用。同时，明确制造业转型发展与数字经济之间的关联性。

结合上述内容，来理解数字经济推动制造业转型升级的内涵，既是明确数字技术的推动作用，也是明确数字技术的体系化特征与"不同技术+不同制造业产业领域"的结合，既要重视不同数字技术的应用，也要充分认识到数字经济推动制造业产业转型升级的过程和范式，这样才能在真正意义上实现对这一内涵的解读。

（二）制造业转型升级的动因

1. 技术创新与资源要素

（1）技术创新

技术创新能够提高产品生产效率，实现生产工艺设备等的优化升级，同时降低生产成本，推动企业的产品质量和创新能力提升，对于企业新业务领域的拓展以及多元化、多维度的开拓发展也有积极作用，还能够助力企业不断适应市场的变化和需求，以此来提升企业整体的发展实力。而所谓的技术创新，本质上讲，就是将一种新的产品或服务从构思到研发再到最终的市场应用都进行全面优化升级的过程，可以简单总结为科技成果的商业化过程。作为制造业转型升级的核心推动因素，技术创新与产业升级和经济增长之间有着密切的关系。企业不断推进技术创新，掌握更多的全新技术，能够让自身的产品更具科技含量，相应的产品市场竞争力也会得到明显提升，这样可以为企业向着更高端的产业链条位置发展提供强有力的支持和保证。对于制造业产业而言，注重内部的研发和创新，加强技术完善，并充分发挥二者的交互作用，可以使产业的生产效率得到显著提升。

时至今日，由于产业技术的持续进步，劳动生产率和产业规模都有所提高，企业的竞争地位也得到了提升。发展中国家进行产业升级，关键在于能够选择符合国家社会现实情况的技术结构类型，随着技术的不断进步，让创新竞争优势得到大幅提升，这对于推动我国产业转型升级，以及取得可持续性发展具有积极促进作用。而现阶段关于推动技术创新的相关措施，整理相关研究成果及理论基础，具体可分为三个方向，一是加大经济投入；二是提升专利数量；三是全面提升制造业的全要素生产率。

（2）资源要素

资源要素无外乎人力资源、资金资源、物质资源和技术资源，而资源要素的充分合理利用，可以促进制造业产业转型升级。人力资源强调人才的技能和知识水平，从一般意义上来讲，人才的技能和知识水平越高对应的创新能力和适应能力也就越强，在推动制造业转型升级发展过程中所能够发挥的作用也就越大。同时，制造业的产业转型升级也需要大量优质的人力资源的合理配置和利用，产业发展中，只有重视并引入大量的高技能人才，并不断加强和完善相关的培训和教育体系，才能够持续提高产业整体的生产效率和质量。资金资源是推动制造业产业转型升级的重要支持。制造业产业升级转型中，需要通过大量的资金投入来保障技术创新、设备升级和产品研发。当然，制造业产业转型升级可以让产业实力提升、地位提高、发展领域拓宽，这样也可以为产业发展吸引更多外部投资、贷款及政府支持资金等，让产业的资金来源更加广泛，产业发展和转型的基础会更扎实。物质资源强调的是产业发展中必不可少的原材料、能源和土地等方面的资源，对这些资源进行优化配置和合理利用，可以提高产业的生产效率，降低生产成本，让更多的新材料代替传统材料，节约能源和资源消耗，实现生产的可持续发展，推动产业转型升级。技术资源强调对先进技术和工艺的引入，如此可以让制造业技术创新和升级的环境优化，提高产品的质量和创新能力，增强企业的竞争力。同时，制造业产业转型升级也需要通过建立研发中心、与高校和科研机构合作等方式来积累和拓展技术资源。

2. 市场需求和政策变化

（1）市场需求

市场需求在推动制造业产业转型升级中起着至关重要的作用。制造业产业转型升级，离不开市场需求的动力作用。市场需求在一定程度上，能够充分激发产业的产品和技术创新动力。通过对市场需求变化和趋势的深入挖掘和了解，产业发展可以及时进行产品研发和设计等方向的转变和调整，进而让更多和市场匹配的、能够充分满足消费者需求的新产品和新技术被开发出来，这样不仅可以提升产业竞争力，也能够让消费者的个性化和多元化需求得到进一步满足。另外，市场需求变化能够有效引导制造业产业进行结构方面的调整和优化。市场需求转变，让很多传统行业领域，面临发展下滑的现状。与此同时，更多的新兴产业快速崛起。因此，制造业要以此为遵循和前提，及时进行产业内结构的综合调整，将更多与市场需求相匹配的发展理念、服务等引入发展计划，拓展更多的全新发展领域，有效推动产业转型升级。

除此之外，市场需求变化也会让制造业产业的生产方式发生改变。当前，消费群体的个性化、定制化消费需求持续增加，导致市场对应的需求变化越来越明显，传统的大规模生产模式，已经无法再满足个性化、定制化的消费市场需要。因此，制造业产业依据现代技术，对这些信息进行深入的分析，就可以结合实际对生产方式进行转变，采用柔性生产、智能制造等更先进的生产发展模式，提升产业发展的灵活性和适应性，以此来推动产业转型升级，促进产业持续健康发展。

可见，市场需求的不断变化，能够让制造业产业的升级效能和速度得到显著提升。随着市场对高品质、高附加值产品需求的增加，制造业需要提升技术水平、提高产品质量和创新能力，以满足市场需求。这将推动制造业向高端、智能化、绿色和可持续发展的方向转型升级。

（2）政策变化

政策变化对制造业产业转型升级也有重要的影响和推动作用。政府通过制定或调整相关产业的发展政策，以财政、税收、补贴等多元化的方式鼓励企业在技术、设备及产品等方面进行创新与研发，进而引导制造业走向智能化、数字化发展阶段。政府还可以设立各类相关的科研项目或者建立技术研发中心，让制造业企业在技术研发和应用领域发力，进而实现技术创新，推动产业转型升级。政府的市场准入标准放宽、行业限制降低等也能够让市场的准入与竞争环境得到一定的优化，更多企业进入市场时就能够以推动竞争的方式促进制造业进行转型升级。

3. 环境影响和金融发展

（1）环境影响

环境因素和制造业产业转型升级之间存在着密切的关系，一是环境压力推动产业转型。随着经济的发展，环境问题日益突出，政府对环境保护更加重视，制造业企业为缓解发展中面临的环境压力，必须进行技术创新，开发和应用更多环保节能且高效的生产技术和设备，推动制造业产业升级是必要途径。二是绿色产业发展推动产业升级。环境因素影响让绿色产业迅速崛起，更多新的产品、生产方式及市场需求等，成为推动产业升级的重要力量。三是环境要求塑造市场需求。环境问题让消费者的环保产品和服务需求明显提升，市场需求变化引导制造业企业进行产品结构和生产方式的调整，在极大程度上推动产业的转型升级。四是环境因素影响供应链管理。环境因素必然也会在一定程度上影响供应链管理。这要求传统制造业企业重视对供应链的优化与延伸，选择更多环保供应商和合作伙伴，建立绿色供应链体系，推动制造业产业走向转型升级。

（2）金融发展

金融发展对于制造业产业的转型升级也有着不容忽视的重要影响。一方面，金融机构的建立和发展能够为制造业企业的转型升级提供更多的资金支持和融资渠道，这让制造业企业有更多的资金进行技术创新、设备升级和产业转型。[①] 比如，贷款、融资租赁、股权投资等，而这必然会推动传统制造业企业的产业优化升级。另一方面，金融机构能够依据制造业企业的具体需求，创新和开发出更多符合企业实际的金融产品和服务，以此来满足企业的融资

---

① 王楚雯. 金融租赁行业支撑高端制造业还需加把劲 [J]. 中国商界, 2023 (12): 122-124.

需求。例如，风险投资类、科技创新类专项贷款等产品，这让制造业企业能够获得更灵活、多样化的融资渠道，为产业转型升级准备了足够的资金支持。除此之外，金融机构的风险管理和保险服务提供、金融市场的资本支持以及金融科技的创新等，也为传统制造业企业的转型升级提供了依据和保障，减少了企业的产业转型升级中不确定性，同时，帮助制造业企业加快了产业转型升级的步伐。

4. 国际贸易和营销能力

（1）国际贸易

国际贸易也是推动我国传统的制造业产业转型升级的重要影响因素之一。一方面，国际贸易让制造业企业有了更为广阔的市场空间，企业可以把产品销往全世界。国际贸易还会让制造业企业的订单增多，得到更多的产品销售机会，国际市场竞争中也会要求企业不断提升产品质量，降低成本，进行技术创新，这些都能够极大程度地推动制造业产业的转型升级。另一方面，国际贸易让企业有更多的国际性技术交流和学习借鉴机会，在进行国际合作的过程中，制造业企业可以基于合作、合资或合作研发，获得更多的先进生产技术和管理经验，这对于促进制造业产业转型升级也有积极作用。此外，国际贸易还可以让制造业实现供应链优化和资源配置，提升竞争压力和创新驱动能力，这些都能够在有形中推动企业的转型升级。

（2）营销能力

营销能力和制造业产业转型升级同样有着极其密切的关系。具体来讲，营销能力能够让制造业企业进一步把握市场需求和竞争环境，以此为基础进行市场定位和产品创新，借助市场调研和分析，企业还能够分析总结出消费者的需求偏好规律，有针对性地研发产品。营销能力也能够让制造业企业注重自身的品牌建设和市场推广，让企业更具知名度和竞争力，通过有效的品牌策略和市场推广手段，可以树立良好的企业形象，增强品牌知名度和美誉度，吸引更多的消费者和合作伙伴。除此之外，营销能力还可以拓展制造业企业销售渠道和建立销售网络、建立良好的客户关系、助力市场监测和竞争分析，这些都能够有效推动产业的转型升级。

5. 人力资本和城镇化发展

（1）人力资本

人力资本是指人力资源的积累和开发利用，包括员工的知识、技能、经验和创造力等。人力资本在制造业产业转型升级中起着至关重要的作用。而就人力资本与制造业产业转型升级之间的关系来讲，一方面，制造业产业转型升级离不开更高水平的技术和创新能力，而重视对员工的培训和培养，提升综合实力，可以为制造业产业的转型升级创新出更多的新生产工艺、新设备和新技术要求。另一方面，人力资本积累可以让大量具有丰富经验和创造力的员工为制造业的转型升级提供助力，提出更多的想法和问题解决方案，推动企业的技术创新和产品创新，从而促进产业转型升级。另外，人力资本的调整和优化也可以支持制造业的产业结构调整，人力资本的开发和利用则可以让企业的组织架构更完善，整体的人才队伍实力更高。而这些都可以推动技术创新和产业结构调整，实现制造业的产业转型升级。

（2）城镇化发展

城镇化发展也是推动制造业产业转型升级不容忽视的因素之一。一方面，城镇化过程中人口不断在城市内大量集聚，城市规模持续扩大，居民整体的收入水平有了明显的提高，对应的国民消费需求也有所增加，使制造业的市场空间更广阔。另一方面，城镇化过程中，农村劳动力持续向城市转移和集中，为制造业的发展提供了更充足的劳动力资源，使其整体的生产效率明显提升，制造业的技术创新和生产方式升级在所难免。此外，城镇化过程中推动产业链协同发展、城市基础设施建设需求增加等条件，也都为制造业的转型升级提供良好的环境和条件。

（三）数字经济与制造业转型升级之间的必然联系

现阶段，国内外针对数字经济对制造业转型升级的影响的研究相对较少。一方面，是因为数字经济这一概念的出现比较晚，国内最早用这一概念取代网络经济和信息经济等是在 2016 年。因此，时至今日，人们对于这一概念的定义、范围等都有诸多争议，大规模的学术研究体系尚未形成。另一方面，虽然数字经济这一概念，近几年出现的频率较高，和传统产业之间的融合也已经成为必然，但是相关的融合研究还处于摸索阶段，涉及内在机理和实证论证的研究也是极少的。此处结合已有相关研究过程及结果以及现阶段的制造业产业转型升级实际，认为数字经济对制造业转型升级的影响主要包括以下几个方面。

1. 推动生产方式的变革

数字经济让制造业发展迎来了更多智能化和自动化机遇。借助现代化的物联网、大数据等数字技术，制造业产业在生产过程不断向自动化和智能化发展，整体的生产效率和质量显著提升。数实融合加快推进，数字经济：BK1061 903. 75 0.50%+自选核心产业销售收入占全部销售收入比重达 12.1%。增值税发票数据显示，2023 年，数字经济核心产业销售收入同比增长 8.7%，较 2022 年提高 2.1 个百分点；全国企业采购数字技术同比增长 10.1%，较 2022 年提高 3.2 个百分点，反映数实融合加快了数字产业化、产业数字化进程。①

2. 实现优化供应链

数字经济也让制造业产业中的供应链的优化和整合有了更多的保障。通过数据分析和人工智能等数字技术，制造业产业不仅能够对供应链进行实时的监控和管理，也能够及时对产业供应链做出有效的预测与优化，以此来降低库存和物流成本，供应链效率和响应能力也得到了极大的提升。中国物流与采购联合会发布的《产业链供应链数字经济发展报告 2023》显示，2022 年产业链供应链数字经济市场规模达 43.82 万亿元，从 2018 年到 2022 年整体市场规模年均复合增长率达 11.59%。2023 年产业链供应链数字经济市场规模有望达到 51.65 万亿元。总体来说，我国产业链供应链数字经济发展态势良好，整体产业链供应链数字经济市场持续保持快速增长。②

3. 实现产品创新和个性化定制

数字经济也为制造业带来了产品创新和个性化定制的机会。借助当前先

---

① 数据来源：https://finance.eastmoney.com/a/202401182965614313.html.

② 数据来源：http://k.sina.com.cn/article_ 2625204852_ 9c79727400101a80k.html.

进的 3D 打印等数字技术，以及对互联网的应用，制造业可以更加灵活和快速地响应市场需求，推出新产品和个性化定制服务，将小批量的需求产品快速、灵活的生产出来，满足更多消费者的个性化需求。2024 年 1 月 18 日的国新办新闻发布会上，国家税务总局新闻发言人、办公厅主任黄运展示了大量相关数据，2023 年全年企业创新申报研发费用加计扣除金额同比增长 13.6%，高技术产业销售收入同比增长 9.8%，装备制造业占制造业比重提高至 44.8%，高耗能制造业占制造业比重降至 30.7%，这些无一不显现出数字经济背景下我国制造业乃至全产业领域取得的发展成就。[①]

4. 推动服务化转型

数字经济也为制造业提供了更多的服务化转型机会。例如，制造业企业利用物联网技术和大数据分析，就可以及时对产品进行远程监控和维护，并提供定期维护和升级服务，提高客户满意度，这样的数字技术应用，让制造业能够准确将产品与服务关联起来，为客户提供更多的增值服务，提高产品的附加值。一方面，三大动力源地区带动作用增强，销售收入占全国比重提高至 54.1%，另一方面，产业绿色转型持续推进，高耗能制造业占制造业比重降至 30.7%。[②] 毋庸置疑，数字经济的快速发展正在推动我国制造业向服务化转型。通过提供更多的增值服务、促进制造业与服务业的融合等，制造业可以获得更多、更灵活且高效的发展机遇。但是，数字化转型所面临的技术、人才和安全等方面的挑战，也引起了广泛的重视与关注，只有制造企业和相关部门协力共进，才能够真正实现制造业产业的可持续发展和竞争力提升。

5. 优化企业管理和运营

数字经济提供了更多的数据和信息资源，帮助制造业企业进行更精确的需求预测和生产计划，也使企业内部的管理和协作更加高效。因此，数字经济也为制造业提供了企业管理和运营优化的机会，通过应用企业资源规划（ERP）系统和供应链管理（SCM）系统等，制造业可以实现企业内部各个环节的信息化和协同化，推动企业内外部信息资源的共享与协同，提高企业的

---

① 数据来源：https://finance.eastmoney.com/a/202401182965614313.html.

② 数据来源：https://finance.eastmoney.com/a/202401182965614313.html.

运营效率的，同时也实现了企业管理效率和决策能力的明显提升。

众所周知，制造业在我国经济发展中，发挥着极其重要的作用。但我国传统制造业存在明显的高投入、高耗能、高污染问题，为了促进我国经济持续稳定发展，制造业转型升级极有必要。而基于先进的数据要素的数字化经济发展技术和传统制造业产业之间的深度融合，可以有效催生出更多新型的产业类型和产业模式，在丰富我国制造业应用场景，提高制造业整体的发展实力方面，具有极高价值，也可以让我国制造业在设计研发到销售服务的全过程中，实现组织、生产、管理及销售等的全面革新，让我国制造业能够研发生产出更多高精端的产品，让我国制造业整体的产业链和价值链得到延伸，促进制造业产业进一步稳定发展的同时，为国民提供更多的能够满足消费需求的个性化产品。将依托数字技术的数字经济特有的高技术密集型产业特点充分发挥出来，有助于制造业产业的生产效率提升及生产成本控制，同时提升制造业产业整体的竞争实力。因此，通过数字经济与传统制造业的深度融合，使传统制造业企业转型升级至关重要。

（四）数字经济推动制造业产业结构优化的作用机制

1. 资源配置视角下的数字经济驱动制造业转型升级作用机制

首先，当前的数字经济时代，受大数据、人工智能等网络信息技术的影响，信息生产方式早已颠覆人们传统认知，信息的处理质效更高，信息透明度也在不断提升，人类交易方式也较之传统明显不同，由信息不对称引发的各类问题也得到了极大的改善，并催生出了共享经济等全新的社会经济发展模式，促使消费群体的权益得到了极大的保障，国民消费成本也有所下降，社会透明度明显提升，信息传递更快更流畅，资源也实现了配置效率的明显提升。其次，社会经济持续稳定发展，让国民整体的生活质量水平不断提高，人们的消费习惯凸显出更明显的个性化和多元化特征，以此为基础，借助现代化的互联网技术、人工智能技术和大数据技术等，深层次展开消费需求的行为分析和数据量化，可以依据技术的创新和进步，精准匹配到消费群体的消费现实需要，从中挖掘出更多消费群体的需求规律，进而总结出消费发展规律，一方面可以让资源配置效率得到大幅度的提升；另一方面也可以使制造业产业和国民消费群体双方实现资源和需求的更充分对接。最后，利用互联网技术、大数据技术等科学地进行预测和分析，并将生产、销售、消费等多维度的信息数据进行整合，可以让制造业产业在产品研发和生产的过程中，依托数字技术，合理提升原材料的投入以及人力资源的引进等，让生产资源的利用效率有所提升。同时，数字技术的合理应用，也可以让制造业产业相关的实体企业，第一时间动态把握市场的行情和走向，及时对资金投入和生产决策进行优化和更新，在资源配置效率提升的同时，更有利于企业作出正确决策和准确把握发展走向。所以数字经济技术的发展能够把现代技术、人才资源以及其他资本等有效整合起来，让要素市场得到极大的优化，制造业企业的资源配置效率也能够得到极大的提升。数字经济技术能够让更多的有形生产要素向无形生产要素持续转化，让传统的物质生产要素的固有形态发生根本性转变。因此，依托现代信息技术产生的各类新型技术拓宽与要素市场和劳动力市场相关的信息交流渠道，让各类信息传递具有透明性、及时性、有效性等鲜明特色，市场要素流动更快，各类资源的配置效率提升是必然趋势。另外，数字经济技术让制造业产业的市场要素配置结构明显改善，市场要素的产出效率也得到显著提升，制造业升级有了较为坚实的现实基础，技术、人才等高端要素的不断优化，也让更多的知识型、技术型产业链条不断被创新和研制出来，更多的高端市场要素参与资源配置和制造业产业结构升级，制造业转型升级效能更强。故而，依托数字经济的智能化、网络化、创新性等特征，推动我国传统制造业产业结构优化升级，可以有效推动我国社会经济快速进步发展。

2. 技术创新视角下的数字经济驱动制造业转型升级作用机制

数字技术的创新和应用让现代企业的知识体系也在不断经历创新与迭代，数字经济与制造业产业的有效融合，将不断打破和削弱传统制造业的产业边界，致使产业信息透明度越来越高，企业内部的知识体系重构逐渐推进，越来越多的制造业企业开始引入研发及风险管控等方面的先进理念与模式等，以此来促进制造业更深层次的转型升级。而制造业企业在知识体系方面的重视与创新，让企业更趋于开放式创新发展，企业对市场行情走向把控更加及时，提升创新主动性的同时，有效推动了企业乃至整个产业领域的创新升级。当前的时代背景下，创新能力是企业谋求长远发展的重要内生动力之一，而企业是否具备较强的创新能力是决定我国制造业产业是否能够更好地实现转型升级重要制约性因素。从数字技术的企业内外部环境影响因素来讲，数字技术应用，可以让企业外部的信息检索等成本得到有效控制，而企业研发部门重视对现代化技术的引入、学习和应用，能够有效推动企业的技术创新水平提升。另外，数字技术应用让沟通及运营效率都有所提升，得益于充分的技术资源支持，可以更好地实现企业深度发展，让企业部门之间的沟通效率更高，从而降低沟通成本。除此之外，数字经济本身带有显著的技术创新性和扩散性等特征，这也有助于推动制造业转型升级。一方面，受双边网络影响，更多创新主体和资源被各类平台不断挖掘和整合起来，创新主体所能够调动的资源内容和类型更多；另一方面，信息技术的创新溢出效应，让各工业部门的创新效率得到了极大的提升。

3. 供需配置视角下的数字经济驱动制造业转型升级作用机制

随着经济的不断多元化发展，以大规模、粗放式等为特征的传统制造业产业生产模式，早已经无法满足消费者的消费需求。因此，制造业只有不断进行转型升级，才能够避免因产能过剩而出现发展危机。这要求制造业在当下的社会现实环境影响下，以柔性化的生产方式满足多样化的市场需求，以此来充分激发产品的市场活力，优化和完善产品制造的工艺和流程，实现制造业产业生产效率的有效提升。

现阶段，随着新一代数字技术应用的更趋广泛，数字技术和传统制造业之间的融合不断加深，一方面，更多数字技术的引入，让制造业产业的柔性化生产有了更充分的技术支撑和依据。另一方面，借助于大数据技术，对消费群体的消费行为和需求进行轨迹方面的在线跟踪与分析。信息收集和数据分析，能够科学合理地把握当前国民消费群体整体的消费偏好和走向，深入解读这些信息和数据就能够挖掘出更多的消费群体发展规律，进而为产业的生产优化提供更多的个性化、定制化的创新依据。

另外，数字经济还有极其明显的包容性特征，可以让产品生产方和消费群体之间进行供需的即时性动态化匹配。一方面，数字终端越来越普及，而数字终端的网络外部性特征逐渐显现，同时各类能够为企业与个体提供服务的电商平台越来越多，这些都让消费群体的消费需求呈现出多样化的特征。另一方面，互联网技术让企业的产量明显增加，企业的生产成本降低，这让企业有更多的资源进行产品生产的创新以及其他多样化活动，企业的经营范围和规模经营效应被充分激发出来。而且大数据技术、人工智能技术等的不断涌现，让信息有效性明显增强，解决市场供需双方的匹配问题也有了更多的方法策略。

4. 空间溢出视角下的数字经济驱动制造业转型升级作用机制

相邻的地理区间，经济关系极为密切，对应的产业关联性也极强。在这样的区域经济发展中极易产生集聚效应，而这会导致制造业转型升级过程中的空间关联性被强化。另外，某一个区域，在落实制造业转型升级的过程中，还会引发竞争效应和示范效应，进而让周边的相邻区域在制造业转型升级水平方面也有显著提升。但数字经济在某一区域得到极大的推广应用时，这一区域会吸收更多周边区域的劳动力、资本以及技术等生产要素。而且地理位置越相近，效应反应越强，且溢出效应的正面影响小于虹吸效应的负面影响。简言之，数字经济发展更好的区域，会对周边地区产生虹吸效应。此外，各区域间数字经济的发展也有一定的竞争效应。数字经济发展会让某一区域的知识和技术保护机制加强，小于使其知识溢出效应周边区域。因此，数字经济发展，对周边的制造业转型升级，也可能产生一定的负面影响。

第二节　理论基础

一、经济增长理论

经济增长理论主要被应用于研究和解释社会经济的增长规律，以及深度挖掘经济增长的制约因素，为推动社会经济发展研究提供理论指导。一般来说，经济增长通常可以用某个国家或地区商品的生产水平以及劳务能力水平的增长来衡量。美国经济学家 S. 库茨涅茨对经济增长的定义认为，经济增长就意味着提供给人们的经济产品能力的提升。而经济增长的前提是技术的不断进步以及制度和思想意识等方面的不断优化，只有在这些方面进行不断的适应性调整，经济增长才能有效实现。经济增长理论总的特征是运用均衡分析方法，通过建立各种经济模型，考察在长期的经济增长的动态过程中，要实现稳定状态的均衡增长所需具备的均衡条件。① 经济增长最常见的有两种相互联系的定义。一种认为，经济增长是指一个经济体所生产的物质产品和劳务在一个相当长的时期内的持续增长，即实际总产出的持续增长。另一种则认为，经济增长是指按人口平均计算的实际产出，即人均实际产出的持续增加。经济增长问题实质上是讨论经济社会潜在生产能力的长期变化趋势，这种趋势可以采用两种分析方式：一是增长理论，它把增长过程中要素供给、技术进步、储蓄和投资的互动关系模型化；二是增长核算，它试图把产量增长的不同决定因素的贡献程度数量化。经济增长理论包含了两种模型，一种是多马经济增长模型，哈罗德和多马为研究经济增长而建立的理论模型，是当代增长经济学中的第一个广为流行的经济增长模型，通常称为哈罗德—多马经济增长模型。他们的出发点都是凯恩斯的"有效需求原理"。一种是哈罗德模型，哈罗德模型有这样一些假定：①社会的全部产品只有一种，这意味着，全社会所有产品不是用作消费品就是用作投资品，故称为一个部门的增长模型；②规模报酬不变；③资本—产量比率（K/Y）、劳动—产量比率（L/Y）以及资本—劳动比率（K/L）在增长过程中始终保持不变；④不存在技术进步，资本存量为 K 且没有折旧。哈罗德模型包括形式相似但含义迥然不同的三个方程，论述了实现稳定状态均衡增长和充分就业状态均衡增长所需具备的条件，以及加速数与乘数相互使用所引起的经济周期繁荣阶段的累积性扩张与衰退阶段的累积性紧缩。①一个社会的收入水平是该社会储蓄供给最重要的决定因素。可以简单地用公式表达为：$S=sY$ 1.1，其中：S 代表社

---

① 康锋. 经济增长理论综述及对微观企业发展的建议 [J]. 经济师，2023 (10)：33-35.

会储蓄，s 代表社会平均储蓄率，Y 代表国民收入。②收入增长率是该社会储蓄需求最重要的决定因素。可以简单地用公式表达为：$I = v\Delta Y$ 1.2，其中：I 代表社会投资，v 代表资本产出比，代表增加一单位产出所需要的资本价值，ΔY 代表国民收入增量。③需求等于供给，即储蓄供给 S = 储蓄需求 I，将①和②式代入，简单整理可得经济增长率公式：$g = \Delta Y/Y = s/v$，这是哈罗德—多马模型的"基本等式"，由于资本产出比（v）被假定不变，因此经济增长率（$\Delta Y/Y$），主要由储蓄率（s）决定。这也是该模型的基本思想，即资本积累是实现经济长期增长的决定性原因。

制造业作为我国重要的实体经济组成部分之一，在推动我国经济发展方面起到的作用至关重要。而随着技术的持续创新，数字经济和制造业之间的融合持续加深，这让我国制造业整体的生产效率明显提高，对于促进制造业转型升级有积极的作用，也让我国制造业整体供需能力得到了显著提升，制造业供给体系和需求体系的均衡发展和不断完善，让人们正常的商品及生活需求也得到了更深层次的满足。因此，推动经济发展，离不开我国制造业的持续转型升级和高质量发展。

二、产业结构升级理论

产业结构指的是国民经济不同的产业链条之间因为技术经济联系所产生的和数量相关的对比关系。从整体上来讲，产业结构升级，可以界定为产业结构的生产效率有所提高，技术水平明显提升，创新能力也在不断提升，制造业整个产业链条的发展都凸显出不断优化的特征。而这对于促进国民经济健康持续发展，提升我国经济发展水平乃至国际竞争实力都有积极作用。数字经济的发展及与制造业的深度融合，在一定程度上，能够起到引导我国传统产业改造和优化，衍生并促进新兴产业发展，带动我国整体的产业结构升级的作用。而就产业结构升级的推动力而言，核心就是技术，技术的进步可以让很多低附加值、高污染的劳动密集型产业，实现向技术或知识密集型产业的转化，进而降低产业污染程度，提升产业的附加值，制造业产业整体的生产效率也会得到明显提升，资源利用更充分。因此，我国要想实现制造业的高质量发展，推动制造业产业结构升级优化是重要的举措。

实际上，制造业结构升级是制造业各行业在技术变革的带动下，由劳动密集型产业向技术密集型产业迈进的过程。数字经济对制造业结构升级具有重要促进作用。一方面，数字经济通过技术创新和要素投入带动产业升级。新一代信息技术具有极强的渗透性和突破性，与制造技术不断融合创新，增进制造业的智能化生产和服务型延伸，提高了产业的生产率和产出水平，使新一代信息技术和数据要素的投入从高技术产业向中低技术产业扩散，从而引发整个制造业的产业结构升级。2021—2022 年，高技术制造业投资同比增长 32.7%，较制造业投资增速高出 17.1 个百分点，是制造业投资实现较快增长的核心支撑。其中，电子及通信设备制造业、医疗仪器设备及仪器仪表、计算机及办公设备制造业投资同比分别增长 37.5%、35.4% 和 30%，分别高于制造业总体投资增速 21.9 个、19.8 个和 14.4 个百分点。另一方面，数字经济通过调整需求结构带动产业升级。市场需求的结构决定了产业发展的顺序和规模。数字经济催生出智能化生产和个性化定制等新商业模式，激发了市场对制造业多样化、个性化、智能化的原材料、中间品和最终产品的较大需求，推动了战略性新兴产业、先进制造业的优先发展和传统制造业的智能化改造。2019 年 1—8 月，我国医疗仪器设备制造业、电子信息制造业、汽车制造业等先进制造业的市场规模分别增长了 12.3%、10.4% 和 10.5%，高于制造业整体规模增长的 6.6 个、4.7 个和 4.8 个百分点；传统产业对智能制造装备的市场需求不断拓展，2020 年，我国智能制造装备的销售收入将近 3 万亿元，未来 5 年的年均增长率将超过 25%。2021 年，我国芯片行业市场规模由 2017 年的 5411 亿元增长至 2021 年的 10458 亿元，复合年均增长率达 17.9%。未来，数字化、智能化仍在持续发展，芯片需求保持强劲增长，预计 2023 年我国芯片市场规模将增至 12767 亿元，同年，中国云计算总体处于快速发展阶段，市场规模达 3229 亿元，较 2020 年增长 54.4%。

三、创新驱动理论

"创新驱动"一词，最早是由美国著名管理学家波特提出的。波特认为国家竞争力应该划分为财富、生产要素、投资以及驱动四个阶段，并且分别依次作为各阶段的发展驱动力，他还认为，在国家竞争力的四个阶段划分中，最能够推动国家竞争力提升的驱动力就是创新。创新能够驱动国家经济发展步入先进水平，而一个国家企业的各类经济活动，如果极为注重创新，那么这个国家的整体生产力水平就比较高，相应的技术水平也更先进。

与此同时，波特还认为，一个国家的整体素质，离不开生产要素水平的提高和竞争力的专业化发展，这些对于提升国家整体的竞争优势是至关重要的。而相比较来说，更为初级或一般的生产要素，是无法对国家的竞争优势提升起到更为明显的推动作用的。结合国内外当前对创新驱动相关研究的已有结论以及当前社会现实背景等，此处认为，可以将创新驱动理解为一种有明显动态演化特征的过程。因此，创新驱动离不开技术、人才以及知识等的基础保障，以此为前提对已有资本与素质进行深层次的优化改造，才能真正发挥创新驱动的作用。[①] 当然，这其中也离不开管理创新及产业内生产要素等的进一步配置与重组。唯有如此，才能促进产业要素配置效率的提升，进而推动制造业产业转型升级。另外，创新驱动的动态演变过程，还可以理解为由初时的知识、技术等模仿和引进，到中期的自主探索与获得，再到后期的核心且先进技术的掌握和应用的这样一种演变过程。因此，创新驱动往往会经历外生到内生的转变性增长。也因此，创新驱动是高级驱动要素，区别于劳动力、资源等初级驱动要素。而创新驱动在成为高级驱动要素的过程中，实现了知识、技术等与生产活动的有效融合，并推动了生产力的发展，也逐渐把人力资本、制度管理等引入高级要素水平。因此，创新驱动理论的应用所解决的问题，生产效率提升的问题，也进一步改善了长期以来只能依赖于初级的技术、劳动要素等谋求发展的现状。同时，与之相关的要素配置效率难以提升的问题，得到了优化和解决。

当然，对于数字经济推动我国制造业产业转型升级的创新驱动研究，不仅应该从创新驱动理论的视角进行阐述，还应该结合我国国情与马克思主义

---

① 蔡莉. 对构建创新驱动创业理论的思考 [J]. 上海管理科学, 2023, 45 (05): 3-4.

理论进行分析阐述。具体来讲，中国共产党将马克思主义技术进步观与我国社会实际发展相结合，以此来推动我国社会进步发展，推动马克思主义理论的中国化。而无论在哪一个发展阶段，党和国家领导人都始终将马克思主义技术进步思想，作为推动我国社会进步和发展的切入点，探究马克思主义技术观对我国经济的积极影响。在这个过程还对马克思主义技术进步观的创新驱动作用，进行了深入的实践论证，让我国经济转型发展，有了更具前瞻性的政策支撑。

在我国改革开放初期，提出了"科学技术是第一生产力"的发展观点，坚持马克思技术进步观的发展指导作用，并实现了对我国社会主义本质的充分把握，将当时我国社会生产力与生产关系间的互相作用关系进行了深入的解读，我国生产力也在十一届三中全会后得到了极大的解放与发展，我国特色社会主义建设因此迈出了关键一步，充分发挥了马克思主义技术进步观对我国社会发展的理论和实践指导作用。

在改革开放后提出"创新是民族进步的灵魂，是国家兴旺发达的不竭动力"的发展观点，并大力推行"科教兴国"的发展战略，将前人已有的优秀思想理论和先进的创新技术结合起来，以技术的进步，让我国生产力和综合国力得到了进一步的提升。

21世纪以来，随着我国改革开放的持续推进和快速发展，习近平总书记从更加宏观的角度，对我国经济生产力和生产关系进行了总结，提出了生产力的发展必须遵循"创新、协调、绿色、开放、共享"的充分凸显我国现代社会发展实际的新发展理念，进一步阐明了技术进步对于国家和社会进步发展的重要影响，在极大丰富了马克思主义技术进步观的理论内涵的同时，也让我国经济发展有了更为科学的指导依据。

现阶段，随着社会进步和生产力发展的不断优化，数字经济在推动实体经济创新驱动能力提升方面的作用不断显现，习近平总书记也多次对此给出指示。例如，2015年的第二届世界互联网大会上，习近平总书记首次提出了"数字中国"的建设与推进理念。2017年的第二次中共中央政治局集体学习会议上，习近平总书记提出了将数字经济和实体经济充分融合，促进制造业的现代化、技术化、智能化等多方向发展的重要发展理念。习近平总书记还强调，要充分发挥现代信息技术的引擎作用，以及在基础资源建设等方面的作用，推动创新引领和支撑数字经济体系的快速形成，以此来促进我国数字产业化和产业数字化的快速发展，借助于信息技术驱动创新，催生更多的全新产业和业态。同时，借助互联网技术的应用，让传统的行业领域实现全方位、全链条的改造升级，将数字经济对经济发展推动作用的效能发挥进一步放大。2020年习近平总书记还指出，要充分抓住和挖掘数字产业化和产业数字化带来的机遇，加速推动移动互联网技术、大数据技术等为核心的新型基础设施的建设，加快布局数字经济等为核心的新兴产业的振兴发展，以技术创新实现经济发展新增长点和新动能的壮大和形成。

由此可见，数字经济在推动我国传统产业转型升级，提升产业创新效能方面有显著作用，是保证新时期我国制造业快速且高质量发展的关键。

四、产业集群理论

国内外学者一直关注着产业空间组织的形势，即产业集群理论，随着社会的进步和时代的不断发展，发展中国家在城市规划与发展中，在规划城市产业发展的组织和定位时，越来越关注产业集群理论。在相关的城市研究与规划中，产业集群是城市中的中小企业，相关的政府服务组织、行业协会、研究机构以及相关的企业集聚的一种经济现象，不只是主体的网络化互动，也是种种市场化的行为交互发展、促进、集聚最终催生出来的一种产业组织的模式。以专业化的分工为基础，企业之间合作、支持、竞争是产业集群的基本特点，故而产业集群的产业链条不仅配套而且相对较长，产业集群内部的各种人才人力资本集中，具有相应的专业化分工、集群内部的交易成本不高、集群的公共服务十分便利等诸多优势，这些优势赋予了产业集群较强的竞争力。从产业集群的相应的整体长远性的发展定位看，引进或者选择相应的产业的时候，一个城市或者地区最需要注意的就是这个产业与本城市或者地区现存的已经拥有的企业或者是当地的产业的关联度，不管是通过引进产业对城市或者地区现有的产业进行延伸，还是通过引进提升现有的产业的相关技术水平，最终都是使其更好地融入现有的集群当中，提升发展潜力，延长产业链，促进企业的发展，对产业的竞争力有整体的提升。

产业集群理论，就本质而言，强调的是对产业的空间组织形式的重视和研究。现阶段，社会进步和时代发展，让越来越多的发展中国家，在充分落实城市规划和发展时，加强对城市产业对应的发展组织与定位的重视，相应地，也就有越来越多的人开始高度重视和研究产业集群理论。

从城市规划和发展的角度，其实可以将产业集群总结为一种经济现象，具体指的是基于某一城市现有中小企业以及与之相配套的各类资源及基础设施等共同形成的企业的成群聚集。[1] 在当前的信息化时代背景下，这种经济现象反映的是产业主体的网络化互动，以及市场化行为交互等。因此，这种经济现象一定程度上会催生出一些极具产业发展优势的经济发展模式。而这些模式在分工专业化的基础上，能够更进一步推动企业之间的交流合作、扶持进步以及竞争发展。因此，产业集群有着完整的产业链条，而且链条相对较长，集群内部的各种资源也比较集中。同时，这样的产业集群又表现出明确的专业化分工的特点。另外，集群内部的企业交易成本明显更低，公共服务条件较好，结合这些明显的优势，产业集群的竞争力也就更强。此外，就产业集群的整体性和长远性发展定位来讲，对相应企业做出选择或引进时，某个城市或区域就需要重点关注所引进的企业和所在区域的已有相关企业的关联性，不过，不管企业引进的目的是进一步让区域已有相关企业的发展得以延伸，或者推动某一区域经济的持续发展，抑或是想对相关企业的技术水平进行优化提升，如果能够充分引导企业融入当前已有的产业集群中去，在此基础上不断开发企业潜力，进行企业产业链的延长，这对于企业的长远发展以及竞争力优势提升都有显著作用。

结合产业集群理论以及我国制造业产业转型升级的实际，当前我国制造业集群是以数字技术为基础，推动高技术发展的高技术制造业产业集群，是将相关的企业或项目进行某一区域内的积聚所形成的高技术制造业集群。因

---

[1] 邹黎. 基于产业集群理论的区域电子商务发展研究——以漳州市为例［J］. 盐城工学院学报（社会科学版），2020，33（01）：54-58.

此，我国当前的制造业集群并非传统企业的物理堆砌的，而是强调制造业企业所构建的集群，能够基于各类研发、中试以及最后的产品生产和销售等，打造出符合高技术企业集群发展的配套合作的科技制造类企业集群类型。当然，这样的产业集群构建受到政府及相关部门大力支持，以及产业集群外围区域给予的餐饮、娱乐休闲等生活必需品的基础配套设施，这些都能够为高技术制造业产业集群的发展提供有力的支撑和保证，所以高技术制造业企业是以技术、创新、知识等作为基础和引领的，是一种区别于传统的产业集群的高质量、高技术型产业集群。

五、长尾理论

长尾理论由美国著名学者克里斯·安德森提出，该理论认为，当前的全球文化发展中，文化发展的内部规律也处于变化发展中，凸显出明显的利基产品销售和市场经济特征，而基于某种聚合，可以以尾端为起点建立起一种利基产品销售市场。不过这种市场是与当前的热门市场经济相抗衡的。简言之，产品的库存及流通渠道足够且畅通的情况下，需求大但品类少的产品的销售头部所能够抢占到的市场份额，与预支完全相反的产品的销售尾部所能够抢占道德市场份额大小几乎一致。而长尾效应的产生和技术、推广及需求多元化等密切相关。

长尾理论的提出，是对互联网经济时代里信息经济现象的形象解释。在长尾理论提出之前，人们一直用二八定律来总结市场规律。二八定律的提出是在 1897 年，著名的经济学家帕累托通过对数据总结分析，发现传统经济发展中有一个极不平衡的定律，即 80% 的财富掌握在 20% 的人手里。虽然实际中经济比例的划分并没有那么精准地切割为 2∶8，但确实是存在着少数的主流群体或商品占据了大量资源的现象。不过二八定律在互联网经济时代不再适用，以亚马逊为例，按照传统的经济法则，在卖出图书的收益中，80% 的收入应该源于 20% 的畅销书，但事实上亚马逊每年的图书收益大部分来自那些冷门图书，而且随着搜索引擎技术的进步，越来越多的冷门图书被消费者们找到并购买，其销量正在以可见的速度增长。

随着 Web2.0 时代的到来，我国学者对于长尾理论的早期研究大多与 Web2.0 的发展相结合。学者卜华白早在 2005 年便探讨了长尾理论与互联网商业运营模式的关系，探讨了长尾理论产生的商业背景与其主要的内容，以及它对互联网商业运营模式的构筑有何启示。学者陈力丹和霍仟（2013）对网络传播中的长尾理论效应进行了详尽的论述，将网络信息传播中长尾的形成机制概括为以下三点，即生产内容的工具导致信息生产的长尾、配销大众化导致信息传播平台的长尾、连接供给与需求的可能导致信息需求的长尾。

数字经济时代，互联网的存在让长尾效应的发生有了最佳平台。互联网平台大流量、低运营成本、低存货要求，商家的经营单品成本降低，对应的产品类型及销量却增加。另外，数字技术的市场碎片化的结果就是聚少成多，这让产品的交易率及经济效益显著提升。数字经济还让长尾效应的优势放大，小众产品在宣传与推荐的影响下，受众群体扩大，短期内小众产品的销量增加。

六、市场均衡理论

市场均衡理论反映了一种产品或服务的需求（供给）与价格之间的关系，其作用是通过市场使某种商品或服务的供给与需求达到均衡。[①] 一是需求曲线，在一定时期内，消费者对一定量的产品或服务愿意支付的最高价格，称为需求价格。假定所有其他因素不变，价格越高，需求量越小；价格越低，需求量越大。反之，需求价格越低，需求量也越大；需求价格越高，需求量越小。此规律称为需求法则。用函数表示为：$Q=a-bP$，式中：a、b 为两个大于零的常数；Q 为市场需求量；P 为需求价格，如图 2-1 所示。需求曲线反映了需求量与需求价格成反比关系；二是供给曲线，供给价格指卖主为提供一定量的产品或服务所愿意接受的最低价格。假定所有其他因素不变，供给价格越高，供给量也越大；供给价格越低，供给量越小。此规律称为供给法则。同样可用函数曲线表示，此时，P 表示供给价格，Q 表示供给量。由于

---

① 许敏兰."微观经济学"混合式教学设计与实践——以市场均衡理论为例 [J]. 科技创业月刊，2021, 34（01）：141-143.

市场需求量和供应量是产品或服务价格的单调函数，且需求曲线和供给曲线方向不同，它们必然相交于一点，该点称作"均衡点"，纵坐标 P 表示"均衡价格"，横坐标 Q 表示商品或服务的"均衡交易量"。当销售价格高于均衡价格，假设为 P_1 时，供给量为 Q_2，需求量为 Q_1，供给大于需求，处于超额供给状态。此时由于竞争，商家为了将多余的商品卖出去，唯一的办法就是降价；当销售价格降到均衡点以下，假设为 P_2 时，供给量为 Q_1，需求量为 Q_2，供给小于需求，处于超额需求状态。同样由于市场竞争，商家为了得到更多利润，会竞相抬高价格。最终，供给和需求会维持在均衡点。

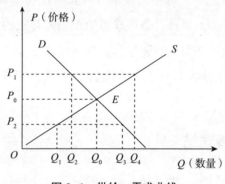

图 2-1　供给、需求曲线

市场均衡理论让企业坚持利益最优原则，当企业边际收益与边际成本一致时，企业在既定产量基础上稳定生产。消费者平衡理论则坚持效用最优的原则，当边际效益之比与价值之比一致时，效用最大，此时，消费者对产品的消费数量也将不再有所改变。但这些都是基于静态平衡基础上的条件与结论。事实上，平衡强调的是企业和消费者间以产品与消费的目标所进行的动态调节，是一种过程性行为。数字经济让市场动态平衡分析的有效进行有了必要的条件。数字经济能够引导企业更进一步地去进行市场机制的应对，及时的价格调整、交易发起及生产调节，也让市场的平衡时间有了大幅度的缩减，市场平衡中需要消耗的成本明显降低。产品的生产企业或销售者，借助于当前的各类平台，还能够及时完成产品的报价、交易及生产调度等，这对于企业及时进行与市场的无缝对接，进而完成价格、产量、库存等有积极作用。受此影响，企业的生产经营活动也更加灵活精准，对推动市场均衡发展也有显著作用。如果企业依据市场价格及行情调整产能，根据均衡原则，企业的利润在动态市场均衡环境中是更优于静态市场均衡环境的，产品的生产与销售双方将受有序动态循环引起的正反馈效应的影响，实现供需成本的进一步减少，增加经济效益，从而实现交易双方的帕累托改进。

第三章　数字经济对中国制造业转型与升级的影响机理分析

随着人工智能、大数据等技术被广泛运用到生产领域和生活领域，数字经济发展呈现出强大的韧性，通过与实体制造业加速融合，释放出巨大能量，推动国内制造业高质量发展。基于马克思主义相关理论，对数字经济赋能制造业企业转型与升级发展的内在机理展开分析：第一，数字经济通过变革劳动的主观条件与客观条件，提升了劳动者的素质与技能，拓展了生产资料的边界与功能，从而推动企业技术进步，提高企业生产能力。第二，数字经济发展使企业资本循环更为流畅，进而提升企业生产效率。第三，数字经济推动传统制造业向先进制造业转型、催生新兴产业和模式、拓展制造业产业链分工边界以重塑全球价值链，加速制造业产业转型升级，进而提升制造业企业发展质量。为方便对数字经济发展状况进行更深层次的了解，现已统计2022年我国部分省份的数字经济增加规模、占 GDP 比例等具体数值，如表3-1所示。

表 3-1　2022 年我国部分省份的数字经济增加规模、占 GDP 比例等具体数值

	湖北省	北京市	河南省	四川省	河北省	湖南省	云南省	贵州省
数字经济增加值（万亿元）	2.4	1.7	1.7	1.6	1.5	1.5	0.31	0.88

续表

	湖北省	北京市	河南省	四川省	河北省	湖南省	云南省	贵州省
占GDP比例（%）	44.7	41.6	29.6	28.2	35.6	30.8	10.7	40.0
2025年我国重点布局产业	人工智能、卫星导航、智能网联汽车、智慧物流、光通信、新型显示	高端芯片、新型显示、基础软件、区块链	智能终端、智能传感器、信息安全产业集群和人工智能创新应用	先进计算、量子通信、工业元宇宙、类脑智能	汽车电子、区块链、数字金融	自主可控计算机及信息安全、新型显示器件、集成电路、人工智能创新	高端服务器、新型智能手机、光电显示材料及器件、红外和紫外探测器材料、新一代显示技术工艺、半导体关键材料	数字产品制造业，培育区块链、北斗应用、人工智能、信创、数据清洗加工

第一节　制造业企业技术创新影响分析

一、增强劳动者的技能

数字技术的快速发展，在催生数字生产力的同时，引发劳动的主观条件即劳动力质量的变革，劳动者的素质与技能大幅提升，劳动者通过复杂劳动积累能够有效提升企业技术创新能力。[①] 技术的快速更迭以及在生产过程中使用设备的复杂程度的提高使劳动力所需技能发生重大变化，脑力劳动会不断转化为体力劳动，复杂劳动会不断转化为简单劳动，劳动者必须接受更多的培训和教育才能适应生产力的快速进步，从而塑造新的劳动力形态。在数字化时代，随着数字技术的注入，传统体能型劳动者不再适应数字生产力的要求，企业生产必然需要与数字技术相匹配的劳动力水平，即掌握数字技术的

---

① 杨永生，雷洪博，张宇飞，等. 数字经济与制造业绿色转型发展耦合协调测度与评价 [J]. 生态经济网络首发，2023-12-21.

劳动力。根据劳动价值理论，复合劳动同简单劳动的耗费在单位时间内所生产出的商品价值并不相等，"一个小时复杂劳动的产品同一个小时简单劳动的产品相比，是一种价值高出两倍或三倍的商品"。因此，具备数字劳动技能的劳动者，其劳动是劳动价值密度较大的复杂劳动，在生产中能够创造更多的价值，从而使劳动生产率提高。掌握数字技术的劳动者作为高技能劳动者通过复杂劳动积累，在"干中学"或提升劳动熟练程度的过程中，更容易实现技术创新。与此同时，数字劳动对体力劳动和部分简单脑力劳动的替代，使劳动者能够从繁重和重复的劳动中解放出来，更多地从事复杂劳动和创新性劳动。

（一）技能培训的必要性

1. 数字时代对员工技能的新需求

在当前数字经济时代，制造业面临着前所未有的技术变革，对劳动者的技能提出了新的、更高的要求。因此，对员工进行针对性的技能培训成为重中之重。

数字化转型要求劳动者具备更广泛的技能，传统的制造业往往侧重于基础操作和机械技能，而数字化时代的制造业更注重员工的综合素质，包括但不限于数字技术应用、数据分析、人机协作等方面的能力。数字化转型赋予劳动者更多的责任和机会参与高度智能化的生产过程，因此需要更为全面的技能基础。随着智能化设备和先进技术的广泛应用，员工需要迅速适应新的工作环境和工作方式。这涉及对新技术的理解和使用，以及对数字工具的熟练运用。数字经济时代对员工的技能提出了更高的"即时性"和"适应性"要求，因此技能培训需要更加灵活和实时。另外，技能培训还关乎员工的职业发展和就业竞争力。在数字经济时代，那些具备先进技能的劳动者更容易获得职业晋升机会和更好的就业机会。技能培训既是企业提升生产力的需要，也是员工自身发展的需要。为了满足数字经济时代对员工技能的需求，制造业企业可以采取一系列措施来对员工进行培训。比如通过建立系统的培训体系，包括线上和线下的培训课程，覆盖数字技术、数据分析、沟通协作等方面。还需注重实践和案例教学，使员工能够将学到的知识迅速应用于实际工作中。同时，鼓励员工参与跨部门的知识分享和团队合作活动，促进其技能的综合提升。

数字经济时代对制造业企业提出了更高的技能要求，而通过有针对性的技能培训，可以有效增强劳动者的技能，使其更好地适应和参与数字经济的发展，推动制造业转型与升级取得更为显著的成果。

2. 传统培训与数字技术培训的比较

传统培训和数字技术培训在满足制造业劳动者技能提升需求方面存在明显差异。这种比较是必要的，因为数字经济时代对技能的要求已经超越了传统培训所能提供的范畴。传统培训注重基础知识和手工操作，强调固定的课程和教材。这种培训方式通常以教室为主，员工在有限的时间内被灌输特定的知识和技能，受时空等因素的限制，难以发挥培训的最大效用。然而，数字技术培训更注重实际操作和实践应用，通过模拟真实工作场景，让员工在更接近实际工作的环境中进行学习，更有助于知识的深入理解和技能的实际应用。而传统培训的学习方式相对单一，以传统的面对面授课为主，缺乏灵活性和个性化。相比之下，数字技术培训利用在线学习平台，员工可以随时随地自主学习，根据个体差异调整学习进度和方式。这种个性化的学习方式更符合劳动者的需求，能够更好地满足不同员工的学习节奏和风格。传统培训通常难以跟上技术的更新和发展，因为它需要较长周期的课程设计和教材更新。而数字技术培训通过在线更新和实时互动，能够更迅速地适应新技术，保持学习内容的时效性，确保员工始终处于技术前沿。此外，数字技术培训注重实践操作，提供模拟工作环境和虚拟实验，使员工能够在实际操作中磨炼技能。而传统培训往往局限于理论知识的传授，缺乏对实际工作场景的直接应用。相比之下，数字技术培训更能提高员工培训的效率。

例如，一家传统制造业企业，面对数字经济时代的变革，决定通过建立全面的数字化技能培训计划来提升员工的技能水平。该计划在几个关键方面取得了显著成功：①该公司通过开展详细的需求分析，深入了解员工的现有技能水平和数字化转型所需的新技能。基于这一分析，他们制定了一套全面而有针对性的培训课程，覆盖了数字技术应用、数据分析、人机协作等多个方面。②采用了多元化的培训方式，除了传统的面对面授课，引入在线学习平台，允许员工根据自己的时间和节奏进行学习。这种个性化的学习方式让员工更容易适应培训内容，并提高了学习的灵活性。③设计一系列模拟工作场景和虚拟实验，使员工能够在实际操作中应用所学的技能。这不仅帮助员工更好地理解理论知识，还提供了一个安全的环境，让他们能够在没有实际风险的情况下进行实践。④设立专门的导师制度，由经验丰富的员工担任导师，与员工分享实践经验和解决实际问题的方法。这种经验传承机制在培养员工的实际应用能力和解决问题的能力方面起到了积极的作用。

最终，通过这个成功的技能培训计划，该公司的员工整体技能水平得到了明显的提升。他们更加熟练地运用数字技术，同时具备数据分析的能力，可以灵活地应对复杂的生产环境。这不仅为公司的数字化转型提供了坚实的人才基础，也为员工的职业发展打开了新的空间（见表3-2）。

表3-2　传统培训与数字技术培训的对比分析

	侧重点	培训方式	学习方式	优缺点
传统培训	基础知识、手工操作	教室	面对面授课	难以及时跟上技术的更新和发展
数字技术培训	实际操作、实践应用	模拟真实工作场景	在线学习平台	通过在线更新和实时互动，能够更迅速地适应新技术，保持学习内容的时效性，确保员工始终处于技术前沿

（二）数字技术对员工技能的提升

数字化工具如计算机数控系统、智能化生产设备等已经深刻改变了传统制造业的生产模式。员工需要具备操作和维护这些数字化设备的技能，同时要能够理解和应用数字化生产流程。此外，数字化工具的广泛应用还促使制造业转向智能制造，员工需要掌握与人工智能、物联网等相关的技能，以更好地参与智能化生产过程。数字技术对员工技能的提升呈现出多元化和深层次的影响，为了适应数字经济时代的发展趋势，员工需要不断学习和提升自己在数字化工具和相关领域的技能，以更好地适应职业发展的需求。这就需要各行业和企业在人才培养和发展方面更加注重数字技术的应用和培训。

随着数字技术的快速发展，学习路径的创新已成为制造业企业提升员工技能的重要手段。在线学习、虚拟培训等新型学习方式不仅丰富了学习体验，还提高了学员的学习效果。在线学习为员工提供了更加灵活的学习环境，传统的面对面授课常常受到时间和地点的限制，而在线学习通过互联网，使员工能够随时随地选择学习的时间和地点，更好地适应工作和生活的需求。这种灵活性不仅提高了员工的学习积极性，也有助于更好地融会贯通学习内容，实现"学与用"的无缝对接。通过应用虚拟现实（VR）技术，员工可以在仿真的工作场景中进行实际操作和模拟练习，提高了员工的实践能力。比如，在制造业中，虚拟培训可以模拟复杂的生产过程，让员工在虚拟环境中体验实际工作情境，更好地掌握实际操作技能。这种实践性强的学习方式不仅加深了记忆，也提高了员工在真实工作中的应对能力。另外，在线学习和虚拟培训还提供了个性化的学习路径。通过学习平台的智能化技术，系统能够根据员工的学习进度、兴趣和能力，个性化地推送适合每个人的学习内容和任务，从而更好地满足不同员工的学习需求。这种个性化学习路径有助于提高学习效果，使员工能够更有针对性地进行技能提升。在学习资源方面，数字技术也极大地丰富了员工获取信息的途径。通过在线学习平台，员工可以获取来自全球各地的优质学习资源，包括视频教程、在线讲座、案例分析等。这不仅拓宽了员工的学习视野，还促使他们更好地了解全球最新的技术和行业动态，为自身的职业发展提供了更多的机会。学习路径的创新，尤其是在线学习和虚拟培训的引入，为制造业企业增强劳动者技能提供了新的途径。这种创新不仅让学习更加灵活、实际，也为员工提供了更多的个性化选择，推动了数字经济时代制造业员工技能的快速提升。制造业企业可通过结合数字技术，积极倡导和应用这些创新学习路径，以更好地适应数字经济的发展趋势。

通过一些案例，我们可以清晰地看到数字技术在制造业中的具体应用，以及这些应用如何直接带动员工技能的提升。案例一，虚拟培训在制造业中的应用：一家传统汽车导航模块制造业公司引入了虚拟培训系统，通过虚拟现实技术让生产车间员工在模拟的导航模块生产线环境中进行操作。员工通过虚拟培训学习模块生产设备操作、故障排除等技能，提高了在实际生产中的熟练度。这种实际应用有效地强化了员工的实践能力，降低了在实际生产汽车导航模块中的错误率。案例二，在线学习平台的个性化学习效果：一家手机外壳制造业企业采用了智能化的在线学习平台，根据员工的学习偏好和职业发展规划，为其量身定制个性化学习路径。通过员工日常学习内容数据分析和算法推荐，方便员工更加精准地学习所需领域的知识，取得了更好的学习效果，并辅助员工做出适合自己的职业规划：选择晋升为高级技工或者管理岗位。案例三，实时反馈机制在技能提升中的应用：一家无人机制造公司通过在线培训平台，实现了无人机材料研发等学习过程中的即时反馈。员工在学习过程中得到系统反馈，能够及时了解自己关于材料研发的学习进度和掌握程度，有助于他们更加迅速地纠正错误，提高学习效率、保持无人机制造行业的市场竞争力。案例四，跨地域团队协作的数字化实践：微软公司通过数字化协作平台，实现了来自不同国家和地区的团队协同工作。微软员工能够共享设计文档、实时交流，提高了团队的协作效率。这种数字化实践有助于培养微软员工在多元文化团队中协同工作的能力。案例五，最新技术知识的实时获取：一家美妆企业通过在线学习平台，为员工提供了化妆品行业最新的技术知识和行业趋势的学习资源。通过学习最新的化妆品制造技术、智能设备应用等，该企业在美妆行业中的领先地位得以保持。

（三）成功案例分析

国内一家定制五金制造业公司面临市场竞争日益激烈和技术更新换代的挑战，为了应对这些挑战，公司决定通过数字化培训来提升员工的技能水平。这项数字化培训计划涵盖了各个岗位，从生产线工人到技术研发人员，旨在全面提高劳动者的技能和适应市场变化的能力。

1. 实施步骤

（1）需求分析与定制培训计划：该公司首先进行了五金定制化技能需求调研，了解员工在不同岗位上的技能瓶颈和市场对人才的需求。基于这些数据，制订了个性化的员工培训计划，确保培训内容贴合该定制五金制造企业的实际工作需求。

（2）数字化培训平台的建设：该定制五金公司投资建设了一套五金数字化培训平台，整合了在线课程、AI 虚拟实训、模拟定制五金工作场景等多种学习资源。该平台支持员工随时随地进行学习，为员工提供了灵活的学习环境。

（3）引入虚拟现实技术：针对定制五金生产岗位的员工，公司引入了虚拟现 VR 技术，建立了五金虚拟生产线和工作场景。员工可以通过 VR 设备模拟定制五金真实工作环境，学习车床设备操作、故障排除等实际技能，提高了实践能力。

（4）实时反馈与个性化学习：数字化培训平台采用智能算法，为员工提供实时定制五金学习反馈。通过分析五金企业员工学习数据，系统生成个性化学习建议，帮助员工更有针对性地调整学习计划，提升该定制五金企业的核心竞争力。

2. 取得的效果

（1）技能水平提升：经过数字化培训，该定制五金企业员工的技能水平得到显著提升。通过在线学习和虚拟实训，员工更加熟练地掌握了车床设备操作、定制五金生产流程等关键技能，减少了操作失误，降低了五金废品率，提高了工作效率。

（2）学习兴趣提高：数字化培训平台的多样化学习资源激发了员工的学习兴趣。通过互动性强的定制五金在线课程和虚拟实训，员工更加愿意参与学习，形成了积极向上的学习氛围。

（3）灵活学习时间：数字化培训平台的建设使员工能够根据自身时间安排进行定制化五金产品学习，不再受于传统培训的时间和地点限制。这种灵活性使员工更好地平衡了工作和学习的关系。

（4）员工满意度提高：调查显示，参与数字化培训的五金企业员工对培训效果的满意度明显提高。他们认为培训内容实用、学习方式灵活，更有助于提升个人职业素质。

3. 结论

通过数字化培训的成功实践，这家定制五金制造业公司在提升员工技能方面取得了显著的成果。未来，公司将继续优化数字化培训内容，引入更先进的技术手段，以适应行业的快速发展，并为员工提供更全面的技能提升机会，推动定制五金企业持续向数字化转型迈进。

二、强化劳动资料功能

当数字技术注入劳动的客观条件，劳动资料就成为物化的数字技术，劳动资料的功能得到大幅提升，并催生出数字化劳动资料。数字化劳动资料的应用增强了人们创造财富的能力，劳动者、劳动对象的结合，进一步改善了企业的制造条件，成为企业实现技术创新的技术基础。[①] 马克思指出，资本的逐利性和残酷的市场竞争要求资本家不断使用新的机器，也就是不断通过技术创新，持续生产相对剩余价值。然而，技术创新活动高投入、高风险、长周期和投资不可逆的特点使企业创新产出及潜在收益面临居高不下的成本和不确定性，成为阻碍企业提升技术创新能力的关键因素。在数字化时代，数字技术和机器设备成为主要的劳动资料。而数字技术作为劳动资料最基本的特点就是具有强大的复制性，能够不断地重复使用，以至于数字技术使用的边际成本无限趋近于零。可见，数字化劳动资料的应用能够有效降低企业的技术创新成本、增加技术创新的收益，从而推动企业开展技术创新活动。

（一）数字化生产设备的应用

1. 先进生产设备的数字化改造

数字化生产设备的应用在制造业技术创新中起到基石作用，尤其是通过先进生产设备的数字化改造。这种改造能够显著提升生产效率、降低成本，

---

① 何爱平，徐艳. 劳动资料数字化发展背景下资本主义劳动关系的新变化——基于马克思主义政治经济学视角的分析 [J]. 经济纵横，2021（11）：19-27.

并增强生产的灵活性。在数字化改造中,先进生产设备通过引入传感器技术和智能控制系统实现了数字化监测和控制。这使企业能够实时获取设备运行状态、工作效率以及能耗等数据,为生产过程提供全面的实时信息。这种数字化监控不仅提高了对生产过程的可见性,还为企业决策提供了有力支持。数字化生产设备的升级不仅涉及硬件的改变,更包括对软件层面的智能化应用。通过嵌入先进的算法和人工智能技术,企业实现了对生产设备的自动化控制和优化。这使生产设备能够根据实际需求进行智能调整,提高了生产线的适应性和灵活性,使企业更好地适应市场的变化。数字化改造还带来了数据采集与分析的重大进展。通过数字化设备,企业建立了更为完善的数据采集系统,实现对生产过程中的各个环节进行深度挖掘。这使企业能够更准确地分析生产过程中的问题、优化空间以及设备的运行状况,从而更好地优化生产流程。

成功的数字化改造不仅在于硬件和软件的更新,还在于对整个生产过程的全面优化。数字化生产设备的应用使企业能够实现远程监控与维护。通过引入远程监控系统,企业的工程师可以实时监测设备的运行情况,及时发现并解决问题,从而降低了因设备故障导致的生产停滞时间,降低了维护成本。

2. 智能制造系统的构建与优势

数字化生产设备的应用是推动制造业技术创新的关键步骤,特别是通过智能制造系统的构建,企业能够充分发挥数字技术的优势,提升生产效率、降低成本,实现生产的智能化和灵活性的提升。在数字化生产设备的应用中,智能制造系统的构建是一个重要的方向。这一系统包括了数字化设备、智能控制系统、数据采集与分析等多个组成部分,通过紧密的集成和协同工作,使生产过程更为智能、高效。

首先,智能制造系统的核心在于数字化设备的智能化控制。通过引入先进的传感器技术和智能控制算法,数字化设备能够实现对自身状态的实时监测和调整。这使设备可以根据实际生产需求,智能地调整工艺参数和运行模式,提高了生产线的适应性和灵活性。其次,智能制造系统的优势在于全面的数据采集与分析。通过数字化设备,企业能够实时采集大量生产数据,包括设备运行情况、产能、零部件磨损程度等各个方面的信息。这些数据通过智能制造系统进行集中管理和深度分析，为企业提供全面、准确的生产信息，帮助企业迅速发现潜在问题并采取相应的优化措施。最后，智能制造系统的构建还涉及工业互联网的应用，通过设备之间的联网，实现生产线的协同工作，提高生产过程的协同效率。同时，工业互联网还使企业能够进行远程监控和管理，实现远程操作和维护，降低了因设备故障而导致的停产时间和维护成本。在智能制造系统的建设中，企业还可以利用先进的人工智能技术，实现对生产过程的自动优化和决策。通过机器学习算法，系统可以根据历史数据和实时信息进行智能预测，优化生产计划，提高生产效率。

综合而言，智能制造系统的构建是数字化生产设备应用的重要组成部分。数字化设备和智能系统的有机结合，使企业能够实现生产过程的智能化和灵活性的提升，从而在数字经济时代更好地应对市场变化，提升核心竞争力。数字化生产设备和智能制造系统的应用不仅是企业技术创新的关键，也是推动制造业转型升级的必要举措。

（二）数据驱动的生产优化

1. 数据分析在生产过程中的角色

（1）实时监测与反馈

通过在生产设备上安装传感器，企业可以实时采集大量数据，包括设备运行状态、温度、湿度等多方面的信息。这些数据通过数据分析平台进行处理，形成实时监测的报告，使企业能够随时了解生产线的运行状况。实时监测为企业提供了及时的反馈，有助于迅速发现生产中的异常情况，并采取及时的调整措施，确保生产过程的稳定性和高效性。

（2）问题诊断与预测

通过历史数据的积累和分析，企业能够识别生产过程中的潜在问题，并进行预测性分析。例如，通过数据模型和算法，可以预测设备可能出现的故障，提前进行维护，避免因故障导致的生产停滞时间和额外维修成本。问题的迅速诊断和预测性分析使企业能够更加灵活地应对生产中的挑战，提高整体运营效率。

（3）生产过程优化

通过深入分析生产数据，企业能够识别生产过程中的瓶颈、浪费和低效环节。基于这些分析结果，企业可以制定并实施精准的优化策略，提高生产效率、降低成本。例如，通过分析生产线上的数据，企业可以调整生产计划、优化工艺流程，实现生产的精益化和高效化。

（4）质量控制与改进

通过监测生产过程中的关键参数，企业能够实现对产品质量的实时控制。当发现质量异常时，数据分析可以帮助企业迅速定位问题根源，采取纠正措施，确保产品符合高标准的质量要求。此外，通过对质量数据的长期分析，企业可以进行持续改进，提高产品的一致性和可靠性。

（5）资源效率提升

通过对生产过程中的能耗、原材料利用率等数据进行分析，企业可以找到节能减排和资源优化的潜在机会。优化资源利用，不仅有助于降低生产成本，还符合可持续发展的理念，为企业走向绿色制造提供了有力支持。

2. 实时监控与反馈机制

通过在生产设备上部署先进的传感器和监测系统，企业能够实时采集丰富的数据，包括设备运行状态、精准度等多方面信息。这一机制通过快速传送数据至中央分析平台，实现了对生产过程的持续监测。在实时监控的基础上，反馈机制发挥了及时调整和预警的关键作用。一旦监测到异常情况，系统就能立即生成警报，并通过预设的反馈机制通知相关人员。这种即时响应有助于迅速解决潜在的问题，减少因设备故障而导致的生产中断，提高生产效率。

实时监控与反馈机制不仅能够及时应对问题，还有助于提升生产效率和质量。通过即时调整生产策略，企业可以优化生产流程，降低废品率，提高产品质量。这对于满足市场需求、提高客户满意度具有重要意义。此外，实时监控与反馈机制能够促使企业建立起持续改进的文化。通过分析实时数据，企业能够识别生产中的瓶颈和改进点，从而不断优化生产过程。这种持续改进的精神使企业能够适应市场的变化，保持竞争优势。

3. 生产效率提升的数字化手段

数字化手段中的智能制造系统通过整合传感器、控制器和数据分析平台，实现了对生产环节的全方位监测和调整。通过对设备运行状态、生产效率等数据的实时采集，企业能够即时作出决策，提高整体生产效率。这一系统的数字化特性使其能够适应不断变化的生产需求，为生产过程注入灵活性。

数字化手段的另一要素是物联网技术，即通过将设备联网，实现设备之间的实时通信和协同工作。这使整个生产链条更加紧密，信息传递更加迅速。通过对生产设备、仓储设备、运输设备等各个环节的数字连接，有效减少了生产线的闲置时间，提高了资源利用效率，进而提升了生产效率。

数字化手段通过大数据分析技术，对历史生产数据进行深度挖掘，形成精准的生产计划。通过分析市场需求、季节性变化等因素，企业能够更准确地预测产品需求，避免过剩或不足的生产情况发生。这种数据驱动的生产计划优化有助于提高生产线的适应性，降低库存成本，进而提升生产效率。

（三）技术创新与资源效率提升

技术创新在资源利用方面的应用是制造业企业提升强化劳动资料功能的核心战略。通过引入先进技术，企业能够智能化、精准化地运用资源，实现生产过程的优化和资源效率的提升。采用数字化、智能化的生产设备是关键一步。这些设备通过实时数据分析，优化生产参数，最大限度地利用原材料，减少瑕疵品、报废品产生，从而提高资源利用效率。数字化生产流程的建立是资源效率提升的关键，通过对生产流程的优化，企业可以减少能源的浪费，提高生产效率。智能调度系统的应用使企业更灵活地安排生产计划，避免资源浪费。新型材料的研发和应用也是技术创新的方向之一，通过设计更轻量、更强韧的产品，企业较之前减少了材料用量，同时提高了产品性能，实现了资源的更有效利用。

绿色制造和可持续性发展是技术创新在资源效率提升方面的重要组成部分，对制造业企业强化劳动资料功能具有深远的影响。这一趋势旨在通过引入环保、节能、可再生能源等创新技术，推动制造业向环境友好和可持续的方向发展。绿色制造注重降低生产过程对环境的负面影响，通过采用清洁生产技术、减少废物排放、循环利用资源等手段，企业能够减轻对环境的压力，实现生产的环保化。例如，引入先进的废物处理技术，将废弃物转化为可再生资源，从而降低了对自然资源的过度开采。可持续性发展强调平衡经济增长与环境保护之间的关系，企业需要在提升效益的同时，注重对社会和环境的责任。通过技术创新，制造业可以实现更加高效利用资源，并且积极承担应有的社会责任，推动可持续性发展。例如，制定并执行环保政策，减少能源消耗，降低碳排放。技术创新在绿色制造中的应用也涉及新型材料的研发和应用，通过设计更轻量、更易回收的材料，企业可以减少原材料的使用，实现资源的可持续利用。这种绿色材料的采用有助于减轻生产过程对自然资源的依赖。与此同时，数字化技术的引入也是实现绿色制造和可持续性发展的关键。通过数字化监测生产过程，企业能够更加精准地控制资源的使用，实现生产的可追溯性。这有助于企业更有效地管理能源、减少废物产生，推动制造业向更为可持续的方向迈进。

资源效率的评估是技术创新的起点。企业需要通过数据采集、监测系统等手段全面了解生产过程中各项资源的使用情况，建立科学的评估体系。通过分析生产环节中的资源消耗、废弃物产生等数据，企业能够识别出存在的问题，明确改进的方向。技术创新在资源效率提高中的应用涉及先进的生产技术和管理系统的引入。通过采用智能制造系统，企业可以实现对生产环节的实时监测和优化调整，从而最大限度地提高资源的利用效率。数字化的生产过程管理系统有助于降低能源和原材料的浪费，实现资源的高效利用。企业还可以通过引入先进的材料科技来提升资源效率。新型轻量、高强度的材料不仅可以减少产品生产所需的原材料，同时也降低了生产过程中的能耗。这种材料的应用不仅提高了产品的性能，也符合环保和可持续发展的要求。

三、延伸劳动对象边界

当数字技术注入劳动的客观条件，在催生数字化劳动资料的同时，也在不断拓展劳动对象的边界，从而提升企业技术创新效率。数字经济时代背景下，数据量的爆发式增长使信息的表现形式发生改变，逐渐从原子转为比特，数据成为主要劳动对象与关键生产要素，与土地、劳动力、资本等传统要素一起融入价值创造过程之中，贯穿于数字经济发展的全部流程，对生产力发展产生了广泛影响。随着数据的挖掘、存储、分析等相关技术不断提高，大数据在诸多领域走上了产业化发展道路，对生产、流通、分配及消费领域产生重要影响，大幅提高了企业的技术创新效率。一方面，日益成熟的数据挖掘技术和数据分析能力，改变了传统获取信息的手段和方式，弱化了供应链上下游之间、厂商和用户之间的信息不对称情况，企业通过搜集、分析其他厂商和消费者的行为数据，从海量数据中准确识别市场需求，可以把握创新的方向与重点；另一方面，大数据环境下制造业企业日益从大规模的自动化生产转向个性化的、柔性的智能制造，从而更好地满足消费者的多元化需求，促进生产和消费一体化，实现企业内部要素的合理配置，提高技术创新效率。此外，企业通过对数据的挖掘与分析，可以产生新知识，机器学习和人工智能技术迅速吸收新知识并转化成企业自身的生产力，从而进一步提高制造业企业技术创新效率。

（一）智能化生产流程

1. 智能化生产流程的设计与实施

智能化生产流程的设计涉及对整个生产链的全面规划。企业需要深入了解生产过程中各个环节的需求和瓶颈，通过数据采集和分析，明确各个节点的关键参数和技术要求。[①] 基于这些信息，企业可以设计出更加智能、高效的生产流程，确保产品能够以最短的时间、最低的成本完成生产。实施智能化生产流程需要引入先进的生产设备和技术，通过使用智能传感器、自动化机械等技术，企业能够实现对生产环节的实时监测和调整。例如，在制造业中应用物联网技术，通过设备之间的互联互通，实现自动化控制和生产过程的

---

① 朱洁西，李俊江. 数字经济赋能制造业出口技术升级：内在机制与经验证据 [J]. 浙江社会科学，2023（12）：31-42+156-157.

协同作业，从而提高整体的生产效率。智能化生产流程的设计还需要注重人机协作的平衡。在引入机器人和自动化设备的同时，企业需要考虑如何让人员更好地与智能化系统进行协同工作。通过培训员工，提高其对智能化系统的操作和维护能力，企业可以更好地发挥人机协作的优势，实现生产过程的优化。此外，智能化生产流程的实施还需要关注数据安全和隐私保护。随着智能化技术的广泛应用，大量的生产数据被生成和传输，企业需要采取有效的措施来保护这些数据的安全性，防范潜在的信息泄露和安全威胁。通过全面规划、引入先进技术、平衡人机协作以及关注数据安全等方面的全面调整，企业能够实现生产过程的智能化和高效化，推动制造业向数字经济时代迈进。

2. 人工智能在制造中的应用

通过引入人工智能技术，制造业企业能够实现更高效、更智能的生产流程，提升生产效率，实现数字经济时代的转型与升级。

首先，人工智能在制造中的应用涉及智能设备和机器学习算法的引入。智能设备如智能机器人、自动化生产线等通过搭载先进的感知和决策系统，能够在生产过程中实现自主操作和协同作业。这使企业能够更灵活地调整生产计划，提高生产效率。

其次，机器学习算法在制造业中的应用为生产过程提供了更智能、更自适应的优化方案。通过对大量生产数据的学习和分析，算法能够识别潜在的优化空间，并自动调整生产参数，提高生产效率和产品质量。例如，在质量控制中，人工智能可以实时监测生产过程中的异常情况，并及时调整以避免质量问题的产生。人工智能还在制造业中推动预测性维护的实施。通过监测设备的运行状态和数据，人工智能系统能够预测设备可能出现的故障，并提前进行维护，从而减少生产线的停工时间和维修成本。这种智能化的维护方式有效提高了设备的可靠性和使用寿命。

最后，人工智能技术还有助于制造业实现定制化生产。通过分析市场需求和消费者反馈，智能系统可以调整生产过程，实现个性化定制，提高产品的市场竞争力。

3. 实际案例展示：智能化生产的效益

山东玻纤集团股份有限公司，作为山东能源集团控股的国有上市企业，注册资本金6亿元。它掌握着临沂天炬节能材料科技有限公司、淄博卓意玻纤材料有限公司、沂水县热电有限责任公司3个全资子公司，涵盖了沂水、沂源两个县区、4个生产厂区，主要经营领域包括玻璃纤维生产及其初加工、热电产品两大类。公司目前拥有6条玻纤生产线，设计产能达到41万吨/年，在全国排名第四。自2008年启动第一条年产3万吨池窑拉丝生产线建设以来，公司就正式开启了向更高水平的产业升级发展的新篇章。近年来，山东玻纤积极推动数字化转型，建成多条数字化玻纤生产线，荣获省级高新技术企业、博士后创新实践基地、国家级绿色工厂等多个荣誉，并成功入选2021年度山东省新材料领军企业50强。在"十四五"及中长期发展规划中，山东玻纤将逐步进行技术改造和产能扩张，致力于构建"管理信息化、生产智能化、运营网络化"的数字化工厂，成为中国工业4.0玻纤制造业的引领者。

（二）人机协作的新模式

1. 人机协作的定义与优势

人机协作是一种新兴的生产模式，指人工与机器之间紧密合作，共同完成任务，发挥各自优势的工作方式。这种模式在制造业中的应用为延伸劳动对象边界和推动技术创新提供了独特的优势。

首先，人机协作的定义包括了人工和机器之间相互协同、互补的工作方式。在这种模式下，机器通过先进的传感器、人工智能等技术实现感知和决策，而人工则负责更复杂的、创造性的任务，形成一种高效的协同机制。这种协作不仅可以提高生产效率，还能降低劳动强度，创造更加安全的工作环境。

其次，人机协作的优势在于充分发挥了人的创造性和机器的精准性。人类具有独特的创造性和灵活性，能够应对复杂、变化多端的工作场景，而机器则具备高精度、高速度的执行能力。将二者有机结合，实现协同工作，企业能够在生产过程中更好地应对不同类型的任务，从而提高整体生产效率。

最后，人机协作还能够解决一些传统生产中存在的问题，如重复性劳动、单一性工作等。通过机器的介入，可以实现对重复性工作的自动化，释放人力，使人们更多地专注于需要创造性思维和决策的领域。这有助于提高工作满意度和创新性，这种灵活性有助于企业更好地应对市场的变化和客户的需求，促进企业的可持续发展。

2. 人机协作的挑战与解决方案

人机协作作为一种新模式在制造业中应用，虽然带来了诸多优势，但同时也面临着一些挑战。理解并解决这些挑战是推动制造业数字化转型的关键。

（1）技术融合和兼容性方面的挑战

不同的机器和人工智能系统可能采用不同的技术标准和操作系统，导致在整合和协同工作时容易出现兼容性问题。解决这一挑战的方案是通过制定行业标准，促进不同技术的融合，确保各个组成部分之间的良好协作。

（2）人机协作中的数据安全和隐私问题

随着大量数据在机器和人之间的交流，数据的泄露和滥用成为一个严峻问题。解决方案包括采用先进的加密技术和安全协议，确保数据在传输和存储过程中得到充分的保护。同时，制定相关法规和政策，明确数据使用和共享的规范，保障用户隐私权益。

（3）技术更新和人才培养的挑战

由于人机协作领域技术日新月异，企业需要不断更新和升级系统来达到人机协作的完美实现，而这需要专业人才进行维护和升级。解决方案是通过建立完善的培训体系，培养具有多领域知识的技术人才，以适应技术不断演进的需求。

（4）人机协作还可能引发社会和伦理层面的问题

例如，自动化可能导致部分传统劳动力失业，需要社会与政府共同思考转岗培训和社会保障等方面的政策，以确保社会的可持续稳定和谐发展。

综合而言，人机协作作为制造业数字化转型的关键驱动力，需要全面认识和解决其中的挑战。通过技术标准的制定、数据安全保障、人才培养和社会政策的综合考量，企业能够更好地应对人机协作中的各项挑战，推动制造业实现更高水平的数字化转型和升级。

(三) 案例分析与效益评估

1. 先进企业的人机协作实践

以某制造业领军企业为例，其人机协作实践涉及生产流程的多个环节，且取得了显著的效益。该企业在生产线上引入了智能机器人，实现了对重复性、烦琐性工作的自动化处理。这些机器人通过先进的感知和控制系统，能够与人类工作者协同完成生产任务，提高了生产线的整体效率。在具体操作上，机器人负责搬运、组装等繁重工作，释放了人类工作者的劳动力，使其能够更专注于高级的技能和管理工作。与此同时，该企业在智能化生产流程中应用了先进的人工智能算法，实现了生产过程的实时监控和优化。通过对大量生产数据的分析，系统能够预测潜在问题并自动进行调整，提高了生产质量和效率。例如，在质量控制方面，人工智能系统可以即时检测产品的缺陷或异常，从而及时调整生产参数，确保产品符合高标准的质量要求。此外，该企业还在员工培训方面进行了创新，引入了 VR 等技术，提升了劳动者的技能水平。通过虚拟培训，员工可以模拟真实的生产场景，进行操作技能的提升和实际应用能力的培养。这种方式不仅提高了培训的效果，还减少了因为实际生产操作而可能导致的安全风险。最终，这些人机协作实践为企业带来了显著的效益。生产效率的提升使得企业能够更迅速地响应市场需求，缩短了产品的上市时间。同时，生产线的智能化和优化也降低了生产成本，提高了产品的竞争力。员工的技能提升则使得整体团队更具创造性和适应性，为企业未来的发展奠定了良好的基础。

这一案例充分说明了人机协作在制造业中的实际效果。通过整合智能设备、人工智能算法和虚拟培训等手段，先进企业成功地延伸了劳动对象的边界，提高了生产效率、降低了成本，并为企业的转型与升级打下了坚实的基础。

2. 效益评估指标及方法

(1) 生产效率

通过引入智能化和自动化技术，企业能够缩短生产周期，提高产量。

我们可以采用比较分析方法，比较实施人机协作前后的生产周期，从而找出影响产品生产周期的原因，例如，物料等待时间长、运输时间长、工人低效率等，通过减少物料等待时间、调整工人与机器分工从而缩短生产周期、提高产量和资源利用效率，达到有效量化生产效率提升幅度的最终目的。

（2）质量指标

通过智能化技术的应用，企业能够更精准地控制生产过程，减少产品缺陷和废品率。通过统计分析产品质量的指标，如产品合格率和不良率，或者是应用物联网技术来实现产品质量追溯，并及时进行事故警报，从而降低产品报废的概率。方便对产品质量的改善情况有一个全方位的掌控。

（3）成本效益

虽然引入人机协作系统需要一定的投资，但通过提高产品生产效率、降低废品率等手段，企业可以在未来的一段时间里实现成本的有效降低，为企业未来的健康发展"保驾护航"。我们可以采用成本效益分析模型，综合考虑人工、机器采购维护、能源损耗等各项成本，以评估人机协作对企业经济效益的贡献。

（4）员工满意度和培训效果

通过引入虚拟培训和智能化生产工具，企业可以提高员工的技能水平，同时还可以通过提高员工对新技术的接受度来帮助企业提高生产效率、降低生产成本。通过员工调查和培训效果评估，我们可以全面了解员工在增加智能机器设备的新工作环境中的满意度和适应度。

（5）社会影响

人机协作会导致一定的劳动力结构发生变化，比如重复性、危险性较高的工作将由机器来完成，员工的工作内容将会更加注重创造性和智慧性。与此同时，在人机协作的工作环境下，将会引发对人类工作价值的思考，员工需要重新审视自己的职业规划以及未来发展方向。因此需要综合考虑社会对于技术变革的态度和相关政策，以确保人机协作的推广符合社会可持续发展的方向。

通过上述效益评估指标及方法，企业能够更全面、科学地评估人机协作实践的效果，为决策提供更有力的支持，确保数字化转型取得最大的经济和社会效益。

3. 经验教训与未来发展方向

在进行案例分析与效益评估时，不仅要关注成功经验，还要深入挖掘经验教训，以及对未来发展方向的展望。这有助于企业更好地总结经验，避免潜在问题的发生，同时为未来的数字化转型提供指导。

从经验教训的角度来看，人机协作的成功实践可能会面临一些挑战。其中一个常见的是技术引入可能带来的员工抵触情绪。在引入新技术时，必须注重员工培训和沟通，以减缓他们对变化的不适应感。此外，技术故障和系统不稳定性也是一个值得注意的问题，因此必须建立完善的技术支持和维护体系，确保系统的稳定运行。还要关注数字化转型可能引发的劳动力结构变化，特别是一些传统技能的就业可能会因此受到影响。企业需要积极探讨社会责任，制定相关政策，确保在数字化转型与升级过程中实现社会的可持续发展。这也意味着要为员工提供更广泛的技能培训和职业规划，以适应未来劳动力市场的需求。

从未来发展方向来看，企业应该在数字化转型与升级中持续关注创新。技术的不断更新意味着企业需要不断地调整和升级其数字化系统，以适应市场和技术的变化。此外，加强与科研机构和行业组织的合作，可以帮助企业更早地了解新技术的动向，从而更具前瞻性地进行数字化转型。在未来发展方向上，企业还应该注重数字化转型的可持续性。考虑环境保护和社会责任等问题，确保数字化转型不仅能够为企业带来经济效益，同时也会对环境和社会产生积极影响。绿色制造、循环经济等理念应该被纳入企业的数字化转型战略中，以实现数字化的可持续发展。

总体而言，案例分析与效益评估不仅要关注成功的经验，还需深入剖析教训，并对未来的数字化转型提出有针对性的建议。通过总结经验，企业可以更好地应对未来的挑战，实现数字化转型与升级的可持续发展。

第二节　制造业企业资本循环影响分析

在数字经济时代，以数字技术为基础的柔性生产、智能制造成为工业生产的主流，实现生产要素的合理配置，有利于提高生产效率和资本利用率；数字平台拓展了企业的商业模式，提高了商品流通速度，节省了商品流通费用，加快了资本循环和周转，提升了企业的利润率和市场竞争力；数字金融加速分散资金和闲置货币向借贷资本的转化，从而填补企业资本循环面临的资金缺口。

一、优化购买阶段生产要素的合理配置

购买阶段货币具有货币资本的职能，在要素市场上买进符合资本有机构成要求的生产要素。生产要素是进行物质资料生产所必需的各种社会资源。马克思将生产要素概括为两个部分，"一方面是生产资料；另一方面是劳动力，即商品生产的物的因素和人的因素"。对企业而言，进行物质生产活动，必须将两者结合起来。一方面，生产要素的合理配置具有质的规定性，即在质上"与所生产物品的种类相适应"；另一方面，生产要素的合理配置还具有量的规定性，即在量上符合资本有机构成的比例。可见，企业生产所购进的生产要素，在质上要与市场需求决定产品的种类和特性相适应，在量上要与生产的资本有机构成成比例。否则，"如果没有充分的生产资料，买者所支配的超额劳动就不能得到利用；他对于这种超额劳动的支配权就没有用处。如果现有生产资料多于可供支配的劳动，生产资料就不能被劳动充分利用，不能转化为产品"。可见，生产要素的配置若不能满足质和量的规定性，购买阶段货币资本就不能实现有效转化，部分生产要素就会被闲置和浪费，导致企业生产阶段的迟滞或中断，阻碍剩余价值的实现。随着数控技术和自动化技术的快速发展，企业生产日益由传统的"以产定销"的刚性生产模式转变为"以销定产"的柔性生产模式，即以市场需求为导向，从而科学地确定生产什么，并根据产品特性合理配置各种生产要素。同时，相比传统制造业的刚性自动

化生产，企业通过柔性生产，可以迅速响应市场需求的变化，并快速进行生产切换，实现一条生产线生产多种商品的目的，避免或减少生产要素的浪费，力求获取最大的效益。

（一）数据分析与精准采购

在制造业企业资本循环的优化中，购买阶段的生产要素合理配置是至关重要的环节，其中，数据分析与精准采购是实现优化的关键步骤。[①]

首先，数据分析在采购决策中扮演着"坐标系"的角色。随着大数据技术的不断发展，企业可以利用各种数据源，包括市场趋势、供应链数据、产品需求等，进行全面而深入的分析。这种数据驱动的方法使企业能够更准确地预测未来的需求，理解市场变化，从而优化采购计划。

其次，关注供应商数据的有效利用与整合。在数字经济时代，供应链上的各个环节都产生了大量数据。通过有效整合和分析供应商数据，企业可以更好地了解供应商的绩效、稳定性、交货准时性等关键信息。这种综合性的数据分析可以帮助企业识别潜在风险并采取相应的风险管理措施，确保生产过程的稳定性。

最后，在进行数据分析的基础上，精准采购成为实现合理配置生产要素的重要手段。通过深入挖掘数据，企业可以更精准地匹配产品需求和供应商能力，避免生产要素过剩或短缺的情况发生。此外，通过建立智能化的采购系统，企业可以实现对供应链的实时监控和调整，提高采购的效率和灵活性，从而实现效益最大化。

对于数据分析在采购决策中的角色，我们可以从以下几个方面展开：①需求预测与市场趋势分析：利用大数据分析市场趋势、建立需求预测模型，根据采购数据的特征和需求的规律，可以选择合适的需求预测模型，如时间序列分析、回归分析、机器学习等。通过对历史数据进行模型训练，可以得出预测结果，有助于企业调整采购计划，确保生产与市场需求相匹配。②供

---

① 包彤. 数字技术赋能制造业结构双重优化：效益提升与绿色转型 [J]. 南方经济，2023，(12)：83–106.

应链透明度：数据分析可以提供对供应链各个环节的透明度，通过供应商的筛选，可以直观地看到各个时期下物料的采购价格趋势、占比及明细等情况。帮助企业更好地了解供应商绩效、库存水平等信息，从而做出更明智的采购决策。③成本优化：通过分析物料成本结构和供应商定价数据，快速掌握该物料的采购供应商个数、金额、数量等数据指标明细，还可以了解到该物料各年月的价格走势、物料价格占比、供应商占比、不同供应商的平均采购价格等。通过这些途径，企业可以找到成本优化的空间，实现更经济高效的采购。④风险管理：数据分析可帮助企业识别潜在的供应链风险，包括供应商稳定性、地缘政治风险等，从而制定相应的风险管理策略，这就亟须在采购计划的执行过程中，实时监控市场需求和供应情况，并根据实际情况第一时间调整物料采购计划，从而达到最大化规避风险的效果。

对于供应商数据的有效利用与整合，以下几点值得关注：①绩效评估：利用供应商数据对各个供应商进行绩效评估，包括交货准时性、供应商响应时间、产品合格率控制、服务水平等重要指标，确保现已合作的供应商的绩效指标与企业业务目标和战略发展方向一致。从而选取最符合企业需求的优质供应商。②整合多维数据：整合不同维度的供应商数据，包括交货记录、质量数据、库存数据、成本数据、财务数据、生产能力、社会责任等，利用数据分析工具和技术，对供应链数据进行分析和可视化。可以使用统计方法、机器学习算法等方式来探索数据，发现潜在的关联和趋势，以全面了解供应商的整体状况。③实时监控：建立实时监控机制，通过数据分析及时发现供应链中的问题和变化，以便迅速做出调整和反应，持续监测供应商的绩效，并与之前的数据进行对比，及时了解供应商的工作成效。通过进行定期的数据分析和评估，可以了解改进计划的效果，并及时调整和优化，从而增强企业竞争力和业务成果。

总的来说，数据分析与精准采购是现代制造业企业优化资本循环的关键环节。通过深入挖掘和充分利用数据，企业可以更加智能地进行采购决策，实现生产要素的合理配置，提高生产效率，降低成本，进而推动企业的可持续发展。

通过数据分析实现采购成市降低

1. 案例背景

全球前 20 大车企中，中国有 5 家，但全球前 20 大汽车零部件企业中，中国却只有一家。中国贡献了全球 31% 的汽车产量，但全球前 100 家零部件企业中，中国只占总体的 12%。中国零部件企业理应发展潜力巨大，然而，汽车行业整体增长减速，利润收窄，且"新四化"趋势带来的产品结构性调整，为我国零部件企业平添了多重压力。一家中型汽车零部件制造企业现面临着采购成本逐年上升、竞争激烈的挑战。企业意识到在此危急关头下必须通过数字化手段来改进采购流程，以提高效率并削减不必要的成本。于是，他们决定引入先进的数据分析技术，以实现更精准的采购。

2. 数据分析在采购中的应用

需求预测与优化库存：通过历史采购数据和市场趋势的分析，企业建立了准确的需求预测模型。这使他们能够更好地优化库存水平、有效降低了 20%~50% 的库存成本，避免因过度采购导致的资金浪费。

供应链透明度提升：引入数据分析工具，企业实现了对供应链各个环节的 24 小时不间断地实时监控。这让他们能够及时发现潜在问题并采取措施，确保供应链运作的顺畅性。

供应商绩效评估：通过整合供应商的绩效数据，企业建立了一个全面的供应商评估体系，包括交货准时性、产品质量、成本控制等方面。这有助于选取最优质和最具成本效益的供应商，同时帮助该汽车零部件企业有效缩短了至少 30% 的交付周期。

3. 实施精准采购的关键步骤

数据整合与清洗：该汽车零部件企业收集了来自不同部门和系统的数据，并进行了整合和清洗，确保数据的准确性和一致性，从而使其生产成本降低了 8% 左右。

分析工具的引入：选择了先进的数据分析工具，如机器学习算法和业务智能平台，以便更深入地挖掘数据潜力。

团队培训与意识普及：为采购团队提供了必要的培训，使他们能够熟练使用新的数据分析工具，并强调了数据驱动决策的重要性。

持续改进：实施精准采购后，企业建立了一个持续改进的机制，定期评估采购流程，并根据反馈和数据分析结果进行调整和优化。

4. 成果与效益

采购成本降低：通过更精准的需求预测和优化供应链，企业成功降低了10%到20%的采购成本，提高了资本利用效率。

库存周转率提升：通过大数据预测、实时供应绩效与优化、现金排产计划，该汽车零部件制造企业降低了20%～50%的库存成本，由此优化了库存水平使得库存周转率明显提升，极大地减少了滞销和过度储备的情况。

供应商关系改善：通过360度全方位供应商绩效评估体系，企业与供应商建立了更加稳定和合作的关系，共同实现了互利共赢。

业务竞争力增强：降低10%～20%采购成本的同时，该汽车零部件执照企业的毛利润增加了8%以上，使该企业在市场上更具竞争力，赢得了更多订单和客户。结论：这个案例展示了如何通过数据分析实现采购成本的降低，从而推动制造业企业资本循环的优化。通过引入数字化手段，企业不仅提高了生产效率，还取得了显著的业务优势，为未来的可持续发展奠定了基础。这证明了数字化转型在制造业中的重要性，特别是在资本循环的关键环节中的应用所带来的巨大潜力。

（二）智能供应链管理

智能供应链管理是数字经济时代制造业企业实现高效运作和灵活响应市场需求的关键环节。通过构建智能化供应链架构，运用实时监控与反馈机制，以及数字化手段优化供应链流程，企业可以在竞争激烈的市场中取得显著优势。

　　智能化供应链的架构应该是一个高度集成的系统，包括供应商、生产商、分销商和零售商在内的各个环节。该架构基于先进的信息技术，如物联网、人工智能和大数据分析，实现供应链各环节的实时互通。其包含了以下关键要素：①物联网设备。在生产、仓储和运输环节引入物联网设备，实现实时数据采集和传输，提高供应链可见性。②人工智能应用。运用人工智能算法对供应链数据进行分析，预测市场需求、优化库存管理和提升生产计划的准确性。③大数据平台。建立大数据平台，整合和分析来自各个环节的海量数据，为决策提供可靠支持。

　　通过智能化供应链系统，企业可以实现对各个环节的实时监控。比如生产进度、库存水平、运输状态等信息可以随时获取，使企业能够及时了解整个供应链的动态。通过建立反馈机制，将实时监控得到的信息反馈到相关环节。比如，某一生产环节出现异常，系统能够自动发出预警并通知相关责任人，从而及时采取措施避免连锁反应的发生。

　　与此同时，运用大数据分析，将各个环节的数据纳入决策过程，以数据驱动的方式进行决策。包括制订生产计划、库存管理策略、供应商选择等多个方面。在数字经济背景下采用智能化物流管理系统，通过实时路线规划、运输调度和交通状况分析，优化物流流程，降低运输成本，提高交货效率。通过建立供应链协同平台，各个环节的参与者能够实现信息共享、协同决策，有助于提高供应链整体的灵活性和响应速度。

　　通过以上三个方面的综合应用，制造业企业能够构建一个高度智能化、高度协同的供应链体系，实现生产、流通、销售等环节的协调运作，从而提升整体运营效率，降低成本，更好地适应市场变化。这不仅对企业内部的资本循环产生积极影响，还能够提高整个产业链的效益水平，有效推动制造业在数字经济浪潮中的转型与升级。

（三）成本效益与质量提升

1. 成本效益分析方法与工具

（1）成本效益分析概述

成本效益分析是一种系统的方法，用于评估企业在生产和运营中所投入的成本与所获得的效益之间的关系。通过成本效益分析，企业可以清晰地了解到底哪些投入是划算的，哪些投入是不必要的，从而更有针对性地进行资源配置。

（2）工具应用

成本效益比分析：通过比较投入和产出的比值，判断企业的投资是否合理，从而决定是否进行某项生产或运营活动。例如，一家家装公司为了改善经营环境，打算购买一套广联达商业智能软件，该公司采用成本效益比分析法来判断此次购买行为是否正确：①软件的价格成本为25000元1年、雇佣技术咨询人员和安装运行软件的成本为5000元1年、培训软件操作人员的成本为48000元1年。②提高了的业务流程导致年度经营总成本下降25万元，由于信息供给更为有效，公司决策更为科学，额外增加的现金流达500万元，使用广联达智能软件后，员工士气得到提升，也提高了生产效率。通过成本效益比分析法来看，此次购买行为是完全正确且合理的。

生命周期成本分析：考虑产品或项目的整个生命周期，包括设计、生产、使用和废弃等各个阶段的成本，以全面评估效益。以一家废旧版纸回收打包机生产企业为例，①生产阶段：设计和开发所需时间是2年、设计人员工资100万元、设计软件使用费用5万元、设计过程的材料购买费用50万元。②生产阶段：100台质量合格的打包机所需的原材料采购成本是500万元、生产设备的购买及维护成本是1000万元、人工成本300万元。③销售阶段：产品的市场推广费用及销售成本总计50万元。④使用阶段：产品的运营和维护成本需要75万元。⑤报废阶段：产品的报废和处理成本为−200万元。通过生命周期成本分析法可以看出此打包机的全生命周期总成本是1880万元，而产品的总价值为2500万元，因此通过该生命周期成本分析法可以得出：该产品按照目前的成本数据进行生产销售是可以盈利的。

2. 数字化供应链对产品质量的影响

（1）数字化供应链的定义

数字化供应链是利用先进的数字技术，对供应链进行全面优化和升级的过程。在数字化供应链中，信息流、物流和资金流得以实时高效地协同运作，为产品的质量提升提供了有力支持。

（2）对产品质量的积极影响

实时监控与反馈：数字化供应链可以实现对生产过程的实时监控，实现生产信息的即时共享和生产流程的自动化，从而及时发现潜在问题，如对生产信息孤岛和信息不对称的问题进行调整，降低流程延迟率、提高数字供应链的执行效率和决策效果，从而高效保障产品质量。

质量数据分析：运用大数据分析技术进行全面的数据分析和细节监控手段，帮助企业及时发现数字化供应链中的风险因素，通过对相关质量数据进行深度挖掘，发现质量改进的潜在机会，并采取相关措施进行应对和改进，来保障产品生产过程中的稳定性和可靠性，提高产品的整体质量水平。

3. 持续改进与质量管理的数字化实践

（1）持续改进理念

持续改进是一种不断寻求优化、提高产品质量的方法。通过不断寻找企业在实际经营中遇到的真实问题并且消除这些问题，逐步改善其他业务流程和创新管理方法，来提高生产效率和产品质量使企业在不断变化的市场中保持竞争力。例如一家汽车制造公司通过改进其供应链管理来减少成本并缩短交付时间，从而在更好地满足客户需求的同时激发了员工的创造力和"主人翁"意识，提高了团队的合作和创新能力。

（2）数字化实践

数字化质量管理系统：引入数字化质量管理系统，针对生产车间现场检测工作数字化、智能化等特点，以提升产品质量为核心，以信息技术人工智能技术及大数据分析技术为基础，构建和完善生产制造过程中质量检测数字化系统来实现对质量管理全过程的数字化监控和管理，解决传统工业质量检测过程中出现的问题及漏洞，来提高问题识别和解决的效率，促进数字化质量管理系统的完善和发展。

智能制造与工艺创新：运用数字化技术，可以优化生产工艺，进一步提高产品制造的一致性和稳定性，从而提升产品质量。苹果公司在推出 iPhone 时引发了智能手机在屏幕控制、内存选取、电池充电、手机散热等领域的彻底革命，通过智能制造产品和工艺创新设计，取得了巨大的成功。运用数字化技术还可以带来新的商机和增加企业的竞争优势，有助于企业实现可持续发展。

通过上述方法和工具的综合应用，制造业企业可以在购买阶段实现生产要素的合理配置，以确保成本效益和产品质量的双重提升。这有助于优化资本循环，提高企业整体竞争力，同时更好地满足市场需求。

二、提高生产阶段产品的质量与效率

数字技术注入制造业使企业生产逐渐向智能化转型，企业通过智能制造不仅能大幅提升劳动生产力，还可以实现产品个性化和定制化生产，从而提高产品供给质量。[①] 一方面，由于"劳动生产力是随着科学和技术的不断进步而不断发展的"，工业机器人和人工智能等数字技术的发展与应用，在拓展劳动资料功能与边界的同时，使机器代替劳动，提高了劳动生产力，使同样数量的劳动力可以运用更大规模的生产资料，从而缩短社会必要的劳动时间。另一方面，智能制造通过用户数据的收集与分析，将市场需求反映到产品设计、研发、制造等各个环节，从而满足市场个性化和定制化需求，提升供给质量。此外，企业应用数字技术变革生产过程中的技术条件，还能实现生产资料和劳动力的节约。制造业传统的生产模式主要是靠扩大劳动对象来节约企业的固定成本，"流水线"的生产模式将分工效率发挥到了极致，在微观层面上促进了简单协作和工厂手工工业分工的制度模式的形成。第一次工业革命使社会生产力大大提高，通过提升生产工具科技含量以节约生产成本的方式得到广发应用，从而促进了机器大工业以及股份公司等制度创新。"因为机器的使用要遵照严格的科学规律，能够更多地节约它的各个组成部分和它的消费资料的消耗。"可见，机器的使用及技术的应用能够节约生产开支，因而在大工业生产中机器作为物化的人类劳动得到了大规模的运用，正如马克思所说，"在大工业中，人才学会让自己过去的、已经对象化的劳动的产品大规

---

① 陈付山. 制造业数字化转型路径研究［J］. 价值工程，2023，42（34）：5-7.

模地、向自然力那样无偿地发生作用"。在数字经济时代背景下，数字技术把生产制造环节的机器设备有机连接起来，实现制造流程智能化、自动化，能够节省海量工人的重复性劳作，无人工厂成为现实，从而节约劳动力，降低人力成本；云计算和大数据实现对生产制造的远程管控，及时给出设备故障的最佳解决方案，缩短停工时间，节约生产时间和生产费用。

（一）数字化质量控制

1. 数字技术在质量控制中的应用

数字技术在质量控制中的广泛应用是推动制造业质量提升的核心。通过数字化质量控制系统，企业能够实现对生产全过程的精准监控。其中，数字技术的应用主要体现在这几个方面：第一，数字技术赋能智能制造系统，实现对生产流程的全方位监测和调控。智能制造系统通过实时数据采集和分析，自动识别潜在的质量问题，并及时进行调整，确保产品在制造过程中达到高质量标准。第二，数字化质量控制系统通过对生产数据的深度分析，揭示了生产过程中的关键变量和潜在关联。这种数据驱动的质量分析有助于准确识别影响产品质量的因素，为质量控制提供科学依据。第三，数字技术使生产数据能够实时反馈至智能制造系统，从而实现及时的生产调整。这种实时的反馈机制确保了企业在生产过程中能够立即响应任何潜在的质量问题，最大限度地降低次品率。

2. 智能传感器与实时质量监测

智能传感器作为数字化质量控制的基础设施，广泛应用于生产现场。通过实时监测关键参数如温度、湿度、压力等因素，智能传感器能够捕捉到生产过程中的微小变化，为实时质量监测提供可靠数据。实时质量监测通过智能传感器实现对产品质量的实时监测，能够迅速捕捉到生产过程中的异常情况。这种及时监测有助于在问题发生时立即采取纠正措施，防止次品的产生，从而提高整体的生产效率。通过数字化质量控制、智能制造系统以及实时质量监测的有机结合，制造业企业可以实现对生产过程的全面管理，提高产品的质量和生产效率。这些数字技术的应用不仅仅是为了追求高质量的产品，更是为了在资本循环中实现生产环节的最优化和持续提升。

3. 提高质量与降低次品率的案例研究

在一家汽车制造公司，引入数字化质量控制系统彻底改变了他们的生产方式。通过实时监测关键生产参数、使用智能传感器和数据分析工具，该公司成功提高了产品质量，同时显著降低了次品率。①实时缺陷检测：数字化质量控制系统允许汽车制造商在生产过程中实时检测产品的缺陷。通过在关键点部署智能传感器，系统能够及时捕捉到任何潜在的质量问题，从而迅速进行调整。②数据分析优化生产流程：利用数字技术进行数据分析，生产团队能够更深入地了解生产过程中的变量和关联。他们通过分析数据，优化了生产流程，减少了可能导致次品的因素。③及时反馈与改进：数字化质量控制系统提供了即时反馈机制，使生产团队能够在发现问题时立即采取纠正措施。这种快速响应的能力有助于防止次品的产生，从而提高了整体的产品质量。④成本降低：通过降低次品率，该公司不仅提高了产品质量，还在生产中实现了成本的降低，减少了废品和返工的需求，进一步提高了生产效率。

这个案例清晰展示了数字化质量控制如何在实际生产中提高产品质量、降低次品率的成果，并最终实现了资本循环中生产环节的优化。数字化质量控制系统的引入不仅仅是技术上的创新，更是为企业实现高质量生产、提升效益提供了可行的解决方案。

（二）智能制造与工艺创新

1. 智能制造系统对工艺流程的改进

智能制造系统通过整合先进技术，对传统工艺流程进行全方位的改进。其中的关键要素有三个。①自动化生产线：引入智能机器人和自动化设备，实现生产线的高度自动化。这不仅提高了生产效率，还降低了人为错误的风险。②实时监测与控制：集成传感器和实时监测技术，确保生产过程中各个环节都能实时进行监控。这有助于及时发现潜在问题并采取纠正措施，提高产品质量。③柔性制造系统：实现生产过程的灵活性和适应性，使企业能够更快地调整生产计划以满足市场需求。

2. 人工智能在工艺创新中的应用

人工智能在工艺创新中的应用为制造业带来了前所未有的机遇。关键的应用领域有三个。①智能设计：利用机器学习算法，加速产品设计和工艺规划的过程。通过分析大量数据，系统可以提供更优良的设计方案，降低生产成本。②预测性维护：利用人工智能监测设备的状态，提前预测设备可能出现的问题，并进行及时维护，减少生产停机时间。③质量控制：借助视觉识别和模型学习，实现对产品质量的实时监测和控制，降低次品率。

3. 成功企业的智能制造实践

作为国内智能制造前沿企业之一，厦门银龙集团已经在智能制造领域取得了显著的成就。主要体现在三个方面。①生产效率提升：自动化生产线和智能工艺控制使生产效率大幅提高，缩短了生产周期，为企业占领市场取得先机。②产品质量提高：通过智能上下线、实时监测、在线调度和在线智能质量控制系统等技术确保产品在生产过程中始终保持高质量发展。③灵活性增强：多品种、小批量的柔性制造系统使厦门银龙集团展现出了强大的灵活性优势，能够快速适应市场需求的变化、在全球市场上取得显著的产品优势。

这些企业的成功实践证明了智能制造与工艺创新的重要性，不仅为企业资本循环注入新的活力，也为中国制造业在数字经济背景下的转型与升级提供了可行的路径。

（三）产品生命周期管理

1. 产品生命周期管理的概念与重要性

在制造业企业资本循环中，产品生命周期管理（PLM）是提高生产阶段产品质量与效率的关键环节。PLM 是一种全面管理产品从概念设计到报废的全过程方法，它涵盖了产品的规划、设计、制造、使用和停产等各个阶段，以实现对产品全生命周期的有效控制和优化。

PLM 的重要性主要体现在三个方面。①信息集成与共享：PLM 通过整合不同阶段的信息，实现各部门之间的协同工作，避免信息孤岛和数据冗余。

②降低开发成本：通过 PLM，企业可以更加精确地进行产品规划和设计，减少原型制作和设计修改的次数，从而节约开发成本。③提高产品质量：PLM 有助于在产品设计阶段发现和解决问题，确保产品在生产和使用过程中达到高质量标准。

2. 数字技术在产品设计、生产和维护中的应用

数字化设计：利用计算机辅助设计（CAD）软件，工程师可以在虚拟环境中进行产品设计和模拟创作，实现对产品外观、结构和功能等的优化。

数字化生产：数字技术在生产阶段的应用包括数控机床、自动化生产线和 3D 打印等。这些技术提高了生产的精度、速度和灵活性。

数字化维护：使用物联网（IoT）和传感器技术，企业可以实现对产品状态的实时监测。这有助于进行预测性维护，及时发现潜在问题并采取相应的措施，延长产品寿命。

全生命周期数据管理：利用数字技术，企业可以实现对产品全生命周期数据的集中管理。这包括设计文档、生产记录、维护日志等各个环节的数据，为决策提供可靠的依据。

3. 案例分析：数字化产品生命周期管理的收益

在制造业企业资本循环中，数字化 PLM 的成功实践对提高生产阶段产品的质量与效率具有显著的影响。通过深入剖析一些企业的数字化 PLM 案例，我们能够窥见其所带来的实际收益与改变。

案例二

一、汽车制造企业

一家汽车制造企业采用数字化 PLM 系统，从产品设计到报废的整个生命周期实现了全面数字化管理。通过该系统，他们实现了以下显著收益。

设计优化：在数字化的虚拟环境中，工程师可以迅速进行多次设计优化，减少了设计阶段的时间和资源浪费。

生产效率提升：通过数字化 PLM 系统与生产线的深度集成，实现了产品设计和生产的无缝衔接。生产过程中的实时监测和反馈机制使生产效率得到有效提升。

迅速响应市场需求：通过数字化 PLM 系统，该企业能够迅速调整产品设计和生产计划，满足市场快速变化的需求，保持竞争力。

二、航空航天领域企业

一家航空航天企业引入数字化 PLM 系统，使产品生命周期各个阶段的信息得以集成和共享。为企业带来了以下明显的改善。

降低开发成本：通过运用数字化 PLM 系统，他们在产品规划和设计阶段就能够发现和解决问题，减少了原型制作和设计修改的次数，有效降低了开发成本。

高质量生产：数字化 PLM 系统对产品设计、生产和维护的全程监测，确保产品在生产和使用过程中达到高质量标准，降低了次品率。

全生命周期数据管理：通过数字化 PLM 系统，他们实现了产品全生命周期数据的集中管理，避免了信息孤岛和数据冗余。

三、电子设备制造企业

该电子设备制造企业数字化 PLM 的应用，使产品的生产和维护更加智能化。取得的效益包括以下几个方面。

数字化维护：结合物联网和传感器技术，他们实现了对产品在使用过程中状态的实时监测。这有助于实现预测性维护，提高产品的可靠性和维护效率。

快速定制：数字化 PLM 系统使产品设计更加灵活，能够快速响应客户个性化需求，推动了快速定制化生产。

这些案例充分展示了数字化产品生命周期管理在提高生产阶段产品质量与效率方面的实际收益。通过数字化 PLM 系统，制造企业能够实现生产过程的智能化、高效化，为企业在激烈的市场竞争中保持竞争力打下坚实基础。

三、降低销售阶段流通的时间与费用

马克思将商品资本职能实现的过程描述为"商品的惊险的跳跃"，并指出"W-G 即卖，是资本形态变化的最困难部分，因此，在通常情况下，也占流通时间较大的部分"。可见，使商品买卖顺利实现有利于加快企业资本循环，增加企业利润。随着数字经济的发展，传统制造业企业依托数字平台开展电子商务活动，虚拟平台与实体经济的融合具有强大的节约效应，促使商品买卖更加容易，节约了流通时间和流通费用。具体来讲，数字平台通过弱化供应链上下游的信息不对称和买者与卖者间的信息不对称，优化了交易环节，减少了保管费用；数字平台突破传统交易模式的时间限制和地域间隔，依托线上模式快速便捷的交易体验加快商品资本职能的转化；数字平台通过大数据、云计算等技术实现精准营销，使商品售卖时间得以缩短；数字平台使卖家能够实时自动记录商品销售情况，即时统计财务数据，从而节约簿记费用，即"劳动时间的非生产耗费"。

（一）数据驱动的市场预测

在制造业企业资本循环中，降低销售阶段的流通时间与费用是一项至关重要的任务，这一目标的实现离不开数据驱动的市场预测，通过深入挖掘市场需求和趋势，使企业能够更加精准地调整生产和销售策略，提高销售环节的效率。[①]

市场预测的核心在于对大量市场数据的分析，包括消费者行为、竞争对手动向、市场趋势等信息。通过对这些数据的深入研究，企业能够更好地理解市场的动态，从而有针对性地调整产品供应链和销售计划。选择合适的预测算法和工具对于实现精准市场预测至关重要。时间序列分析、回归分析以及机器学习算法等都是常用的数据分析工具。企业需要根据自身业务特点和可用数据的情况，巧妙地选择适用的算法，并借助现代化的工具提高预测的

---

① 林孔团，张轩浩，侯杰，等. 数字经济赋能制造业升级的空间效应研究［J］. 天津商业大学学报，2023，43（06）：3-9+43.

准确性和效率。

通过建立实时监控与反馈机制，企业能够及时了解销售环节的具体情况。这种机制不仅有助于及时调整生产和供应链计划，还能够迅速应对市场波动，缩短产品从生产到销售的时间，提高产品周转率。

通过以上手段的综合运用，企业可以在销售阶段取得更高的效率和更低的费用。精准的市场预测使企业能够提前应对市场需求的变化，有效避免了过多的库存积压和产品滞销的情况，进而提升了整个销售流程的效能。这一优化不仅提高了企业的资金周转速度，还增强了市场竞争力。

（二）供应链协同与物流优化

在数字经济的大环境下，缩短销售阶段的时间和降低相关费用成为关键挑战。为了应对这一挑战，供应链协同与物流优化成为制造业企业的利器。通过有机整合这两者，企业实现了更高效、更迅捷的物流流程，有效压缩销售环节成本，提升了资金周转速度。

供应链协同是通过不同环节的各方共同努力，实现整个供应链的协同优化。这包括供应商、制造商、分销商等多方的协同合作。企业可以通过建立紧密的合作关系，共享信息、资源和技术，实现供应链各环节的无缝衔接，提高整体供应链的效率。数字化物流是将物流过程数字化，通过信息系统实现对物流的实时监控和可视化管理。这不仅包括订单处理、库存管理，还涉及运输、仓储、退单整理等环节，极大地提高了工作效率。通过数字化，企业能够更准确地了解物流状况，及时发现问题并迅速作出调整，从而提高物流的运作效率。物流优化的关键在于全面考虑整个物流过程中的各个环节。这包括选择合适的运输方式、合理规划仓储布局、优化运输路线等方面。同时，还需要注重信息流、资金流、物资流的协同合作，确保各环节紧密衔接，避免信息滞后和资源浪费。

通过供应链协同与物流优化的有机结合，企业能够降低销售阶段的流通时间与费用。高效的供应链协同使物流环节更为顺畅，数字化物流提供了实时监控和灵活调整的能力，而物流优化则确保了整个流程的高效性。这一综合优化不仅提高了企业在市场中的竞争力，还加速了产品从生产到消费者手中的流通，为企业资本的迅速周转创造了有利条件。

（三）电商与数字化营销的整合

通过深度融合电商模式，企业能够迅速响应市场需求、拓宽销售渠道，而数字化营销策略与工具的运用则进一步提升了企业在竞争激烈的市场中的可见性和竞争力。电商的崛起为制造企业提供了全新的销售渠道。通过在线平台，企业能够直接面向终端用户，省去了传统中间环节，实现了供应链的简化和销售流程的敏捷。这不仅降低了产品流通的时间，还提高了销售效率。数字化营销策略通过精准的市场定位和个性化的推广，有效提高了企业产品的曝光度。社交媒体、搜索引擎优化（SEO）、内容营销等数字工具的应用，使企业能够更好地理解客户需求，精准投放广告，提高转化率。通过数据分析，企业还能及时调整营销策略，适应市场变化，实现动态优化。

电商与数字化营销的整合，不仅为制造业企业拓展销售渠道提供了可能，更为企业资本循环注入了新的活力。这一整合策略不仅在销售阶段压缩了时间，同时通过数字化手段优化了销售费用的支出，为企业在市场中的竞争带来了明显优势。

案例三

电商与传统销售渠道的协同效应

一家小型家电制造业企业在传统销售渠道上取得了较好的业绩，但随着市场的变化和消费者行为的转变，企业面临着销售渠道不畅、成本较高的问题。为了迎合数字化时代的潮流，企业决定引入电商模式，并通过数字化营销提升品牌知名度。

1. 实施过程

电商平台搭建：企业选择了符合其产品特性的电商平台，搭建了一个专业、易用的线上销售通道。这一步的关键是确保电商平台的用户体验和功能设计满足消费者的需求。

产品数字化展示：通过电商平台，企业将产品进行数字化展示，提供了详尽的产品信息、图片和视频介绍，以吸引潜在客户的关注。数字化展示使消费者能够更全面地了解产品特点，提高了购买的决策效率。

社交媒体营销：利用社交媒体平台进行精准推广，通过广告投放、内容营销等手段提高品牌曝光度。企业深入了解目标用户，制定有针对性的数字化营销策略，增强了与消费者的互动。

线上线下协同：企业在保持了传统销售渠道的同时，通过线上电商平台拓展了新的销售渠道。这种线上线下的协同模式使企业能够覆盖不同消费者群体，提高了销售的灵活性和适应性。

2. 成果与效益

销售额显著增长：通过电商平台，企业实现了销售额的显著增长。线上渠道为企业带来了新的客户群体，提高了销售的多元性和广度。

降低流通时间：电商平台的实施使销售环节更为迅速高效。消费者能够通过线上渠道直接下单，减少了传统渠道的中间环节，降低了流通时间。

成本控制：由于电商渠道的数字经济化特性，企业能够更精准地控制营销成本。数字化营销策略的灵活性使企业能够根据实际情况进行调整，最大限度地降低了销售阶段的费用。

品牌影响力提升：通过社交媒体等数字化营销手段，企业的品牌影响力得到明显提升。品牌形象的塑造使消费者更愿意选择该企业的产品，形成了良好的品牌口碑。

通过电商与数字化营销的协同，这家制造业企业成功地实现了销售阶段流通时间与费用的降低。这不仅使企业在市场竞争中保持良好竞争力，还为企业未来的发展奠定了坚实的基础。通过电商与传统销售渠道的有机整合，企业实现了销售模式的升级，更好地满足了数字化时代消费者的需求。

四、借助数字金融实现产业资本转化

数字金融即数字技术与金融行业的融合，通过加速分散资金和闲置货币的积累，并转化为生产所需的货币资本，使资本循环三个阶段的衔接更为顺畅。[1] 随着生产社会化的发展和资本积累的进行，企业生产规模不断扩大，生产边界不断延伸，资本循环中单个资本的最低额度不断提高；与此同时，部分企业生产周期性的变化又使部分资本"停留在货币形态上"而"闲置起来"，这部分闲置货币游离在生产之外，导致资源的浪费。随着数字经济的发展，这一问题能够得到缓解，一方面，数字金融的发展使得小额闲置货币向借贷资本的转化更加快捷和便利，闲置货币因此快速积累起来，依托金融机构贷给有资金缺口的企业。另一方面，金融机构通过运用大数据、云计算等数字技术，能够充分获取和识别企业运营状况和偿债能力，从而有效缓解信息不对称问题，降低金融的风险识别成本，疏通企业外部融资约束。此外，数字金融还具有无抵押和模式多样性等优势，这对于竞争力弱、资产和抵押品有限、信息披露不充分的中小型制造业企业解决资金问题可谓是"雪中送炭"，同时也使小额闲置货币加速转化为借贷资本，最终进入产业资本循环。

（一）金融科技与企业融资

随着金融科技的不断创新，传统的企业融资方式遇到了前所未有的变数和机遇。数字化技术的应用使得融资渠道更加多元和便捷。企业可以通过互联网平台、区块链技术等手段获取融资，避免了烦琐的传统融资流程，提高了融资的效率。数字化信贷是数字金融中的一个重要组成部分。通过大数据分析、人工智能等技术手段，金融机构能够更全面、精准地评估企业的信用风险。这种个性化的信贷模式不仅提高了融资的可得性，也有效降低了融资的风险。同时，数字化手段也使风险管理更为精密，为企业提供了更好的财

---

[1]　李纯. 数字金融对制造业企业经营绩效的影响 [J]. 合作经济与科技，2024（03）：138-140.

务安全保障。成功企业在数字融资方面采取了一系列有效的策略。他们充分利用大数据分析，了解市场需求和企业状况，精准地选择适合的融资方案。积极探索区块链技术在融资中的应用，提高了融资的透明度和安全性。同时，成功企业注重建立良好的信用记录，与金融机构建立稳固的合作关系，为未来的融资打下坚实基础。

总体而言，金融科技的崛起为制造业企业提供了更多元、便捷的融资渠道，数字化信贷和风险管理为企业提供了更精准、安全的金融服务。成功企业通过灵活运用数字融资策略，不仅实现了资本的高效流动，更在竞争激烈的市场中脱颖而出。这些经验对其他制造业企业借助数字金融实现产业资本转化提供了有益的借鉴。

（二）区块链技术在供应链金融中的应用

1. 区块链在供应链金融中的原理与优势

（1）原理

区块链是一种去中心化的分布式财务技术，其核心原理在于通过去中心化、共识机制和不可篡改性等特点，确保数据的安全性和透明性。在供应链金融中，区块链充当了一个分布式账本，记录了整个供应链上的交易、物流和资金流动情况。

（2）优势

一是透明度与可追溯性，区块链技术使整个供应链的数据可被所有参与方共享，保证了交易的透明度和可追溯性；二是智能合约，区块链通过智能合约实现自动执行，简化了复杂的供应链金融交易流程，减少了中间环节，提高了工作效率；三是防篡改，由于区块链的数据一旦记录即不可篡改，确保了交易信息的真实性和完整性。

2. 实际应用案例与效果评估

许多制造业企业已经在供应链金融中引入了区块链技术。以某知名汽车制造商为例，他们利用区块链技术构建了一个供应链平台，通过智能合约实现了供应商和制造商之间的自动结算，大大缩短了结算周期。区块链的去中心化特性减少了中间环节，降低了交易的管理和执行成本，自动化的智能合约加速了交易的执行速度，提高了整个供应链金融的效率，由于数据的透明性和不可篡改性，减少了信息不对称，降低了欺诈风险。

3. 挑战与未来发展方向

区块链在供应链金融中的应用仍面临标准化不足的问题，不同平台之间的数据交互存在一定困难。区块链技术的透明性可能导致一些隐私和合规性问题，需要在技术和法规层面进行解决。但是，通过进一步发展能够支持多方参与的区块链平台，提高供应链金融的整体效益，结合人工智能、物联网等新技术，可以进一步提高供应链金融的智能化水平。

区块链技术在供应链金融中具有巨大潜力，虽然面临着一些挑战，但通过标准化和技术创新，将有望实现更广泛、更高效的应用。制造业企业借助这一技术，能够更好地实现产业资本转化，提升资本整体运作效能。

(三) 金融创新推动产业发展

1. 金融创新对产业升级的作用

数字金融通过提供多样化的融资工具和服务，使企业能够更灵活地运用资本。比如，供应链金融、云计算金融等方式，为企业提供了更多选择，有助于优化生产资本的配置。金融创新引入了更为精细化的风险管理工具，企业可以通过金融衍生品等方式对冲市场风险，提高了企业在不确定性环境中的抗风险能力。数字金融通过创业投资、众筹等方式，为创新型企业提供了更为便捷的融资途径，推动了产业的创新和升级。

2. 未来数字金融对制造业的影响展望

未来数字金融将更加智能化，通过人工智能、大数据分析等技术，为制造业提供个性化、定制化的金融服务，更好地满足企业的资金需求。随着区块链技术的不断发展，未来将更广泛地应用于全球供应链金融中，促使制造业企业实现更高效、透明、安全的全球资金流动。

数字金融将助力建设金融与实业融合的生态圈，推动制造业企业与金融机构、科技公司等多方合作，形成良性互动的创新生态，共同促进产业的发展。

数字金融的不断创新与应用，有望在未来进一步推动制造业企业的转型与升级。通过金融创新，制造业企业能够更好地应对市场挑战，实现资本的灵活运用、风险的精细管理、创新型项目的支持。成功案例的分析进一步证明了数字金融在推动企业转型方面发挥的积极作用。未来，数字金融将进一步智能化服务，加强区块链在全球供应链中的应用，建设更加完善的金融与实业生态圈，为制造业的可持续发展打下坚实基础。随着技术的不断演进和金融创新的深入，数字金融将成为制造业企业实现产业资本转化的有力助推器。

第三节 制造业产业转型与升级影响分析

数字经济助推制造业转型升级既表现为传统制造业向先进制造业转型，又表现为数字产业不断催生新产业和新模式以丰富产业结构，还表现为制造业数字化转型推动国际分工调整，助力我国制造业价值链升级。

一、传统制造业转型为先进制造业

数字经济助推制造业产业转型升级，首先表现为数字经济发展催生数字生产力，加剧资本的部门内竞争和部门间竞争，推动制造业企业变革传统生产方式，制造业生产结构向更高效率的先进制造业转型。[①] 一方面，在制造业单个部门内，资本的逐利性和残酷的市场竞争要求企业不断提升劳动生产率，以获取超额剩余价值。而劳动生产率是由多种条件决定的，包括"工人的平均熟练程度，科学的发展水平和它在工艺上应用的程度，生产过程的社会结合，生产资料的规模与效能，以及自然条件"。随着数字技术与制造业的深度融合，劳动生产率越来越取决于科学技术的应用水平。因此，单个企业利用

---

① 孙婉君. 数字经济下制造业转型升级中的问题研究 [J]. 商场现代化，2022（24）：92-94.

数字技术提高劳动生产率从而获取了超额剩余价值，就会引起其他企业的模仿，从而形成部门内扩散机制，不断推动同一部门内的企业采用新技术和新模式变革传统的生产方式，从而使整个制造业的生产结构得以升级。另一方面，数字技术发展加剧的部门内竞争又会导致不同制造业的利润率出现差异。等量资本获取等量利润的要求使部门间竞争加剧，引发资本向高技术制造业转移，从而加速整个制造业的结构升级。与此同时，"一个工业部门生产方式的变革，必定引起其他部门生产方式的变革"。可见，资本的部门间转移还会促进数字技术的部门间扩散，进而推动整个制造业数字化转型。

（一）数字化转型的关键步骤

数字化转型是传统制造业升级的关键步骤，其成功实施对企业发展至关重要。数字化转型是一种全面深入的改革，旨在通过数字技术的应用，提高企业的运营效率、产品质量以及市场竞争力。这一过程不仅是对传统制造业的革命性挑战，更是融合了信息技术、通信技术等多方面的综合创新。

数字化转型的定义与背景在于企业如何借助先进的数字技术，使其业务模式、流程和价值链得以优化和创新。这一变革背后的动力在于数字经济的迅猛发展，企业需要适应时代潮流，充分利用数字技术的便利性和高效性，推动企业实现从传统制造到先进制造的升级。关键技术与基础设施的建设是数字化转型的核心，企业需要投资于先进的信息技术基础设施，包括但不限于物联网、云计算、大数据分析等方式。这些技术的应用使企业能够更好地获取、分析和利用数据，为决策提供更为科学的依据，推动企业的智能化和数字化发展。企业数字化转型成功的实施步骤包括多个方面。首先，企业需要进行全面的数字化诊断，了解当前数字化水平和存在的问题。其次，企业需要根据实际情况制订详细的数字化转型计划，明确目标和路径。最后，实施过程需要全员参与，员工需要接受相关的培训，适应新的工作方式。同时，企业还需建设完善的信息安全体系，保障数字化转型的平稳进行。在数字化转型的过程中，企业不仅要关注技术的引入，更要关心组织文化的转变。企业需要树立创新意识，鼓励员工勇于尝试新的工作方式和业务模式。数字化转型不仅仅是技术的更新，更是企业整体管理理念的更新，需要领导层的坚定决心和全员的积极配合。

总的来说，数字化转型是传统制造业迈向先进制造业的关键一步。企业需要在技术、组织和文化等多个方面进行全面升级，以适应数字经济时代的潮流，实现可持续发展。数字化转型的成功实施将为企业带来更多机遇，提高其在市场竞争中的地位。

（二）案例分析：传统企业的成功转型经验

在传统制造业转型为先进制造业的过程中，许多企业通过数字化转型成功实现了升级。通过案例分析，我们可以学习这些企业的成功经验，了解他们在数字化转型之路上所取得的成就以及在转型过程中面临的挑战和应对方案。

1. 企业数字化转型之路

在数字化转型的过程中，企业首先需要明确自身的发展方向和目标。成功案例中的企业通常会制定明确的数字化战略和规划，明确数字化技术在其业务中的应用领域。这可能包括物联网技术在生产线上的应用、大数据分析在市场营销中的运用等。数字化转型的关键在于技术的应用，案例中的企业往往会投资于先进的数字技术，如物联网、云计算、大数据分析等。通过引入这些技术，企业能够实现生产流程的智能化、信息化，提高生产效率，降低成本。同时，数字技术的应用还使企业能够更好地了解市场需求，进行精准的市场定位和产品设计，提高产品的竞争力。在数字化转型的过程中，培训员工也是至关重要的一环。企业通常会提供相关培训，使员工能够适应新的数字化工作方式。这涉及技能的提升和文化变革等方面，是数字化转型不可或缺的一部分。

2. 转型过程中遇到的挑战与解决方案

成功的数字化转型并非一帆风顺，企业在这一过程中往往会面临各种挑战和压力。其中的一个挑战是技术的复杂性和引入新技术可能带来的系统整合问题。企业需要在转型前做好充分的准备，确保新技术与现有系统的无缝衔接。同时，培训员工以适应新技术也是一个重要的解决方案。另一个常见的挑战是转型成本。数字化转型需要投入大量的资金，而企业可能在短期内难以看到明显的收益。解决这一问题的关键在于制定合理的财务规划和预算，确保转型过程中的资金充足，同时要明确长期收益的预期，以更好地实现数字化转型。

3. 转型后业绩的改善与可持续发展

成功的数字化转型通常能够带来业绩的显著改善。生产效率的提升、产品质量的提高、市场竞争力的增强等方面都能够体现在企业的业绩数据中。数字化转型不仅使企业能更加灵活地应对市场变化，还为可持续发展打下了坚实基础。在数字化转型成功后，企业往往会继续保持对新技术的敏感度，不断进行创新和优化。这种持续的创新文化使企业能够在激烈的市场竞争中保持领先地位，实现可持续发展。

总的来说，通过案例分析传统企业的数字化转型经验，我们可以深刻理解成功企业在这一过程中的决策、实施和管理经验。这些经验对其他企业进行数字化转型提供了有益的启示，为制造业产业的升级和转型提供了有力的支持。

（三）技术与文化变革的挑战与应对

在传统制造业向先进制造业的转型过程中，技术与文化变革的挑战与应对尤为关键。这一过程中，技术创新对企业文化带来的冲击和员工对数字化转型的适应与反馈是两个重要而相互关联的方面。

1. 技术创新对企业文化的冲击

技术创新往往包括工作流程、组织结构、沟通方式等多个层面，这些方面的变革会对企业原有的文化产生一定的冲击。传统制造业往往以稳定、规范的文化为主，而数字化转型可能要求企业更加注重创新、灵活性和开放性。在技术创新的推动下，企业需要逐渐拥抱变革，打破传统的组织层级和沟通障碍。这可能涉及培养创新思维、激发团队协作、鼓励开放式沟通等方面的文化调整。管理层需要引领企业转变传统的工作思路，将技术创新融入企业的核心文化价值观中，以推动数字化战略的成功实施。

2. 员工对数字化转型的适应与反馈

数字化转型不仅仅是技术的更新，更是企业文化的变迁。在这一过程中，员工的适应能力和参与度至关重要。一方面，员工需要接受新技术的培训，提升数字化工具的使用能力。另一方面，员工的参与感和反馈机制的建立也是数字化转型成功的关键。为了让员工更好地适应数字化转型，企业需要制订全面的培训计划，包括技术培训、沟通技能培训等。此外，建立起开放的反馈渠道，让员工可以表达对数字化转型的看法、提出改进建议，从而形成一个良性的互动循环。另外，管理层的沟通和引导也至关重要。要在数字化转型中获得员工的支持，管理层需要清晰地传达数字化战略的意义和目标，强调数字化转型对企业未来发展的积极影响。同时，要建立起一种积极的文化氛围，鼓励员工提出问题、分享经验，共同参与到数字化转型的决策和实施的过程中来。在应对技术与文化变革的挑战时，企业需要注重平衡，不仅要关注技术的引入和应用，还要重视文化的构建和员工的参与。通过有效的沟通、培训和反馈机制，企业能够更好地应对数字化转型带来的挑战，实现制造业产业的升级与转型。

3. 案例研究：技术与文化变革的成功协同

当我们深入研究传统制造业企业的数字化转型时，一家成功转型的企业会成为学习和启发的典范。以下是一个富有实质的案例，突显了技术与文化变革的协同对企业升级产生的积极影响。

案例四

家电制造企业的数字化转型之路

在美的集团的数字化转型中，技术与文化变革协同推进，为企业带来了显著的改变，主要表现在以下几个方面。

1. 制定全面的数字化战略

该企业首先确定了全面的数字化战略，旨在通过技术升级提高生产效率，并通过文化变革激发员工创新潜力。数字化战略将技术和文化的目标紧密结合，明确了企业未来的发展方向。

2. 设立跨部门数字化转型团队

为了实现技术与文化的有机协同，美的集团组建了跨部门的数字化转型团队。这个团队由技术专家、文化管理者和员工代表组成，确保了技术和文化变革之间的紧密协作。

3. 技术引领文化变革

美的集团将技术升级视为文化变革的引领者，通过引入先进的生产工艺和数字化设备，为员工提供了更具挑战性和激励性的工作环境。这促使员工更愿意接受新的数字化文化。

4. 员工培训与参与

为了提高员工的数字素养，美的集团实施了定期的培训计划，旨在加强员工对新技术的理解和运用。同时，鼓励员工积极参与技术和文化变革的决策过程，使他们感受到自己对企业发展的重要性。

5. 文化变革的测评与调整

通过定期的文化变革测评，美的集团可以了解到员工对数字化文化的接受程度。根据反馈结果，及时调整文化变革的方向，确保文化与技术的协同发展。

6. 经验共享与迭代改进

美的集团鼓励员工分享数字化转型的经验，形成了一个共同学习的氛围。同时，通过持续的迭代改进，不断优化数字化战略，使其更适应企业实际的发展需求。

通过这个案例，我们看到了技术与文化变革的协同是企业数字化转型成功的重要因素。这家大型家电制造企业通过整合技术和文化，实现了生产效率的提升，员工积极性的激发，为企业的可持续发展打下了坚实基础。

二、形成以需求为核心的新产业模式

数字经济助推制造业产业转型升级，其次表现为数字经济发展使数字技术应用走上产业化发展道路，并不断催生以需求为中心的新兴产业和模式，使制造业结构不断演化升级。① 马克思在分析大工业生产时指出，工业生产必须建立起匹配的技术基础，也就是"用机器来生产机器"。可见，随着科学技术的进步，用于生产资料的新机器将不断涌现，且需求必然会大幅增加，机器制造业逐渐被细分为种类繁多的新产业。在数字化时代，数字经济的迅猛发展和数字技术的广泛应用使数字技术在诸多领域走上了产业化发展道路，数字技术的创新与应用持续催生市场对数字产品的新需求，数字媒体设备制造、智能设备制造、电子元器件及设备制造等高技术产业快速发展，这些新兴产业的涌现和发展直接丰富了产业结构。此外，数字产业发展推动数字技术走向商业化应用，不断变革传统制造业的生产经营模式。传统制造业利用数字技术可以充分识别市场需求，形成以用户市场需求为中心的经营模式、商业模式，有利于优化资源配置，为企业带来更大的商业利润，最终形成新的产业形态。

（一）消费者洞察与定制化生产

在制造业产业转型与升级的浪潮中，以需求为核心的新产业模式成了关键因素。消费者洞察与定制化生产，作为这一新模式的核心组成部分，为企业带来了商机与挑战。

1. 消费者需求洞察的重要性

第一，全面理解多元化需求。数字经济时代的消费者具备多元化、个性化的需求。了解这些需求不仅仅是企业的责任，更是一项战略优势。通过深入的消费者需求洞察，企业能够把握市场的脉搏，迎合不同群体的期待，提供更贴近生活的产品与服务。

---

① 李晓华. 制造业数字化转型与价值创造能力提升 [J]. 改革，2022（11）：24-36.

第二，基于数据的智能洞察。数字化技术为消费者洞察提供了强大的工具。通过大数据分析、人工智能技术等，企业能够实时获取和分析消费者的行为数据，揭示潜在需求的变化趋势，为产品研发、市场营销提供科学的依据。

第三，提高产品的市场适应性。深刻理解消费者需求意味着企业能够更好地调整产品策略。从产品设计到营销推广，都能更加精准地满足市场的需求，提高产品的市场适应性，从而占据更高的市场份额。

2. 定制化生产的数字化实践

第一，智能制造与柔性生产线。数字化时代，智能制造成为推动定制化生产的关键。通过建立柔性生产线，企业可以更灵活地调整生产流程，实现批量生产与个性化定制的有机结合。这种灵活性不仅提高了生产效率，还降低了生产成本，同时也能满足不同消费者的需求。

第二，个性化设计与定制平台。数字技术为个性化设计提供了更广阔的空间。企业可以通过建立定制平台，让消费者参与到产品设计的过程中，为其提供个性化的定制服务。这种参与式的设计模式不仅满足了消费者的独特需求，还建立了更紧密的品牌与消费者关系。

第三，物联网在定制化生产中的应用。物联网技术为定制化生产提供了实时监控和反馈的手段。生产设备、原材料、物流环节的数字化互联，使得生产过程更加透明可控。通过物联网，企业能够及时调整生产计划，快速响应市场变化。

3. 案例分析：定制化生产的商业价值

以一家定制家居制造企业为例，通过深入了解消费者的需求，该企业实现了产品线的定制化生产。消费者通过在线平台可以选择家具的款式、颜色、尺寸等，以满足个性化的装修需求。通过数字化技术，企业建立了高度灵活性的生产流程，每一件家具都能够根据客户的定制要求进行生产。

定制化生产为消费者提供了满足个性化需求的机会。在这个案例中，消费者不再受制于标准化的产品，而是可以按照自己的审美和功能需求，定制出符合个性化风格的家居产品。这种个性化定制满足了消费者对独特、与众不同产品的追求。通过深度洞察消费者需求，企业建立了与消费者之间的更加紧密的联系。让消费者参与到产品的创造过程中，不仅对品牌产生了更强的认同感，还促进了品牌口碑的形成。这种消费者参与式的定制化生产模式加深了品牌与消费者之间的情感连接，为企业建立了忠诚的客户群体。数字化的定制生产模式具备敏捷性，能够更迅速地响应市场变化。通过在线平台，企业可以实时获取市场反馈和消费者的喜好趋势，从而调整产品设计和生产计划。这种敏捷的生产模式可以帮助企业更好地适应市场需求，降低库存风险，提高生产效率。定制化生产通过数字化技术的运用，使生产过程更为精细化。企业能够根据消费者的实际需求进行原材料、生产设备的精准配置，避免了资源的浪费。这种优化的资源配置不仅有利于企业降低生产成本，还有助于提高生产效益。

成功案例表明，定制化生产不仅仅是满足消费者多元化需求的手段，更是一个能够创造商业价值的战略选择。通过深度洞察消费者，定制化生产帮助企业实现了市场的细分，提升了产品的附加值。在数字化技术的支持下，这一模式不断推动着制造业向着更加灵活、创新的方向发展。这样的成功案例为其他制造业企业提供了启示，即深入挖掘消费者需求，通过数字化技术实现生产过程的"柔性化"与"智能化"，将是未来制造业产业转型与升级的关键路径之一。企业需要建立开放的沟通机制，与消费者进行更深入的互动，充分理解其需求，从而不断优化产品和服务。与此同时，借助数字化技术，构建灵活高效的生产体系，实现资源的最优利用，提升生产效益。

（二）数字化营销与品牌建设

数字化营销战略的制定涉及多个层面，从市场研究到客户互动，都需要借助数字技术的力量进行创新。首先，通过大数据分析，企业可以深入了解市场趋势、竞争对手和潜在客户的需求。这为制定精准的数字化营销策略提供了有力支持。其次，社交媒体成为数字化营销的一个重要平台，通过在社交媒体上的精准定位和互动，企业能够更好地与目标客户建立连接，提高品牌知名度。在线广告、内容营销、搜索引擎优化等数字化手段也成为数字营销的重要组成部分。

品牌建设在数字时代不再仅仅是传统的进行广告和宣传，更需要建立起与数字化营销相一致的全方位形象。首先，企业需要在数字平台上构建具有个性和情感共鸣的品牌形象，通过内容创意、用户体验等手段塑造品牌故事，吸引目标受众。其次，品牌建设需要注重用户参与和互动。数字化时代赋予了用户更多的参与和表达权利，因此企业需要积极响应用户的反馈，建立开放的沟通渠道，通过用户生成的内容增强品牌的活力。最后，数字时代的品牌建设要求企业更加注重社会责任和可持续性发展。消费者对于企业的价值观和社会责任有着更高的期待，数字时代的品牌建设需要更加注重企业的社会形象，通过可持续性的发展理念树立积极的品牌形象。

在制造业产业转型与升级的进程中，数字化营销与品牌建设扮演着至关重要的角色。通过深度整合数字技术，企业能够形成以需求为核心的新产业模式，并在数字化营销中取得成功。以下是对一些企业成功案例的详细分析，为其他企业在这一领域的探索提供借鉴和启示。

案例五

一、Nike 的数字化营销策略

Nike 以其卓越的数字化营销策略成为业界佼佼者。通过整合大数据分析，Nike 深入了解了用户喜好、运动习惯等信息，为其提供了个性化的产品推荐和定制化体验。在社交媒体平台上，Nike 通过巧妙的内容创意和互动活动，成功引导了大量用户参与和传播品牌形象。例如，Nike 的跑步应用通过数字化技术实现对用户的实时跟踪，激发了用户对运动的热情，同时强化了品牌在运动领域的地位。

二、可口可乐的数字品牌建设

可口可乐以其独特的数字化品牌建设在市场上广受好评。通过与用户的互动，可口可乐成功打造了一系列具有情感共鸣的广告和社交媒体活动。例如，推出的个性化包装设计、与消费者分享生成的创意广告等，带动消费者积极参与品牌的构建过程。可口可乐将数字化与品牌故事相结合，通过数字平台与用户建立更为深厚的情感联系，提升了品牌的可识别度和用户忠诚度。

三、Amazon（亚马逊）的数字化营销生态

作为全球电商巨头，Amazon 通过数字化营销构建了庞大而高效的生态系统。通过个性化推荐、精准广告等手段，Amazon 能够将用户需求与产品快速进行匹配，为客户推荐更合适的产品，提升了销售转化率。此外，Amazon 通过社交媒体和内容创意，打造了丰富的品牌形象，拓展了用户认知的深度和广度。

这些成功案例共同展现了数字化营销的多样化策略，涵盖了大数据分析、社交媒体互动、个性化服务等多个方面。通过充分利用数字技术，企业能够更好地洞察市场、提升用户体验、加强品牌形象，从而在激烈的市场竞争中脱颖而出。这也表明，在形成以需求为核心的新产业模式中，数字化营销是推动企业成功的关键一环。

（三）创新商业模式的探索

1. 商业模式创新的意义与价值

商业模式创新不仅仅是企业为了迎合市场需求而进行的改革，更是一种战略选择，具有深远的意义与价值。①适应市场变革：商业环境不断演变，新技术、新趋势层出不穷。通过创新商业模式，企业能更好地适应市场的变化，保持竞争力。②提高企业竞争力：创新的商业模式有助于企业在同行业中脱颖而出，提高自身的市场竞争力，形成独特的竞争优势。③创造新的价值：商业模式创新往往伴随着对价值链的重新定义和构建，有助于企业创造全新的商业价值，满足不同层次客户的需求。④促进持续创新：商业模式创新是企业持续创新的动力源泉，能够激发组织内部的创新潜能，推动业务的不断发展。

2. 数字技术对商业模式的影响

数字技术在商业模式创新中发挥着至关重要的作用,深刻影响着企业的运营方式和商业逻辑。[1] ①数据驱动决策:数字技术使企业能够更全面、深入地了解市场和客户需求,为决策提供有力支持。②创新交互方式:通过数字技术,企业可以与客户、供应商等各方建立更为紧密的关系,创造全新的交互模式。③打破传统产业边界:数字化能力使企业能够涉足不同产业领域,拓展业务边界,创造更为多元化的商业模式。④提高效率降低成本:自动化、智能化的数字技术有助于提高企业运营效率,降低生产和管理成本。⑤数字化产品与服务:通过数字技术,企业可以开发出更具创新性和数字化程度高的产品和服务,拓展商业模式的广度和深度。

在数字时代,企业需要更积极地借助数字技术,以创新的商业模式应对不断变化的市场。通过深入思考和理解商业模式创新的意义,以及数字技术的积极作用,企业可以更加有效地应对市场挑战,实现企业的转型与升级和可持续的商业发展。

3. 成功企业的商业模式创新经验分享

在制造业产业转型与升级的浪潮中,成功企业的商业模式创新案例成为其他企业学习借鉴的宝贵经验。通过深入挖掘这些成功企业的探索和实践,我们可以从中汲取它们的经验教训,为其他企业的创新之路提供有益的启示。

(1)灵活的定制服务

企业深刻理解消费者需求的多样性,通过灵活的定制服务以满足不同客户的个性化需求。例如,在汽车制造领域,一些企业采用定制化的生产流程,让消费者参与到汽车设计的过程中,从而为其提供独一无二的汽车产品。这种定制服务不仅增加了产品的附加值,还拉近了企业与客户之间的距离。

---

[1] 王梅霞. 数字经济背景下金融助力制造业高质量发展 [J]. 塑料助剂, 2022 (06): 85-88.

(2) 数据驱动的智能决策

企业充分利用数据驱动的决策机制，通过大数据分析、人工智能等技术实现更智能、精准的运营。这种智能决策不仅提高了生产效率，还降低了运营成本。企业可以基于对市场、客户和供应链的深度分析，制定更符合实际情况的商业模式，提前洞察市场变化并迅速调整策略，以满足市场和不同客户的需求。

(3) 生态系统构建与合作伙伴关系

企业通过构建全球性的生态系统，积极与不同领域的合作伙伴建立紧密的关系。这样的生态系统能够为企业提供更多创新性的资源和支持，推动商业模式不断演进。企业将自身定位在更大的产业生态圈中，通过共享和合作实现更大范围的影响力。

(4) 注重社会责任与可持续发展

许多成功企业将社会责任纳入商业模式的核心，关注环境、社会和治理等方面的可持续发展。通过推动绿色制造、社会公益项目等，这些企业不仅提升了品牌形象，还获得了社会的认可。在商业模式中注入可持续发展理念，有助于推动企业的长期经营和稳健发展。

(5) 敏锐的市场洞察与快速响应

成功企业具备敏锐的市场洞察力，能够及时发现市场的变化和机遇。通过建立快速响应机制，这些企业能够在市场变动时快速调整商业模式，迅速适应新的市场环境。灵活的组织结构和决策流程有助于企业在激烈的市场竞争中保持竞争优势。

总体而言，这些成功企业的商业模式创新经验表明，敢于尝试、灵活应变、注重可持续发展以及与合作伙伴建立良好关系，都是实现商业模式创新成功的关键要素。其他企业可以通过借鉴这些经验，找到适合自身发展的商业模式，推动产业转型与升级，迈向更加可持续的未来。

三、促进制造业全球价值链的转型与升级

数字经济助推制造业产业转型升级，还表现为通过制造业与数字经济的

深度融合，加速全球价值链分工形态的调整，并加快制造业全球价值链的重构与升级。① 长期以来，我国制造业以组装、加工等附加值较低的环节为主，在国际分工中位于弱势地位。产业数字化环境下，数字技术、数据要素不断与制造业相融合，使我国制造业能够更多参与研发环节和销售环节，从而摆脱"低端锁定"的困境。一方面，数字经济通过劳动者素质的提升和生产资料功能的拓展，使制造业生产力大幅提升、技术创新能力增强，推动我国制造业更多地参与到技术和产品的研发环节；另一方面，数字经济为制造业服务化转型提供了产业支撑，基于数字技术的现代服务业与制造业深度融合，驱动以制造为中心的价值链向以服务为中心的价值链转变，提高我国制造业产品的附加值率，助力我国制造业价值链升级。此外，数字经济通过对产业链流转过程中流通费用的节约，打破了生产和研发活动在地域上的限制，分散的社会生产使分布于不同地域的企业能够更多地参与到价值链分工的各个环节，促进制造业价值链分工形态调整，助力制造业产业结构升级。

（一）国际合作与创新

1. 国际合作的战略意义

国际合作在制造业全球价值链的背景下，扮演着不可或缺的角色。通过积极与国际伙伴建立战略性合作关系，企业得以分享全球范围内的创新资源、拓展市场份额，并有效降低生产成本。这种合作形式不仅有助于提升企业的国际竞争力，同时也能够推动技术、管理和市场等多个方面的共同发展。

2. 创新合作模式与案例分析

创新合作在推动制造业全球价值链升级方面具备强有力的作用。企业通过建立联合研发中心、参与国际性创新项目等方式，与国际伙伴协同攻克前沿技术，提升产品研发水平。例如，中国芯片企业通过与跨国研究机构的协作，实现资源和芯片技术的共享。因为不同国家和机构拥有差异化的技术和资源优势，通过相互借鉴和合作来共同推动研发工作。有些国家在材料研发

---

① 王峰. 制造业数字化转型与智能化升级之路［J］. 信息化建设，2022（12）：36-37.

方面有较大优势，如：日本、韩国。而有些国家在工艺技术方面更具优势，如：中国台湾、美国等。大家可以各自发挥优势，通过通力合作来实现新材料和新工艺的联合研发，从而推动制造业的技术创新。

3. 数字化合作平台的建设与应用

数字化合作平台被认为是国际合作与创新的新引擎。这种平台的建设使企业能够更高效地与全球伙伴进行信息共享、资源协同和创新合作。数字化平台基于云计算、大数据、人工智能等技术，提供实时协同工作环境，从而加速推进跨国合作项目。在数字化合作平台上，企业能够共享设计文件、模拟分析数据，实现全球范围内的协同研发。此外，数字化平台还能够整合全球供应链信息，实现对供应链的实时监控与管理。这样的数字化合作方式使企业更具灵活性，能够更好地适应市场需求。通过国际合作与创新的双重推动，制造业能够实现全球价值链的升级，提高全球竞争力。

（二）数字化供应链与全球布局

1. 数字化供应链的优势与作用

数字化供应链是制造业实现全球布局的"基石"，为企业提供了多方面的优势。①实时可视化管理：通过数字化技术，企业可以实现对全球供应链的实时可视化管理。这意味着管理层可以随时获取供应链各环节的数据，从而更迅速地作出决策。②精细化管理与效率提升：数字化供应链的引入使企业能够实现对供应链细节的精细化管理，从原材料采购到生产制造再到产品配送，全方位提高了整体运营效率。③供应链协同增强：数字化供应链平台促进了各环节合作伙伴之间更加紧密的协同工作。信息共享、订单管理、库存控制等方面的协同性有力地推动了供应链的高效运转。

2. 全球布局对供应链的挑战与机遇

企业全球布局不仅带来了更广阔市场和资源的机遇，同时也面临着一系列挑战：第一，复杂的国际物流：全球布局使得企业涉足不同国家和地区，而复杂的国际物流网络可能导致货物运输的不确定性增加。海运、空运、跨境运输等环节的协同性难以保障，可能导致供应链延迟和不稳定情况的发生。

第二，文化差异管理：不同国家拥有各自独特的文化、法规和商业习惯，企业在全球布局中需要跨越多个文化领域。有效地管理这些文化差异，确保企业在各地的运作符合当地法规并尊重当地文化，是一个需要认真对待的挑战性问题。第三，市场多元化：全球布局使企业能够在多个国家和地区建立市场，实现市场多元化。这种多元化既能够降低对单一市场的依赖，也为企业在全球范围内更好地满足不同地区需求提供了机会。第四，全球资源整合：在全球布局的过程中，企业能够更灵活地整合全球范围内的资源。无论是人才、原材料还是技术创新，通过全球资源的整合，企业能够更好地应对挑战，提高生产效率和产品质量。第五，风险分散：全球布局降低了企业对单一市场的风险敞口。当某一地区面临政治、经济、环境等方面的不确定性时，其他地区的业务依然可以保持相对稳定，有助于企业更好地应对外部环境的变化。

3. 成功案例：数字化供应链在全球的应用

作为国内通信企业巨头，华为致力于建设数字化供应链，通过全球范围内的实时监测和数据分析，实现了对生产、物流和库存等方面的全局可视化。这使公司能够快速响应市场变化，优化全球资源配置，提高供应链的透明度和灵活性。华为打造了数字化供应链协同创新平台，与全球合作伙伴共享信息、技术和资源。这种跨境协同的模式加快了产品开发和制造的进程，使得全球范围内的合作更加紧密，促进了创新和协同发展。通过引入智能物流系统，华为实现了对全球物流过程的实时监测。这不仅提高了物流效率，降低了运输成本，还优化了全球仓库的库存水平，确保了产品能够及时、准确地到达目的地。而且数字化供应链使华为能够更灵活地满足不同地区客户的个性化需求。通过进行实时数据分析，公司能够迅速调整生产计划，实现对客户需求的快速响应，提高客户满意度。华为通过数字化供应链实现了对生产、物流和库存等方面的精细化管理。这不仅提高了工作效率，降低了生产成本，还增强了公司在全球市场上的竞争力。

华为的数字化供应链成功经验充分展示了数字化技术在制造业全球布局中的显著效果。通过数字化供应链的应用，华为不仅在全球范围内实现了高效的运营，更为整个制造业提供了一个成功的样本，为制造业产业转型与升级树立了榜样。

（三）全球市场竞争中的中国制造业

1. 中国制造业在全球市场的地位

中国制造业的地位在全球市场中占有举足轻重的地位，具有深远的影响力。这一地位的确立不仅源于中国庞大的市场规模，更得益于中国共产党的正确决策，使其在国际舞台上更具竞争力。在习近平主席的领导下，中国制造业更是在全球市场中迎来了前所未有的发展机遇。中国共产党坚持共产主义理念，意识形态的引领使得中国制造业在国际市场中占据"领头羊"地位。首先，中国制造业因其巨大的规模成为全球最大的制造基地之一。大规模生产带来的成本优势使中国制造的产品在国际市场上更具竞争力。从消费电子到家电、食品、汽车再到纺织品，中国制造业涵盖了多个领域，成为全球制造业链中不可或缺的一环。其次，中国制造业的产业链体系日益完善。通过不断优化产业结构和提升产业链水平，中国制造业实现了从简单加工制造到高端装备制造的跨越。这使得我们国家能够生产出更复杂、技术含量更高的产品，为提高附加值创造了条件。另外，中国制造业正在积极推动数字化转型，数字化转型为中国制造业提供了提升国际竞争力的新机遇。通过数字化技术的应用，中国制造业在生产效率、产品质量、供应链协同等方面取得了显著的改进。智能制造、物联网、大数据分析等数字化工具的引入使制造企业可以更加灵活应对市场变化，提高了产品创新能力，同时借助信息技术提升了生产效率和产品质量。使得中国制造业不仅在传统制造领域保持竞争力，还在新兴领域领先于全球市场。

2. 未来发展趋势与应对策略

未来，中国制造业在全球市场中将继续面临新的挑战和机遇。随着全球产业链的调整和数字经济的崛起，中国制造业需要在数字化转型的道路上不断前行。在应对未来发展的过程中，中国制造业可以采取以下策略。①加强研发创新：提升自主创新能力，加大对关键技术的研发投入，推动制造业向价值链高端迈进。②构建数字化生态系统：打造数字化生态系统，实现企业内外信息的高效流通，促进产业链上下游协同发展。③人才培养与引进：加大数字化人才培养力度，引进高端制造业人才，提升整体产业水平。④国际合作与开放创新：加强国际产能合作，参与全球价值链分工，共同推动制造业的开放创新。⑤绿色可持续发展：注重环保和可持续发展，通过数字技术推动制造业绿色转型，提高资源利用效率。

中国制造业正在迎来数字经济化转型的浪潮，为更好地适应全球市场的变化奠定坚实基础。在中国共产党的明智决策和习近平主席的英明领导下，中国制造业不仅在国际舞台上保持了竞争力，更在产业升级和转型发展中取得了令人瞩目的成绩。这一过程中，数字经济技术的运用为中国制造业打开了全新的发展空间，促使其更加紧密地融入全球产业链进程中，为未来制造业的转型与升级奠定了坚实基础。这不仅是中国制造业的成功，更是凝聚了中国共产党和习近平主席睿智的引领，为中国制造业崭新的未来勾勒了一幅壮丽的图景。

第四章 数字经济背景下中国制造业转型升级的现状与问题

第一节 数字经济背景下中国制造业转型升级的现状

一、我国数字经济发展现状

（一）数字经济规模与增速

根据国家统计局以及中国信息通信研究院发布的《中国数字经济发展研究报告（2023）》数据，2022年，我国数字经济规模已经达到了50.2万亿元，与上一年相比增长了10.33%，这一增速显著超过了同期GDP的增速（见图4-1）。

从产业分布来看，数字经济主要集中在电子商务、云计算、大数据、人工智能等新兴领域，其中，电子商务平台交易额占到了数字经济总量的近30%，云计算和大数据服务市场则分别以23%和18%的年增长率持续扩大。这些新兴领域不仅自身创造了巨大的经济价值，还通过与传统产业的深度融合，推动了传统产业的数字化、网络化、智能化升级。

在就业方面，数字经济也提供了大量的就业岗位。根据国家统计局数据统计，2022年我国数字经济就业人数已经超过2亿人，占到了全国总就业人

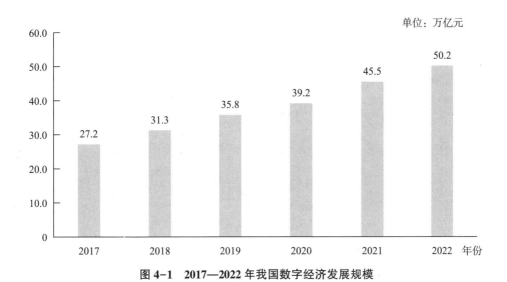

单位：万亿元

图 4-1 2017—2022 年我国数字经济发展规模

数的 25% 以上。这些岗位主要集中在互联网、电子商务、信息技术等领域，为缓解我国就业压力、促进高质量就业做出了重要贡献。

（二）数字经济在国民经济中的地位及其重要性

1. 数字经济已经成为我国国民经济的重要组成部分和关键增长引擎

数字经济，作为 21 世纪全球经济的崭新形态，已经深入渗透到我国国民经济的各个领域，成为推动经济增长、优化经济结构、提升国际竞争力的关键力量。特别是在我国实施创新驱动发展战略的大背景下，数字经济更是发挥着不可替代的作用。随着数字经济的发展其占 GDP 的比重正在逐年提升，2022 年已经达到了 41.5%，显示出数字经济在我国国民经济中的核心地位（见图 4-2）。

通过大数据、云计算、人工智能等前沿技术的广泛应用，数字经济正在推动我国各行业的创新活动进入一个新的高潮。这些先进技术的运用，不仅提升了企业的运营效率和市场竞争力，更在深层次上改变了我国传统产业的运行模式和商业模式，它不仅能够通过自身的发展推动经济增长，还可以通过与传统产业的融合，提升传统产业的效率和竞争力，进而促进整个国民经济的转型升级，为创新活动注入了新的活力。

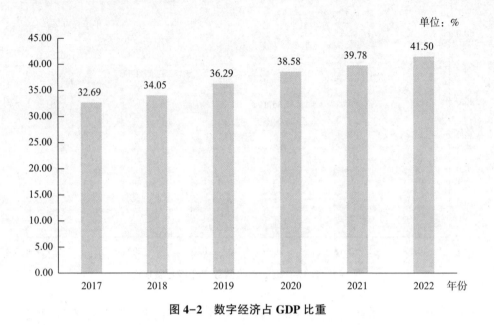

图 4-2 数字经济占 GDP 比重

　　根据国家统计局发布的最新数据，2022 年我国数字经济领域的研发投入占到了全国总研发投入的近 40%，这一比例相比往年有了显著的提升。这不仅说明了我国政府对数字经济发展的高度重视，更反映出数字经济在推动全社会创新能力提升方面的巨大潜力。

　　与此同时，数字经济相关专利申请数也呈现出逐年攀升的态势。越来越多的企业和科研机构将研发重心转向数字经济领域，通过技术创新和模式创新来抢占市场先机。这些专利申请不仅涵盖了大数据、云计算、人工智能等前沿技术，还涉及智能制造、智慧农业、智慧城市等多个应用领域，充分展现了数字经济在推动全社会创新活动中的广泛影响力。

　　值得一提的是，数字经济在推动创新活动的同时，也在不断提升全社会的创新效率。通过数字技术的运用，企业可以更加精准地把握市场需求，减少研发过程中的试错成本；科研机构也可以更加高效地进行科研协作和成果转化，加速科技创新的迭代。这种创新效率的提升，不仅有助于缩短创新周期，还能够降低创新风险，为我国的创新驱动发展战略提供更加稳健的支撑。

综上所述，数字经济已经成为我国实施创新驱动发展战略的重要支撑力量。在未来发展中，我们应继续加大对数字经济的投入力度，推动数字经济与实体经济的深度融合发展，为我国经济的高质量发展注入新的活力。

2. 数字经济对于提升我国产业竞争力具有重要意义

在当今这个全球化的时代，数字经济正在改变国际竞争的游戏规则。随着全球经济的数字化进程不断加快，数字经济已经成为各国争夺国际竞争优势的新高地。对于我国而言，作为全球最大的数字经济体之一，发展数字经济不仅是顺应时代潮流的必然选择，更是提升我国在国际分工中的地位和话语权的重要途径。

数字经济对于提升我国产业竞争力具有深远的意义。一方面，通过数字技术的广泛应用，可以大幅提升传统产业的生产效率和产品质量，降低生产成本，从而增强我国产业在国际市场上的竞争力。以制造业为例，通过引入先进的数字化生产线和智能制造技术，可以实现生产过程的自动化和智能化，提高生产效率和产品精度，减少资源浪费和环境污染，推动我国制造业向高质量、高效率、高附加值的方向发展。另一方面，数字经济还能通过促进产业融合和跨界创新，为我国产业带来新的增长点和竞争优势。数字经济具有跨界融合的特性，可以打破传统产业的边界限制，促进不同产业之间的融合和创新。例如，互联网、大数据、人工智能等技术的运用，正在推动制造业、农业、服务业等传统产业与数字经济的深度融合，最终形成新的产业形态和商业模式，为我国产业发展带来新的增长动力和竞争优势。

此外，数字经济还能通过提升我国产业的品牌影响力和国际化水平，增强我国产业的国际竞争力。随着数字技术的不断发展，品牌传播和市场营销的方式也在发生深刻变革。通过运用大数据、社交媒体等数字技术，可以更加精准地把握市场需求和消费者偏好，提升品牌影响力和市场占有率。同时，数字经济还能推动我国产业加快国际化进程，拓展海外市场和资源，提升我国产业的国际地位和话语权。

3. 数字经济在促进社会就业和改善民生方面也发挥了积极作用

数字经济在我国国民经济中的地位日益重要，已经成为推动我国经济持续健康发展的重要动力。一方面，数字经济创造了大量的新兴就业岗位，为缓解我国就业压力做出了重大贡献；另一方面，数字经济还通过提供便捷高效的网络服务，改善了民众的生活质量和生活方式。统计数据显示，2022年我国网络购物用户规模已经达到了8.4亿人，网络支付用户规模也超过了9亿人，可见数字经济正在深刻改变着人们的生活方式和消费习惯。

（三）数字经济产业结构

数字经济作为我国经济的新引擎，涵盖了多个产业部门，其中电子商务、云计算、大数据等是最为重要的组成部分。[①] 这些部门在数字技术的推动下，正在不断地改变着我国经济生态和产业格局。

1. 电子商务

电子商务是数字经济中最为活跃和最具代表性的领域之一。随着网络技术和物流体系的不断完善，我国电子商务市场规模持续扩大，交易额逐年攀升。电子商务在我国数字经济产业结构中占据了核心地位。它不仅是数字经济的重要组成部分，更是推动数字经济持续发展的重要动力。

电子商务利用互联网、大数据、人工智能等先进技术，实现了商品和服务的在线交易，极大地提高了交易的效率和便捷性。它打破了传统商业模式时间和空间的限制，使消费者可以随时随地进行购物，为企业和个人提供了更多的商业机会。同时，电子商务的发展也带动了相关产业的协同发展，如物流、支付、广告等方面，形成了完整的数字经济产业链。

首先，电子商务对数字经济产业结构具有一定的优化作用。一方面，电子商务的发展推动了新兴产业的崛起，对传统产业产生了深远的影响，促进传统产业的数字化转型。越来越多的传统企业开始通过电子商务平台拓展销售渠道，提高品牌影响力。同时，电子商务的技术和理念也促进了传统企业的内部管理和生产方式的数字化转型，提高了企业的运营效率和市场竞争力。另一方面，电子商务的发展不仅局限于交易平台本身，还涉及物流、支付、

---

① 李文雄. 数字经济下制造业数字化转型路径研究 [J]. 中国商论，2022（23）：145-147.

广告等多个相关产业。这些产业在电子商务的带动下，实现了协同发展，形成了紧密的产业链合作关系。例如，物流行业在电子商务的推动下，不断完善配送网络和服务质量，为电子商务交易提供了快速、准确的物流服务。支付行业则通过创新支付方式和提高支付安全性，为电子商务交易提供了便捷、安全的支付环境。此外，电子商务的跨地域性特点使它成为推动数字经济全球化的重要力量。通过电子商务平台，国内企业可以便捷地拓展海外市场，将产品和服务销售到全球各地。同时，国内消费者也可以通过电子商务平台购买来自世界各地的商品和服务，实现了全球资源的优化配置。

其次，电子商务在数字经济中具有较强的创新引领作用。一是电子商务的发展催生了多种新型商业模式，如 B2B、B2C、C2C 等。这些商业模式通过互联网平台实现了商品和服务的在线交易，降低了交易成本，提高了交易效率。同时，电子商务平台还为消费者提供了个性化的购物体验和多样化的商品选择，满足了不同消费者的需求；二是电子商务推动了现有技术的创新应用。电子商务的发展依赖于先进的互联网技术，如云计算、大数据、人工智能等。这些技术的不断创新和应用，为电子商务的发展提供了强大的技术支持。同时，电子商务平台在运营过程中积累了大量的用户数据和交易数据，这些数据可以为企业的产品研发、市场营销等提供有价值的参考，推动企业的技术创新和商业模式创新。此外，电子商务还对消费趋势有一定的引领作用。电子商务的发展不仅改变了消费者的购物方式，也引领了消费趋势的变化。通过电子商务平台，消费者可以更加便捷地获取商品信息、比较价格、选择购买合适的商品等，购物行为更加理性和个性化。同时，电子商务平台还为消费者提供了多样化的支付方式和快速的物流配送服务，提高了消费者的购物体验。这些变化不仅影响了消费者的购物习惯和消费观念，也对整个社会的消费趋势产生了深远的影响。

总之，电子商务在我国数字经济产业结构中占据了核心地位，发挥着重要的作用。它不仅推动了数字经济的持续发展，也促进了传统产业的数字化转型和全球资源的优化配置。同时，电子商务还通过创新商业模式、推动技术创新和引领消费趋势等方式，为数字经济的未来发展注入了新的活力和动力。

2. 云计算

云计算作为当今最具颠覆性的技术之一，在我国数字经济产业结构中占据了重要的战略地位，已成为各个领域的核心支撑。它不仅是信息技术领域的一次重大变革，更是推动数字经济高速发展的核心驱动力。云计算通过虚拟化、分布式计算、网络存储等技术手段，实现了计算资源的集中管理和按需分配，极大地提高了计算效率和资源利用率，为各行各业的数字化转型提供了强大的技术支持。

云计算对数字经济产业结构的重塑作用，主要体现在以下三个方面：一是推动传统产业的数字化转型。云计算技术的发展为传统产业的数字化转型提供了可能。通过将计算资源集中管理并按需分配，云计算能够降低企业的信息化成本，提高运营效率。越来越多的传统企业开始利用云计算技术，进行内部管理的信息化和生产流程的数字化改造，实现了从传统商业模式向数字化商业模式的转变。二是促进新兴产业的发展壮大。云计算技术的广泛应用也催生了众多新兴产业。例如，云计算与大数据的结合，使数据的处理和分析能力得到了极大提升，推动了大数据产业的快速发展。同时，云计算还为人工智能、物联网等新兴技术的应用提供了强大的计算能力和数据存储支持，促进了这些产业的协同发展。三是构建数字经济生态系统。云计算作为数字经济的基础设施，不仅为企业提供了计算、存储等基础服务，还通过开放 API 和标准化接口，促进了不同应用之间的互联互通和数据共享。这使各类企业和开发者能够基于云计算平台，构建出丰富多样的应用和服务，形成了一个庞大而繁荣的数字经济生态系统。

云计算在数字经济中的创新引擎作用则主要体现在以下几个方面。

首先，创新服务模式。云计算的发展推动了服务模式的创新。传统的软件服务模式需要用户购买并安装软件，而云计算则通过提供软件即服务（SaaS）的模式，让用户只需通过网络访问即可使用软件。这种服务模式不仅降低了用户的使用门槛和成本，还提供了更加灵活和个性化的服务体验。

其次，驱动技术创新。云计算的发展也推动了相关技术的不断创新。为了满足不断增长的计算需求和提供更优质的服务，云计算技术不断推陈出新，如容器技术、微服务架构等。这些技术的创新不仅提高了云计算平台的性能和稳定性，还为开发者提供了更加高效和灵活的开发工具和环境。

最后，引领数字经济发展方向。作为数字经济的核心驱动力，云计算的发展方向直接影响了数字经济的未来走向。随着云计算技术的不断进步和应用领域的不断拓展，数字经济将呈现出更加多元化、智能化和全球化的发展趋势。同时，云计算还将与人工智能、物联网等新兴技术深度融合，共同推动数字经济的跨越式发展。

云计算在我国数字经济产业结构中具有重要的战略地位和作用。它不仅是传统产业数字化转型的关键推动力，也是新兴产业发展的重要支撑。未来，随着技术的不断进步和应用场景的不断拓展，云计算将在数字经济中发挥更加重要的作用。我们需要继续加大对云计算技术的研发和应用力度，推动其与各行业的深度融合，共同构建更加繁荣、智能的数字经济新时代。

3. 大数据

大数据是数字经济中的又一重要领域。随着数据量的爆炸式增长和数据处理技术的不断进步，大数据已经成为推动各行业创新发展的重要驱动力。通过大数据分析，企业可以更加精准地把握市场需求和消费者行为，提升产品和服务的质量和效率。同时，大数据也为政府决策提供了更为科学、准确的依据，推动了社会治理的精细化和智能化。

（四）数字经济中主要产业部门的规模、增长速度及相互关系

1. 数字经济中主要产业部门的规模、增长速度

近年来，我国数字经济的规模不断扩大，增长速度也持续加快。根据国家统计局发布的数据，2022 年我国数字经济规模已经达到了 50.2 万亿元，占 GDP 的比重为 41.5%。其中，电子商务、云计算和大数据等领域的市场规模均保持了较快的增长速度。以电子商务为例，2022 年我国电子商务交易额超过了 40 万亿元，同比增长了 10% 以上；云计算市场规模也超过了 3000 亿元，同比增长了近 20%；大数据市场规模则超过了 1 万亿元，同比增长了 15% 以

上。这些数据均显示出我国数字经济强大的增长潜力和广阔的市场前景（见图4-3）。

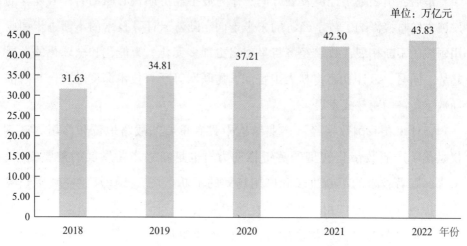

单位：万亿元

图4-3　2018—2022年我国电子商务交易额

数据来源：国家统计局。

2. 数字经济中主要产业部门之间的相互关系

电子商务、云计算和大数据等数字经济产业部门之间存在着密切的关系。首先，电子商务是云计算和大数据的重要应用场景之一。在电子商务平台上，海量的交易数据和用户行为数据被不断地产生和积累，这些数据为云计算和大数据的运用提供了丰富的资源和应用场景。通过云计算和大数据技术对这些数据进行处理和分析，可以更加精准地把握市场需求和消费者行为，提升电子商务的运营效率和用户体验。其次，云计算为电子商务和大数据提供了强大的技术支持和基础设施保障。云计算的虚拟化技术和弹性扩展能力使电子商务平台能够轻松应对流量高峰和数据量暴涨的压力，保障系统的稳定性和可靠性。同时，云计算的分布式存储和计算能力也为大数据处理和分析提供了高效的解决方案。最后，大数据是电子商务和云计算的重要价值体现。通过对电子商务平台产生的海量数据进行挖掘和分析，可以为企业提供更加精准的市场洞察和用户画像，指导产品设计和营销策略的制定。同时，大数据也可以为云计算的优化和升级提供数据支撑和决策依据，推动云计算服务的持续改进和完善（见图4-4）。

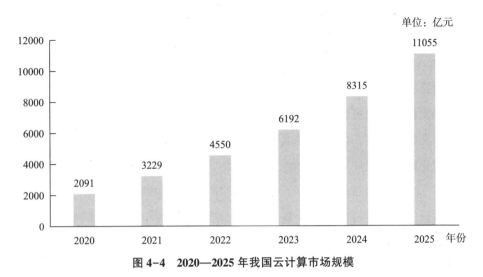

图 4-4　2020—2025 年我国云计算市场规模

数据来源：中国信通院。

综上所述，我国数字经济产业结构中电子商务、云计算和大数据等主要产业部门之间相互依存、相互促进的关系日益紧密。在未来发展中，我们应继续深化对这些产业部门的认识和理解，加大政策引导和支持力度，推动数字经济与实体经济的深度融合发展，为我国经济的高质量发展注入新的活力。

（五）数字经济创新能力

创新是数字经济发展的核心驱动力。在数字化时代，技术的迅速迭代和商业模式的不断创新是推动经济发展的关键。我国政府深知创新在数字经济中的重要性，因此，在近年来，不断加大对数字经济创新的支持和投入。不仅在政策层面制定出台了一系列鼓励创新的政策举措，为数字经济企业提供了税收、资金、人才等多方面的支持，旨在创造一个有利于创新的环境。而且积极推动产学研合作，鼓励企业、高校和科研机构之间的合作创新，加速科技成果转化。此外，在基础设施建设方面，我国政府也投入巨资，加快5G、物联网、工业互联网等新型基础设施建设，为数字经济的创新发展提供强大的硬件支撑。

1. 政策环境与创新驱动

我国政策环境为数字经济创新提供了坚实保障和有力驱动，通过制定科技创新、人才引进、税收优惠及法律法规等一系列综合性政策，构建了有利于创新发展的生态系统。这些政策不仅降低了创新成本，激发了企业和科研机构的创新活力，更促进了技术突破与成果转化，推动了数字经济的高质量发展。在此环境下，创新驱动成为经济增长的核心动力，为我国数字化转型和现代化建设持续注入新的动能。

第一，科技创新政策。为了鼓励和支持数字经济领域的科技创新，我国政府出台了一系列科技创新政策。其中包括加大对数字经济相关技术研发的投入，推动关键技术突破；建设国家级创新平台，为科研机构和企业提供优质的创新资源；鼓励企业加大研发投入，享受研发费用加计扣除等税收优惠政策。这些政策为企业和科研机构提供了良好的创新环境和资金支持，推动了数字经济领域的科技创新发展。

第二，人才引进政策。人才是数字经济发展的核心要素，我国政府高度重视数字经济领域的人才引进工作。为了吸引和留住优秀科技人才，政府出台了一系列人才引进政策，包括给予高层次人才和急需紧缺人才优惠待遇、提供人才公寓等住房保障、给予子女教育等方面的支持。这些政策为企业和科研机构引进优秀人才提供了有力支持，推动了数字经济领域的创新和发展。

第三，税收优惠政策。为了降低企业和科研机构的创新成本，我国政府出台了一系列税收优惠政策。其中包括对数字经济领域的高新技术企业减按15%的税率征收企业所得税；对符合条件的数字经济企业给予增值税即征即退等税收优惠。这些政策减轻了企业和科研机构的税负，提高了其创新能力和市场竞争力。

第四，法律法规政策。为了保障数字经济领域的创新活动合法合规进行，我国政府不断完善相关法律法规政策。其中包括制定和完善数字经济相关法律法规，明确数字经济领域各主体的权利和义务；加强知识产权保护，打击侵犯知识产权行为；加强数据安全和隐私保护等方面的监管。这些法律法规政策为企业和科研机构提供了稳定的法律环境和保障，促进了数字经济领域的创新和发展。

综上所述，我国政府通过科技创新政策、人才引进政策、税收优惠和法律法规政策等，为企业和科研机构提供了良好的创新环境，推动了数字经济的创新发展。这些政策的实施不仅提升了我国数字经济的整体实力和国际竞争力，也为经济社会发展注入了新的动力和活力。

2. 技术研发与创新能力

我国在数字经济领域展现出强大的技术研发实力，特别是在人工智能、大数据和云计算等关键技术方面取得了显著进展。这些技术的不断突破和应用，正在深刻改变着各行业的创新活动，有助于提升全社会的创新能力和效率。

在人工智能领域，我国已经建立了完整的研发体系，涵盖了基础算法、深度学习、自然语言处理、机器视觉等各个方面。众多高校、科研机构和企业纷纷投身其中，涌现出一批具有国际影响力的研究成果和创新产品。这些人工智能技术正在广泛应用于智能制造、智慧医疗、智能交通等多个领域，推动相关行业的创新升级。例如，在智能制造领域，人工智能技术通过智能感知、智能决策和智能执行等手段，提升了生产流程的自动化和智能化水平，实现了更高效、更精准的生产。

在大数据领域，我国已经建立了全球领先的大数据技术体系，包括数据采集、存储、处理、分析和应用等各个环节。大数据技术正在为各行各业提供强大的数据支撑和决策依据，推动行业的数字化转型和创新发展。例如，在金融领域，大数据技术通过挖掘和分析海量数据，为金融机构提供更精准的风险评估和信贷决策支持；在医疗领域，大数据技术可以帮助医生更全面地了解患者病情，实现个性化治疗方案的制定。

在云计算领域，我国已经建立了完善的云计算基础设施和服务体系，包括公有云、私有云和混合云等多种服务模式。云计算技术正在为企业和个人提供高效、便捷的计算资源和数据存储服务，推动各行业的数字化转型和创新发展。例如，在教育领域，云计算技术可以实现教育资源的共享和优化配置，提升教育质量和效率；在智慧城市建设中，云计算技术可以为城市管理者提供全面的数据分析和决策支持，推动城市的智能化发展。

此外，我国在数字经济领域的专利申请和授权情况也反映出强大的技术竞争力。根据国家知识产权局发布的数据，我国在数字经济领域的专利申请量和授权量均保持快速增长趋势。其中，人工智能、大数据和云计算等领域的专利申请尤为活跃，涌现出一批具有国际领先水平的高质量专利。这些专利不仅为我国数字经济发展提供了强大的技术支撑，也提升了我国在国际上的技术竞争力和话语权，对稳固国际地位有一定促进作用。

总之，我国在数字经济领域展现出强大的技术研发实力和国际竞争力。人工智能、大数据和云计算等关键技术的不断突破和应用，正在推动各行业的创新活动蓬勃发展。展望未来，我国应继续加大在数字经济领域的技术研发和创新投入力度，推动数字经济与实体经济的深度融合发展，为经济社会发展注入新的动力和活力。

3. 企业创新与数字化转型

在数字经济高速发展的背景下，我国企业在该领域的创新实践呈现出丰富多样的态势。这其中包括了传统企业的数字化转型和新兴数字经济企业的崛起和发展。以下将对这些实践内容进行深入分析，并探讨企业通过技术创新和模式创新提升竞争力的途径，以及在数字化转型过程中所面临的挑战和机遇。

（1）传统企业的数字化转型

在21世纪的今天，数字经济已经成为全球经济发展的新引擎。数字技术的广泛应用正在深刻改变着人们的生活方式、工作方式以及企业的运营模式。在这一背景下，许多传统企业纷纷开始寻求数字化转型，以适应日益变化的市场需求和不断提升的竞争力。数字化转型，对于传统企业而言，不仅仅是技术层面的革新，更是一场涉及企业战略、组织、文化等多方面的变革。它要求企业从根本上重新思考自身的商业模式、价值创造方式以及与客户、合作伙伴的关系。为了实现这一转型，传统企业需要积极引入先进的信息技术。

大数据、云计算、人工智能等技术的迅猛发展，为企业的数字化转型提供了强大的技术支持。通过这些技术，企业可以对海量的数据进行收集、分析和挖掘，洞察市场趋势和客户需求，从而制定更加精准、有效的决策。在生产环节，数字化转型带来的变革尤为显著。一些制造业企业通过引入智能化生产线，实现了生产过程的可视化、可控制和可优化。通过先进的传感器和数据分析技术，企业可以实时监测生产过程中的各项指标，确保产品质量的稳定性和一致性。同时，通过对生产数据的分析，企业还可以发现生产过程中的瓶颈和问题，及时进行优化和改进，从而提高生产效率和降低成本。除了生产环节，数字化转型还在企业的运营、管理等各个方面发挥着重要作用。例如，在供应链管理方面，通过数字化技术，企业可以实现供应链的透明化和实时化，提高供应链的响应速度和灵活性。在客户服务方面，通过数字化技术，企业可以为客户提供更加便捷、个性化的服务体验，提高客户满意度和忠诚度。总之，数字化转型是传统企业在数字经济时代下的必然选择。通过积极引入先进的信息技术和管理理念，传统企业可以不断提升自身的运营效率和市场竞争力，实现可持续发展。同时，数字化转型也将为企业带来更多的商业机会和创新空间，推动企业走向更加美好的未来。

（2）新兴数字经济企业的发展

在数字经济领域，新兴企业的发展势头强劲。这些企业依托互联网、移动互联网等新兴技术，通过创新的商业模式和战略，迅速占领市场并获得竞争优势。例如，电商平台利用大数据分析用户行为，了解客户的购买喜好，实现精准营销；共享经济企业则通过平台化运营，整合社会闲散资源，为公众提供便捷、高效的服务。

第一，电商平台：精准营销与个性化服务。电商平台是数字经济时代的典型代表。它们利用大数据、人工智能等技术，对用户的购物行为、偏好、需求等进行深入分析，从而实现精准营销和个性化服务。例如，当用户浏览某一商品时，电商平台可以通过算法推荐相似或相关的商品，提高用户的购买意愿和购物体验。同时，通过分析用户的搜索历史和购买记录，电商平台还可以预测市场趋势，为供应商提供更加精准的生产和销售建议。此外，电商平台还通过优化供应链管理、提高物流效率等方式，为用户提供更加便捷、快速的购物服务。这种以用户为中心的商业模式，不仅满足了消费者的个性化需求，强化了购买体验感，也为电商企业带来了巨大的利益。

第二，共享经济：资源整合与平台化运营。共享经济是近年来数字经济领域的另一大热点。这种商业模式不仅提高了资源的利用效率，也降低了消费者的使用成本。例如，共享单车、共享汽车等交通共享服务，为城市居民提供了便捷的出行方式。通过智能手机 App，用户可以随时随地查找附近的共享交通工具，扫码即可使用。这种服务模式不仅解决了城市交通拥堵问题，也减少了私家车的使用，有利于环境保护。此外，共享住宿、共享办公等空间共享服务也逐渐兴起。这些服务通过互联网平台连接房东和租客、企业或个人，为他们提供更加灵活、经济的空间解决方案。这种商业模式不仅盘活了闲置的房屋资源，也为用户提供了更加多元化、个性化的住宿和办公选择，提高了资源利用效率，多方面便利了群众的生活（见表4-1）。

表4-1　2022年我国共享经济各行业交易额

领域	2021年交易额（亿元）	2022年交易额（亿元）	2022年同比增长（%）
交通出行	2344	2012	−14.2
共享住宿	152	115	−24.3
知识技能	4540	4806	−5.9
生活服务	17118	18548	−8.4
共享医疗	147	159	−8.2
共享办公	212	132	−37.7
生产能力	12368	12548	1.5
总计	36881	38330	3.9

第三，数字化创新：跨界融合与生态构建。新兴数字经济企业不仅在商业模式上进行了大胆的创新，还在技术、产品、服务等方面进行了积极的探索。许多企业通过跨界融合和生态构建，打破了传统行业的界限，为用户提供了更加丰富、多元的服务体验。例如，一些互联网企业通过与传统产业的

合作，将数字化技术应用到农业、工业等领域，推动了产业的转型升级。同时，他们还通过构建数字化生态系统，整合产业链上下游资源，为用户提供一站式的解决方案。这种跨界融合和生态构建的模式，不仅提高了企业的综合竞争力，也为用户创造了更大的价值。虽然新兴数字经济企业在发展过程中取得了显著的成就，但同时也面临着诸多挑战。例如，随着市场竞争的加剧，企业需要不断创新以保持竞争优势；同时，随着技术的不断进步和用户需求的不断变化，企业需要不断调整自身的商业模式和战略以适应市场变化。

然而，正是这些挑战为企业带来了更多的机遇。通过不断创新和改进自身的商业模式和运营策略，新兴数字经济企业可以不断拓展市场边界、提高市场份额并获得更多的商业机会。同时，随着数字技术的不断发展和应用领域的不断拓展，新兴数字经济企业还将拥有更加广阔的创新空间和发展前景。

总之，新兴数字经济企业在数字经济领域中发挥着重要的作用。他们通过创新的商业模式和战略、先进的技术和产品以及优质的服务体验赢得了市场和用户的青睐。随着数字经济的不断发展壮大和传统企业数字化转型的深入推进，新兴数字经济企业将继续保持强劲的发展势头，为推动全球经济发展注入新的活力。

（3）技术创新与模式创新提升竞争力

在数字经济时代，技术创新和模式创新是企业提升竞争力的关键。技术创新方面，企业不断研发新技术、新产品，以满足市场需求和推动产业升级。如人工智能技术的广泛应用，正在改变着金融、教育、医疗等多个行业。模式创新方面，企业通过互联网思维、平台化运营等方式，打破传统商业模式的束缚，构建新的价值链和生态系统。

（4）数字化转型过程中的挑战与机遇

在数字化转型过程中，企业既面临着挑战也迎来了机遇，挑战主要来自技术更新快、人才短缺、数据安全等方面。① 企业需要不断投入研发、培养专

---

① 方婷. 数字产业化对制造业高质量发展的影响研究 [J]. 价值工程，2022，41（36）：25-27.

业人才和加强数据安全保护，以应对这些挑战。然而，数字化转型也为企业带来了巨大的机遇。首先，数字化转型有助于企业实现精细化管理和个性化服务，提升客户满意度和忠诚度。其次，数字化转型可以推动企业商业模式创新，开拓新的市场领域和盈利模式。最后，数字化转型有助于企业实现可持续发展，提高资源利用效率和环境保护水平。

综上所述，我国企业在数字经济领域的创新实践呈现出多样化的态势。传统企业通过数字化转型提升竞争力，新兴数字经济企业则通过技术创新和模式创新迅速发展壮大。在数字化转型过程中，企业既面临着挑战也迎来了机遇。为了抓住机遇并应对挑战，企业需要不断加强技术创新和模式创新能力，同时积极培养和引进优秀人才，加强数据安全保护等措施。只有这样，企业才能在数字经济时代立于不败之地并实现可持续发展。

4. 人才培养与创新生态

我国在数字经济领域的创新生态建设情况呈现出积极向好的态势，在建设创新生态系统方面的举措和成果主要表现在以下几个方面。

（1）政策引领与创新驱动

我国政府对数字经济领域的创新生态建设给予了高度重视，通过制定一系列政策措施，推动数字经济创新发展。例如，国家层面出台的《数字经济发展战略纲要》《关于促进数字经济健康发展的意见》等文件，明确了数字经济发展的总体目标、重点任务和保障措施，为创新生态建设提供了有力政策支持。

同时，各级政府还积极推动产学研合作，通过搭建创新平台、设立创新基金等方式，鼓励企业、高校和科研机构加强合作，共同推动数字技术的研发和应用。

（2）基础设施建设与数字化转型

我国在数字经济基础设施建设方面取得了显著成果。5G 网络、工业互联网、物联网等新型基础设施建设加速推进，为数字经济的快速发展提供了有力支撑。此外，我国还积极推动传统产业的数字化转型，通过引入先进的信息技术，提升传统产业的智能化、网络化水平。

（3）创新主体培育与生态构建

我国在数字经济领域积极培育创新主体，包括创新型企业、科研机构和各大高校等。通过鼓励企业加大研发投入、加强知识产权保护等措施，激发企业创新活力。同时，我国还积极推动数字经济领域的生态构建，通过搭建产业联盟、举办创新大赛等方式，促进产业链上下游企业之间的合作与交流，形成良好的创新生态。

（4）开放合作与国际交流

我国积极参与数字经济领域的国际交流与合作，推动数字技术的全球发展与应用。通过加入国际组织、参与国际标准制定等方式，加强与各国在数字技术领域的交流与合作，共同推动全球数字经济的繁荣发展。

（5）人才培养与创新创业支持

我国在数字经济领域注重人才培养和创新创业支持。各级政府和高校积极开设数字经济相关专业课程，培养具备数字化技能和创新能力的人才。同时，我国还通过建立创新创业园区、提供创业扶持政策等方式，鼓励青年人才投身到数字经济领域的创新创业活动中去。

综上所述，我国在数字经济领域的创新生态建设取得了显著成果。在政策引领、基础设施建设、创新主体培育、开放合作和人才培养等方面采取了一系列有力措施，为数字经济的创新发展提供了有力保障。未来，我国将继续加强创新生态建设，推动数字经济实现更高质量、更有效率、更加公平、更可持续的发展。

5. 国际合作与交流

随着数字技术的迅猛发展和全球经济的深度融合，数字经济已成为推动全球经济增长的重要引擎。在这一背景下，我国积极参与国际数字经济合作与交流，通过参与国际数字经济规则制定、推动数字经济国际合作项目等方式，为全球数字经济的繁荣发展作出了重要贡献。

第一，参与国际数字经济规则制定。一方面，加入国际组织，参与国际标准制定。我国积极加入与数字经济相关的国际组织，如世界贸易组织（WTO）、国际电信联盟（ITU）等，并在这些组织中发挥重要作用。通过参与国际组织的活动，我国能够及时了解国际数字经济的最新动态和趋势，为国内数字经济的发展提供有益参考。同时，我国还积极参与数字经济国际标准的制定工作，推动建立公正、合理、透明的国际数字经济规则体系。另一方面，倡导多边主义，推动国际规则公平合理。在数字经济领域，我国始终秉持多边主义原则，主张通过多边协商和合作，共同构建开放、包容、普惠、平衡、共赢的数字经济国际规则体系。我国反对数字领域的单边主义和"长臂管辖"，致力于推动各国在数字经济领域实现互利共赢和共同发展。

第二，推动数字经济国际合作项目。首先，加强基础设施建设合作。我国积极参与数字经济基础设施建设国际合作项目，通过与其他国家共同投资、建设和运营数字基础设施，促进数字技术的全球普及和应用。例如，我国与多个国家共同建设 5G 网络、工业互联网等新型基础设施，为全球数字经济的发展提供了有力支撑。其次，推动数字贸易自由化便利化。我国积极倡导数字贸易自由化便利化，通过降低数字贸易壁垒、提高跨境数据传输效率等措施，促进全球数字贸易的繁荣发展。同时，我国还积极参与国际数字贸易谈判和合作，推动建立公正、合理、透明的数字贸易规则体系。此外，加强数字经济技术创新合作。我国积极推动数字经济技术创新国际合作项目，通过与其他国家共同研发新技术、新产品和新服务，提升全球数字经济的创新能力和竞争力。例如，我国与多个国家共同开展人工智能、大数据等领域的研发合作，为全球数字经济的创新发展注入了新动力。

第三，国际合作促进我国数字经济的创新发展。积极拓展国际市场，促进数字经济发展。通过参与国际数字经济合作与交流，我国能够拓展国际市场，为数字经济的发展提供更广阔的空间和机遇。同时，国际合作还能够促进我国企业与国际先进企业的交流与合作，提升我国企业的国际竞争力和品牌影响力。另外，引进先进技术和管理经验，提升创新能力。通过国际合作与交流，我国能够引进国际先进技术和管理经验，为我国数字经济的发展提供有力支持。同时，国际合作还能够促进我国企业与科研机构之间的合作与交流，提升我国企业的创新能力和研发水平。

第四，我国在国际数字经济治理中的地位和作用。一方面，积极参与国际数字经济治理体系建设。我国积极参与国际数字经济治理体系建设，通过参与国际组织、制定国际标准等方式，推动建立公正、合理、透明的国际数字经济治理体系。同时，我国还积极倡导多边主义原则，主张通过多边协商和合作解决数字经济领域的问题和挑战。另一方面，发挥大国担当作用，推动全球数字经济发展。作为世界第二大经济体和数字经济大国之一，我国在国际数字经济治理中发挥着重要作用。我国积极分享自身在数字经济发展方面的经验和成果，为其他发展中国家提供支持和帮助。同时，我国还积极推动全球数字经济的均衡发展和共同繁荣。

综上所述，我国在国际数字经济合作与交流方面取得了显著成果。通过参与国际规则制定、推动国际合作项目等方式，我国为全球数字经济的繁荣发展作出了重要贡献。同时，国际合作也促进了我国数字经济的创新发展提升了我国在国际数字经济治理中的地位和作用。未来，我国将继续加强与国际社会的合作与交流共同推动全球数字经济的繁荣发展。

（六）数字治理发展现状

政府治理方式在数字经济时代的改变最普遍的形式是电子政务，主要是指政府在为公众提供信息和服务的途径上更多采取信息化、电子化的方式。我国电子政务开始于 20 世纪 80 年代末，主要是建立各地各级政府的政府网站，用于主动公开政府信息，并为企业和群众提供交流和服务的平台。《2022联合国电子政务调查报告》数据显示：2012—2022 年十年间，中国电子政务发展指数屡创新高，从 0.5359 增长到 0.8119，国际排名从 78 位上升到 43位，是全球增幅最高的国家之一，中国的电子政务水平已进入全球第一梯队（见图 4-5）。

以北京政府网站为例，2010 年主动公开政府信息 9.96 万条，2017 年这一数值扩大 14 倍之多，公开政府信息 147.58 万条。通过政府网站收到政府信息公开申请数也在逐年增加，且各地区间存在较大差异性，2020 年广东政府网站收到申请数在 4 万件以上，其次是北京、上海、江苏、浙江，收到申

数字经济背景下中国制造业的转型与升级

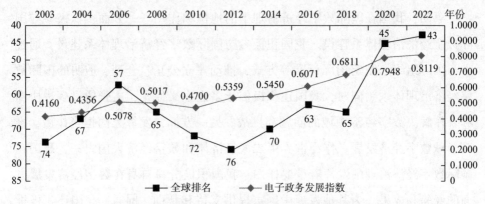

图 4-5 2003—2022 年我国电子政务发展趋势

数据来源：中国电子政务网《图解报告：全球电子政务发展趋势中国实践》。

请信息公开的条数在 3 万件以上，且各地区收到申请进行信息公开的比重在 95%以上，能看出政府网站是连接政府和群众、企业的有效途径。随着互联网的普及，政府信息公布的电子化方式不再局限于政府网站，政府微博、微信公众号等媒体也逐步走进大众视野。北京政府微博于 2011 年 11 月正式开通，2011 年也是政府微博发展的开端，在随后的三年时间里全国及地方各级政府逐步开通政府官方微博，数量多达 130103 个，到 2020 年通过官方认证的政务微博已经达到 177437 个，基本实现了各地各级政府全面覆盖。2013 年是政府在微信平台提供信息和服务的第一年，随着广州市白云区第一家政府微信平台的建立，各级政府均把微信平台作为和百姓沟通的重要桥梁，两年时间内政府微信数量达到 4 万个，覆盖各省市和各部门。在各类软件中微信是普及率最高的，这也是政府微信平台的优势所在，能够提升信息传递的效率和精准度，能为群众提供更好的服务。电子政务阶段仅是数字治理发展的初级阶段，政府在决策和管理方面的数字化转变是数字治理的更高级阶段，也称为数字政府。2017 年我国提出数字中国战略，各级政府也开始提出政府数字化升级的具体规划，比如广东打造数字"整体政府"、上海"一网通办"建设数字政府，目前已经有 10 多个省政府提出数字政府规划的具体方案。

二、中国制造业发展现状

（一）制造业总产值与增长率

作为世界第二大经济体，我国制造业的规模和实力对全球产业格局产生着深远的影响。近年来，随着科技的不断进步和全球经济的深度融合，中国制造业持续保持稳健的发展态势，不仅在规模上实现了跨越式发展，更在质量、效率和创新能力上取得了显著提升。

1. 制造业在国民经济中的地位及其重要性

制造业是国民经济的重要支柱，对于国家经济的稳定和发展具有不可替代的作用。首先，制造业是创造物质财富的主要手段，通过生产各种商品来满足人们日益增长的物质文化需求，为社会的正常运转提供了必要的物质基础。其次，制造业是技术创新的重要领域，不断推动着科技的进步和产业升级。在制造业中，企业为了保持竞争力，不断进行技术研发和创新，推动着整个行业的技术水平不断提高。这种技术创新不仅提高了生产效率，降低了成本，也为其他行业的发展提供了技术支持和保障。

此外，制造业对于促进就业、增加财政收入、推动出口等方面也发挥着重要作用。制造业的发展直接创造了大量的就业机会，为劳动者提供了稳定的收入来源。同时，制造业的发展也带动了相关产业的发展，如物流、金融、服务等，进一步扩大了就业空间。在财政收入方面，制造业作为国民经济的重要税源，为政府提供了稳定的财政收入，支持着国家各项事业的发展。在出口方面，制造业的产品是国际贸易中的重要组成部分，为国家赚取了大量的外汇收入，提高了国家的经济实力和国际地位。

同时，制造业的发展对于提升国家竞争力、保障国家安全也具有重要意义。在全球化的背景下，国家之间的竞争日益激烈，制造业的发展水平直接体现了一个国家的经济实力和竞争力。拥有先进的制造业，意味着国家在技术创新、产品质量、生产效率等方面具有优势，能够更好地满足国内外市场的需求，从而在国际竞争中占据有利地位。此外，制造业的发展对于保障国家安全也具有重要作用。在战争或紧急情况下，制造业能够提供必要的物资和设备支持，保障国家的正常运转和应对危机的能力。

然而，随着全球经济的不断变化和技术的飞速发展，制造业也面临着诸多挑战和变革。为了保持制造业的领先地位并持续推动国民经济的发展，我们需要采取一系列措施。这包括加强技术创新和研发能力以提升制造业的核心竞争力；推动制造业的绿色发展和智能化改造以适应新时代的需求；加强人才培养和引进以提供足够的人力资源支持；优化政策环境以创造有利于制造业发展的条件。

总之，制造业在国民经济中的地位及其重要性不容忽视。它是国家经济稳定和发展的基石，是创造物质财富、推动技术创新、促进就业、增加财政收入、提升国家竞争力的重要力量。同时，面对全球经济变革和技术发展的挑战，我们需要采取积极的措施来推动制造业的转型升级和持续发展，以确保其在国民经济中继续发挥重要作用。

2. 我国制造业的总体规模、增长速度以及对 GDP 的贡献

我国制造业经历了多年的高速发展，目前已跃升为全球第一制造业大国，总体规模巨大。这一地位得益于我国政府的制造业发展战略以及大量的人口红利。具体来说，我国政府通过鼓励外国直接投资、推动技术进步和创新、加强基础设施建设等一系列措施，为制造业的快速发展奠定了坚实的基础。

在总体规模方面，我国制造业的产值已经超过了许多发达国家，特别是在汽车、钢铁、电子、纺织等领域，我国的产量和出口量都居世界前列。这些行业的快速扩张不仅带动了相关产业链的发展，也吸引了大量的国内外投资，进一步推动了制造业的壮大。

在增长速度方面，我国制造业多年来一直保持着较高的增长率。特别是在改革开放以来，我国制造业的增长速度更是令人瞩目。这种增长不仅体现在产值的增加上，更体现在技术进步、生产效率提升以及产品质量的显著提高上。我国制造业的增长速度之所以如此迅猛，一方面是因为国内外市场需

求的持续增长；另一方面则是源于我国在技术创新和人才培养方面的不断努力。

在对 GDP 的贡献方面，我国制造业对于经济增长的贡献率一直很高。制造业是我国经济增长的重要引擎之一，对于促进就业、提高人民生活水平、推动产业升级等都起到了至关重要的作用。在我国，制造业的发展不仅直接创造了大量的就业机会，还通过产业链的延伸，间接带动了其他行业的发展以及技术的创新，进一步拉动了经济增长。

然而，尽管我国制造业取得了举世瞩目的成就，但也面临着一些挑战和问题。例如，劳动力成本上升、资源环境压力增大、国际竞争加剧等都对制造业的持续发展带来了一定的压力。为了应对这些挑战，我国政府正在积极推动制造业的转型升级，加强技术创新和品牌建设，提高产品的附加值和竞争力。同时，也在努力推动制造业的绿色发展和智能化改造，以适应新时代的发展需求。

综上所述，我国制造业在总体规模、增长速度以及对 GDP 的贡献方面都取得了显著的成就。然而，面对新的国内外形势和挑战，我国制造业仍需要不断创新和进步，以实现更高质量、更可持续的发展。这既需要政府、企业和社会的共同努力，也需要我们每一个人的积极参与和贡献。只有这样，我国制造业才能在全球竞争中保持领先地位，为国家的繁荣和人民的福祉作出更大的贡献。

（二）制造业结构调整与优化

1. 制造业结构调整的方向

随着全球经济的深度融合和技术的飞速发展，我国制造业正面临着从劳动密集型向技术密集型转变的历史性机遇与挑战。这一转变不仅是对外部市场需求的响应，更是内部产业升级的必然要求。

（1）劳动密集型向技术密集型的转变

在过去几十年中，我国制造业凭借着丰富的劳动力资源和成本优势，迅速崛起为全球制造业大国。然而，随着人口红利的逐渐消失和劳动力成本的不断上升，这种以劳动密集型为主导的制造业模式已经难以为继。与此同时，全球市场对于高品质、高技术含量的产品需求不断增长，要求我国制造业必须向技术密集型模式转变。

技术密集型的制造业更加注重技术创新、产品研发和品牌建设等方面的发展。通过引进先进技术、加大研发投入、培育自主知识产权，我国制造业正努力在高端装备、智能制造、新材料等领域取得突破。这不仅有助于提高产品的附加值和竞争力，还能为企业创造更多的利润空间。

（2）绿色制造与可持续发展

随着全球环境问题的日益严峻，绿色制造和可持续发展已经成为制造业结构调整的重要方向。我国制造业正在积极推广绿色生产技术和清洁能源，减少生产过程中的环境污染和资源消耗。同时，通过循环经济和废物利用，实现资源的高效利用和产业的可持续发展。

2. 制造业结构调整对经济增长和产业升级的影响

（1）促进经济增长

制造业作为国民经济的支柱产业，其结构调整对经济增长具有显著影响。通过向技术密集型转变，制造业能够提高生产效率、降低成本并增强市场竞争力，从而直接推动经济增长。此外，技术创新还能带动相关产业的发展，形成产业链上下游的联动效应，进一步放大对经济增长的促进作用。

（2）推动产业升级

制造业结构调整不仅涉及企业自身的转型升级，还能够推动整个产业的升级。一方面，技术密集型制造业的发展将吸引更多的高素质人才、研发资金和先进技术集聚，从而提升整个产业的创新能力和技术水平。另一方面，绿色制造和可持续发展的推广将引导产业向更加环保、高效的方向发展，推动产业结构的优化和升级。

（3）增强国际竞争力

在全球经济一体化的背景下，制造业结构调整对于提升我国国际竞争力具有重要意义。通过向技术密集型和绿色制造方向转变，我国制造业能够打破国际市场的技术壁垒和绿色贸易壁垒，拓展国际贸易空间。同时，国内制造业的升级也将提高我国在国际分工中的地位和话语权。

综上所述，我国制造业结构的调整与优化是一个长期而复杂的过程，需要政府、企业和社会的共同努力。展望未来，随着技术的不断进步和市场需求的不断变化，我国制造业将继续向高端化、智能化和绿色化方向发展。同时，我们也应警惕结构调整过程中可能出现的风险和挑战，如技术依赖、市场波动等，确保制造业健康、稳定地发展，为国民经济增长和产业升级提供持续动力。

（三）制造业技术创新与智能化水平

1. 我国制造业技术创新与智能化现状

（1）技术创新能力的显著提升

近年来，我国制造业在技术创新方面取得了显著成就。随着国家对创新战略的重视和一系列扶持政策的出台，制造业企业纷纷加大研发投入，积极引进和培养创新人才，推动关键技术的自主研发和产业化应用。在高端装备、新材料、新工艺等领域，我国制造业已经取得了一系列重要突破，部分技术已经达到或接近国际先进水平。

（2）智能化水平的快速提升

在智能制造方面，我国制造业同样展现出强劲的发展势头。机器人应用、自动化生产线、数字化车间等智能制造技术正在越来越多的企业中得到应用。这些技术的应用不仅提高了生产效率，降低了人力成本，还大幅提升了产品质量的一致性和稳定性。同时，工业互联网、大数据、人工智能等新一代信息技术的融合发展，为制造业的智能化转型提供了有力支撑。

2. 技术创新与智能化对制造业的影响

（1）生产效率的显著提升

技术创新和智能化对制造业生产效率的提升作用显著。通过引进先进的生产技术和设备，实现生产过程的自动化和智能化，可以大幅提高生产线的运行速度和精度，减少生产过程中的停机时间和降低废品率。同时，智能制造技术的应用还能够实现生产数据的实时采集和分析，帮助企业及时发现并解决生产过程中的问题，进一步提高生产效率。

（2）产品质量的显著提升

技术创新和智能化对制造业产品质量的提升作用同样不容忽视。通过先进的生产工艺和设备，可以更加精确地控制生产过程中的各种参数，确保产品质量的稳定性和一致性。此外，智能制造技术还能够实现产品质量的在线检测和追溯，及时发现并处理生产过程中的质量问题，保障产品的品质和安全性。

（3）生产成本的降低

技术创新和智能化不仅能够提高生产效率和产品质量，还能够降低生产成本。一方面，先进的生产技术和设备可以减少生产过程中的物料消耗和能源消耗，降低直接成本；另一方面，智能制造技术能够实现生产过程的优化和调度，提高设备利用率和劳动生产率，降低间接成本。

（4）市场响应能力的提升

技术创新和智能化还能够提升制造业的市场响应能力。通过柔性制造技术和个性化定制生产模式的应用，企业能够快速响应市场需求的变化，提供多样化的产品和服务。同时，智能制造技术还能够实现生产与销售、采购等环节的紧密衔接，提高整个供应链的协同效率和市场竞争力。

3. 挑战与展望

尽管我国制造业在技术创新和智能化方面取得了显著成就，但仍面临着一些挑战。如核心技术受制于人、高端装备依赖进口等问题仍较突出。未来，我国制造业需要继续加大技术研发投入，加强产学研合作，突破关键核心技术瓶颈，提升自主创新能力。同时，还需要加强智能制造标准体系建设、完善人才培养机制等工作，为制造业的智能化转型提供有力保障。

总之，技术创新和智能化是我国制造业转型升级的重要驱动力。通过不断提升技术创新能力和智能化水平，我国制造业将能够实现生产效率、产品质量和市场响应能力的全面提升，为国民经济的高质量发展提供有力支撑。同时，也需要关注并解决技术创新和智能化过程中遇到的挑战和问题，确保我国制造业持续健康发展。

三、数字经济赋能中国制造业高质量发展现状

（一）数字经济催生了新的中国制造业模式

1. 个性化定制

个性化定制指消费者介入产品从设计、生产到交付的全过程，获得极具个体属性或匹配个体需求的产品。个性化定制模式萌芽于人们的基本生存需要得到满足，同一化产品产能过剩和个性化产品供给不足并存的发展阶段，并在数字经济出现后得以大规模实现。消费者通过在线选择生产资料、自主设定产品配置参与个性化定制。厂商通过数据分析、模型计算、自动排产、模块组装实现大规模个性化定制。大规模个性化定制一方面通过以销定产，减少库存积压，另一方面通过迎合消费者偏好，激发市场需求，从成本和收入两方面拓展企业利润空间，推动了制造业的价值链升级。近年来，个性化定制在中国制造业中逐渐兴起，改变着传统的大规模批量化生产模式。从行业角度看，目前我国推广个性化定制比较好的领域主要是服装、汽车、家具、家电等轻工行业，这些行业多是生产面向个人消费者的生活资料，较易进行需求的选择和转化，以及任务的分解和集成。从区域角度看，目前我国中东部地区制造业的个性化定制发展较好，山东、江苏、浙江三个省份开展个性化定制的企业数量居于全国前三名，而甘肃、宁夏、青海、西藏等西部省份的个性化定制发展则明显落后于其他地区。

2. 网络化协同

网络化协同是指各经济主体通过互联网、云平台等技术手段，突破空间限制、整合各方资源、发挥自身优势、深化沟通合作，实现的开放共享节本高效的运营模式。协同模式萌芽于20世纪80年代麻省理工学院提出的"计算机支持的协同工作"，但数字经济赋予了这一概念新的内涵。一方面，网络和平台的出现打破了资源流动的物理瓶颈，使生产要素更加有效地整合与共享。另一方面，新一代信息技术将知识经验进行总结并沉淀在软件中，形成标准化的行业解决方案，供后续借鉴和创新。网络化协同促使制造业的技术

创新更加开放，组织形式向"大平台+小企业"转变，有效地提高了研发效率，降低了经营成本，增加了产品价值，带动了产业升级。我国制造业的网络化协同具有较深的实践基础，在制造业的四大新商业模式中发展最好。近年来在数字经济的推动下，制造业的网络化协同呈现出向国际空间延伸、向关键领域渗透的趋势，不断取得核心技术上的突破。与个性化定制的发展状况相似，网络化协同也具有中东部地区好于西部地区的特点，这与区域制造业的整体实力相关。同时这一模式已形成点面结合的发展态势，以单个企业点的突破，带动区域制造业全面展开，从而开展这一模式的企业占比居四种模式之首。

3. 智能化生产

智能化生产是将先进制造技术与新一代信息技术相融合，对生产全过程进行基于数据、场景、算法和算力的智能化改造，以实现自动接单、机器学习、智能决策、智能排产、流程监控、设备感知等智能化的生产方式。智能化生产由美国于 20 世纪 90 年代率先提出，德国、日本等工业发达国家随后也制订了各自的智能制造发展计划。智能化生产经数字化生产、网络化生产发展而来，完成了从程序控制到万物互联再到智能制造的进化。智能化生产能够节约时间、土地和劳动力成本，降低能耗，提高产品的数量、质量和技术含量，从而带动提高整个产业链尤其是制造环节的附加价值，抬升并拉平"微笑曲线"，促进制造业升级。但受制于现阶段的制造业进化程度和新一代信息技术发展水平，"自学习、自决策、自执行、自感知"的完全智能化生产远未实现，智能制造仍是未来制造业的主攻方向。

智能化生产在我国制造业中起步较晚，技术积累不深，企业就绪率在四大新模式中比例最低。这是由于国内制造业发展水平参差不齐，大部分企业还处于数字化转型阶段，只有少数信息化基础较好的大型制造企业搭建了智能工厂或智能生产线，实现了部分智能化生产，与发达国家相比还有一定差距。但我国制造企业对智能化生产的预期最高，对智能制造的战略部署最为积极，未来上升空间很大。据麦肯锡的调查报告，有 86% 的中国受访企业看好智能化生产的潜力，高于美国、德国和日本三个工业发达国家的比例（美国 67%、德国 62%、日本 40%）。从行业角度看，我国机械、纺织、交通设备、装备等资金充足、政府扶持的行业智能化发展势头良好，智能制造就绪率和发展速度都处于行业领先地位；从区域角度看，浙江、山东、江苏、四川、重庆、天津、广东、安徽等 8 个省市的企业智能制造就绪率均高于全国平均水平（7.7%）。

4. 服务型制造

服务型制造是在企业经营的投入和产出中增加服务要素的比重，在投入端提高研发、物流等服务环节的占比，在产出端将产品联网并采集其运行数据，通过大数据分析提供多样化的售后服务，由出售产品向出售"产品+服务包"转换；从而延伸产业链条，提高利润空间，增强企业综合竞争力。服务型制造萌芽于 20 世纪 70 年代，生产自动化的出现使人们对研发、设计、维护、物流等服务环节的需求增加。而 21 世纪初新一代信息技术的突破和数字经济基础产业的发展，则推动了服务业和制造业的深度融合。5G 技术投入商用、人工智能和大数据分析技术贯穿生产全过程，都使服务型制造变得容易和寻常，服务型制造成为全球制造业发展的新模式。服务型制造通过差异化竞争极大地扩大了市场需求，有效地推动了制造业价值链升级。一方面，以消费者为中心的全方位服务能够提升消费者黏性，拓展市场空间，取得更加稳定显著的利润增长；另一方面，服务型制造倒逼企业发挥自身潜力，不断突破创新，通过异质化的"产品+服务"，实现价值增值。

近年来，在市场驱动和政府推动的作用下，服务型制造在中国企业中越来越被认可。2017—2018 年，工业和信息化部发布了两批服务型制造示范名单，圈定了信息增值服务、总集成总承包服务、全生命周期管理和供应链管理等四个服务型制造示范模式，以此为基准，共选出 63 家服务型制造示范企业、110 个服务型制造示范项目、61 个服务型制造示范平台和 6 个服务型制造示范城市。从行业角度看，装备制造领域选出的示范企业和示范项目最多，主要集中于全生命周期管理和总集成总承包这两个服务模式；从区域角度看，服务型制造东强西弱的发展态势更加明显，浙江省已有接近 50% 的企业开展了服务型制造，而在西藏这一数字还不到 5%，相差 10 倍之多。

可见，数字经济的渗透和新一代信息技术的突破，推动了制造业四大商业模式的发展，对制造业的技术创新、资源要素、市场需求等转型升级的驱动因素产生了积极作用，从而带动了我国部分制造企业初步实现转型升级。

（二）数字技术在制造业中的应用范围与深度

数字技术在制造业中的应用已经成为一种趋势，它不仅改变了制造业的生产方式，还提高了生产效率和产品质量，数字技术的应用范围广泛，包括工业互联网、智能制造、数字化生产线等。[①] 这些技术的应用正在推动制造业向数字化、智能化、网络化方向转型。

1. 工业互联网

工业互联网，是将互联网技术与工业生产相结合的一种新型应用模式，这一前沿概念在近年来逐渐进入了人们的视野，并引起了广泛的关注和深入的讨论。从本质上看，它是互联网技术在工业领域的一种深度应用，通过将人、机、物等多元化的元素紧密地连接在一起，构建了一个覆盖全球的、错综复杂的工业网络。这个网络将物理世界和数字世界相互交织，实现了实时的数据传输和信息交换，推动了制造业向智能化、网络化、服务化方向发展。

在制造业的具体应用中，工业互联网的作用更是不可忽视。传统的制造业常常面临着设备信息不互通、生产过程不透明、效率低下等诸多问题。而工业互联网的引入，则如同一剂强心针，为制造业注入了新的活力。它能够实现设备间的无缝对接和实时通信，使原本孤立的设备能够在统一的网络平台上相互协作，大大提高了生产过程的连贯性和流畅性。

更为重要的是，工业互联网还显著提升了生产过程的可视化、可控制化和可优化性。借助先进的传感器技术和大数据分析手段，企业可以实时地采集到生产现场的各种数据，进而对这些数据进行深入的分析和处理。这样一来，企业不仅能够及时地发现并解决生产过程中出现的问题，还能够根据数据的反馈，对生产流程进行持续的优化和改进。这种基于数据的优化方式，

---

① 谢杰，崔秋霞，蔡思腾，等. 数字经济时代下制造业中小企业数字化转型问题及建议 [J]. 中国科技产业，2022 (11)：56-59.

无疑比传统的经验判断更加科学和准确。

除了优化生产过程，工业互联网还能够帮助企业实现更加精细化的管理和更加个性化的服务。通过对生产数据的实时监测和分析，企业可以更加准确地掌握市场需求和消费者偏好，进而调整生产策略和产品设计，提供更加符合消费者需求的产品和服务。同时，工业互联网还能够促进企业间的协同创新和资源共享，推动整个产业链的协同发展。

此外，工业互联网在能源管理、环境保护等方面也发挥着重要作用。通过对能源使用情况的实时监测和分析，企业可以实现能源的优化配置和节约使用，降低生产成本并减少对环境的影响。同时，工业互联网还可以帮助企业实现废弃物的回收和再利用，从而推动循环经济的发展，提高资源的循环利用率。

总之，工业互联网作为互联网技术在工业领域的应用，正在改变着制造业的生产方式和管理模式。它通过将人、机、物等连接起来，形成了一个全球性的工业网络，推动了制造业的智能化、网络化、服务化发展。随着技术的不断进步和应用范围的不断拓展，我们有理由相信，工业互联网将成为推动制造业转型升级的重要力量，为全球经济的持续发展注入新的动力。

2. 智能制造

智能制造，作为第四次工业革命的代表性产物，正在全球范围内引领制造业经历一场深刻变革。这种基于数字技术的先进制造方式，正在以前所未有的速度改变着传统制造业的生产模式和管理理念，将制造业推向一个全新的高度。智能制造通过高度集成化、智能化的生产系统，实现了生产过程的自动化、柔性化和智能化，为制造业的转型升级提供了强有力的技术支持。

智能制造的核心在于数字化技术的应用。借助先进的数字技术，智能制造能够将生产过程中的各种信息进行实时采集、传输和处理，从而实现了对生产过程的全面监控和精准控制。这种数字化的生产方式不仅可以大幅提高生产效率和产品质量，还能够显著降低生产成本和能源消耗。通过数字化的管理，企业可以更加精准地掌握市场需求和消费者偏好，进而调整生产策略和产品设计，提供更加符合消费者需求的产品和服务。

与传统制造业相比，智能制造更加注重生产过程的优化和资源的合理配置。它通过数字化技术，实现了生产资源的优化配置和高效利用，从而降低了生产成本并提高了生产效率。同时，智能制造还关注生产过程中的环境保护和可持续发展问题，通过减少能源消耗和废弃物排放，推动制造业向绿色、环保的方向发展。

在智能制造中，机器人、自动化生产线、智能传感器等设备被广泛应用。这些设备不仅提高了生产过程的自动化程度，还使生产过程更加精准、高效和可控。机器人的应用可以实现生产线上复杂、危险或重复劳动的自动化工作，大大减轻了工人的劳动强度并提高了生产效率；自动化生产线的应用可以实现生产过程的连续化和高效化，显著提高了生产效率并降低了生产成本；而智能传感器的应用则可以实现生产过程数据的实时采集和传输，为生产过程的监控和优化提供了有力支持。

智能制造的发展还推动了制造业的个性化定制和柔性化生产。通过数字技术的支持，智能制造可以根据消费者的个性化需求进行产品的定制和生产，从而满足了市场的多样化需求。同时，智能制造还能够实现生产过程的快速调整和灵活变更，使制造业能够迅速适应市场的变化和挑战。这种个性化的生产方式不仅提高了产品的附加值和市场竞争力，还为消费者提供了更加个性化的产品和服务体验。

总之，智能制造作为新时代工业革命的产物，正在引领着制造业的转型升级。它通过数字技术的广泛应用和高度集成化的生产系统，实现了生产过程的自动化、柔性化和智能化，为制造业的未来发展注入了新的活力。随着技术的不断进步和应用范围的不断拓展，我们有理由相信，智能制造将成为制造业的主流生产方式，为全球经济的持续发展作出重要贡献。

数字技术对制造业的影响是多方面的。首先，数字技术可以提高制造业的生产效率。通过数字化生产线和智能制造等方式，企业可以实现生产过程的自动化和智能化，减少人工干预，提高生产效率。其次，数字技术可以提升产品质量。通过数字技术的精准控制和优化，企业可以实现产品的高精度、高质量生产，提高产品的竞争力和市场占有率。最后，数字技术可以提高客户满意度。通过数字技术的个性化定制和快速响应，企业可以满足客户的多样化需求，提高客户满意度和忠诚度。

（三）数字经济对制造业生产效率的提升作用

1. 数字经济与制造业的深度融合

随着科技的飞速发展，数字经济已经渗透到社会的各个角落，推动了各个行业的持续发展，同时对制造业也产生了深远的影响。数字经济通过大数据、云计算、物联网、人工智能等先进技术，为制造业的生产、管理、销售等各个环节注入了新的活力，推动了制造业的转型升级，提高了生产效率和产品质量。

数字经济与制造业的深度融合体现在多个方面。首先，在生产过程中，数字技术能够实现自动化和智能化的生产流程，提高生产线的灵活性和适应性。其次，在供应链管理方面，数字技术能够优化库存管理和物流配送，降低运营成本。最后，在市场营销方面，数字技术能够精准分析消费者需求和市场趋势，为企业制定更加精准的市场策略提供支持。

2. 数字经济提升制造业生产效率的具体路径

第一，大数据分析优化生产流程。数字经济通过大数据分析技术，对制造业的生产流程进行全面优化。通过对生产过程中产生的海量数据进行实时分析和挖掘，企业可以及时发现并解决潜在问题，提高生产效率和产品质量。同时，大数据分析还可以帮助企业精确制订和调整生产计划，减少生产浪费和成本支出。例如，通过对设备运行数据的分析，企业可以预测设备的维护周期和故障率，提前对老化设备进行维护和更换，避免因设备故障导致的生产停顿和成本损失。

第二，云计算助力智能化制造。云计算为制造业提供了强大的计算能力和数据存储支持，推动了智能化制造的发展。通过云计算平台，企业可以实现生产数据的集中管理和共享，提高数据利用效率。同时，云计算还可以为企业提供灵活可扩展的计算资源，满足其在生产过程中的不同需求。在智能化制造方面，云计算可以帮助企业实现生产过程的自动化和智能化。通过引入工业机器人、自动化生产线等智能设备，企业可以大幅提高生产效率和产品质量。此外，云计算还可以为企业提供先进的生产管理系统和决策支持系统，帮助企业实现精细化管理和做出科学决策。

第三，物联网技术提高生产效率。物联网技术通过将物理设备与互联网连接起来，实现了设备间的互联互通和数据共享。在制造业中，物联网技术可以帮助企业实现对生产设备的远程监控和管理，提高设备的运行效率和维护水平。同时，物联网技术还可以帮助企业实现生产过程的透明化和可视化，方便企业对生产过程进行全面掌控和优化。例如，通过在生产设备上安装传感器和无线通信模块，企业可以实时监测设备的运行状态和性能参数，及时发现并解决潜在问题，实现效益最大化。此外，物联网技术还可以帮助企业实现供应链的智能化管理，提高供应链的响应速度和灵活性。

3. 数字经济对制造业成本控制和资源优化的贡献

在成本控制方面，数字经济通过大数据分析和云计算等技术手段实现了对制造业成本的精确控制。通过对生产过程中产生的海量数据进行实时分析和挖掘，企业可以精确掌握各项成本的变化趋势，及时采取相应措施进行调整和优化。例如通过对原材料采购、库存管理等环节的数据分析企业可以实现精准采购和库存管理降低原材料成本和库存成本。同时数字经济还可以通过智能化制造等手段降低人力成本和能源消耗进一步提高成本控制水平。

在资源优化方面，数字经济推动了制造业资源的优化配置和利用效率提升。通过网络协同制造和共享经济等模式企业可以将闲置的生产资源和能力进行有效利用，实现资源的最大化利用。例如通过网络平台将不同企业、不同环节的生产资源和能力进行整合和优化配置，企业可以实现生产过程的协同化和高效化，降低整体运营成本。同时数字经济还可以通过大数据分析和云计算等技术手段实现对企业内部和外部资源的全面管理和优化配置，提高企业整体的资源利用效率。

数字经济对制造业生产效率的提升作用是多方面的，包括通过大数据分析优化生产流程、云计算助力智能化制造以及物联网技术提高生产效率等方面。同时数字经济还通过精确的成本控制和资源优化配置等手段进一步降低了制造业的运营成本和提高了资源利用效率。展望未来，随着数字技术的不断创新和应用，数字经济将继续推动制造业的转型升级，实现更高水平的发展。同时制造业也需要积极拥抱数字经济，加强技术创新和人才培养，不断提升自身的竞争力和可持续发展能力。

（四）数字经济推动制造业绿色发展与可持续发展

数字经济在推动制造业绿色发展和可持续发展方面也发挥了重要作用。首先，数字经济通过智能制造等方式减少了资源浪费和环境污染，在很大程度上缓解了能源危机。智能制造可以实现生产过程的精细化管理和资源的高效利用，从而减少不必要的浪费和对环境的破坏。此外，智能制造还可以通过回收再利用等方式实现资源的循环利用，进一步推动制造业的绿色发展。其次，数字经济还可以通过数字化技术推动制造业的可持续发展。数字化技术可以实现生产过程的可视化、可控制化和可优化性，从而帮助企业更好地管理生产过程和环境影响。例如，通过数字化技术监测生产过程中的能源消耗和排放情况，企业可以及时采取措施进行调整和优化，降低对环境的影响。此外，数字化技术还可以帮助企业实现能源和资源的高效利用和节约管理从而推动制造业的可持续发展。

然而数字经济在推动制造业绿色发展方面也面临着一些挑战和问题。首先，数字技术的普及和应用程度在不同地区和行业之间存在差异，导致数字经济在推动制造业绿色发展方面的作用不够均衡。其次，数字经济在推动制造业绿色发展方面需要政府、企业和社会的共同努力和支持形成合力推动制造业的绿色转型和发展。最后，数字经济在推动制造业绿色发展方面还需要加强技术创新和标准制定等方面的工作，不断提高数字技术的环保性和可持续性，为制造业的绿色发展和可持续发展提供更加坚实的技术支撑和保障。

综上所述，数字经济正在赋能中国制造业高质量发展，在提高生产效率、推动绿色发展等方面发挥了重要作用。未来随着数字技术的不断发展和应用，数字经济将继续推动制造业的转型升级和创新发展，为中国制造业的高质量发展注入新的动力和活力。

第二节　数字经济背景下中国制造业转型与升级面临的问题

随着信息技术的迅猛发展，数字经济已经成为推动全球经济增长的新动力。对于我国制造业而言，数字经济的赋能作用日益凸显，为其高质量发展注入了新的活力。然而，在数字化转型的过程中，仍存在众多制约我国制造业发展的重要因素。

一、数字化基础设施不完善

在 21 世纪的数字经济时代，数字化基础设施的重要性日益凸显。对于我国制造业而言，数字化转型是提升竞争力、实现可持续发展的关键。然而，当前我国数字化基础设施建设存在诸多不足，严重制约了制造业的数字化转型进程。本节将从数字化基础设施建设不足、覆盖不均衡及更新与维护困难三个方面，深入分析这些问题对制造业数字化转型的影响，并探讨相应的解决策略。

（一）数字化基础设施建设不足

从数字经济的角度出发，对我国数字化基础设施建设的不足描述如下。

1. 网络覆盖不足

在数字经济时代，网络覆盖的广度和深度是数字化基础设施建设的核心指标。然而，我国在网络覆盖方面仍存在诸多不足，特别是在农村地区和欠发达地区更为明显。一是农村地区的网络覆盖问题严重。尽管近年来我国农村地区网络覆盖取得了显著进步，但仍然存在许多"信息孤岛"。许多偏远山区的农民仍然难以接入高速、稳定的互联网服务。这不仅限制了农民获取市场信息和现代农业技术的能力，也阻碍了农村电商、在线教育、远程医疗等新型业态的发展；二是欠发达地区的网络覆盖挑战。在我国西部和中部的一些欠发达地区，由于地理环境复杂、经济基础薄弱，网络覆盖建设面临诸多困难。这些地区往往缺乏足够的资金和技术支持，难以构建高效、稳定的通信网络。因此，这些地区的居民和企业难以充分享受数字经济带来的便利和机遇。

2. 数据中心建设滞后

数据中心作为数字经济的"大脑"，对于推动数字化转型具有重要作用。然而，我国在数据中心建设方面也存在不足。

第一，数据中心布局不均衡（见图4-6）。目前，我国的数据中心主要集中在东部沿海和经济发达地区，而中西部地区的数据中心建设相对滞后。这种布局不均衡现象不仅加剧了区域间数字鸿沟，也限制了中西部地区数字经济的发展潜力。

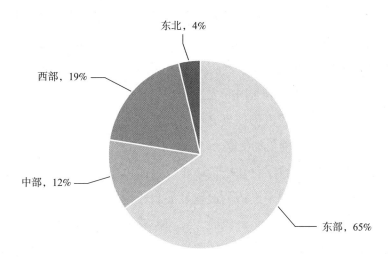

图4-6　我国数据中心地区分布情况

数据来源：《能源数字化转型白皮书》。

第二，数据中心技术水平有待提高。我国部分数据中心在技术水平、运营效率等方面与国际先进水平仍存在一定差距。例如，一些数据中心在节能、环保等方面的技术创新能力不足，导致出现能源利用效率低下和环境污染问题。

3. 数字化基础设施互联互通不足

数字化基础设施的互联互通是实现数字经济高效运行的关键。然而，我国在这方面也存在明显不足。一是跨部门、跨行业的数据共享壁垒仍然存在。目前，我国许多政府部门和行业之间在数据共享方面仍存在壁垒。这不仅限制了数据的流通和利用效率，也阻碍了数字经济的创新发展。例如，在智慧城市建设过程中，由于缺乏统一的数据共享平台和标准，各部门之间的数据难以实现有效整合和共享。二是目前没有统一的数字化基础设施标准，致使不同部门和行业之间的数字化基础设施难以实现有效互联和互通。这不仅增加了企业数字化转型的难度和成本，也制约了数字经济的整体发展。

4. 网络安全保障能力有待提高

在数字经济时代，网络安全是数字化基础设施建设的重要组成部分。然而，我国在网络安全保障方面也存在诸多不足。一方面，我国网络安全法律法规体系尚不完善，难以为数字化基础设施建设提供充分的法律保障。这导致一些企业和个人在网络空间中的行为缺乏有效约束和规范，增加了网络安全风险。另一方面，网络安全技术创新能力不足。尽管我国在网络安全领域取得了一定的技术进步，但与国际先进水平相比仍存在差距。特别是在一些关键技术和产品方面，我国仍依赖进口或引进国外技术，这在一定程度上制约了我国网络安全保障能力的提高。

综上所述，我国在数字化基础设施建设方面仍存在诸多不足和挑战。这些问题不仅制约了我国数字经济的快速发展和整体竞争力的提升，也限制了人民群众享受数字红利的能力。因此，我们需要加大政策引导和技术创新力度，推动数字化基础设施建设的全面升级和完善。同时，还需要加强国际合作与交流，借鉴国际先进经验和技术成果，共同推动全球数字经济的繁荣与发展。

5. 对制造业数字化转型的制约作用

数字化基础设施不完善对制造业数字化转型的制约作用主要体现在以下几个方面。

第一，生产效率提升有限。数字化基础设施是现代制造业提高生产效率的关键。缺乏先进的数字化基础设施，制造业企业往往难以实现生产过程的自动化和智能化，这在很大程度上制约了生产效率的提升。首先，数字化基础设施的不足导致生产过程难以实现自动化。在高度自动化的生产线上，各种设备和系统需要通过网络连接实现实时数据交换和协同工作。如果网络覆盖不足或数据传输不稳定，生产线上的设备将无法准确、及时地接收和执行指令，直接导致生产流程中断或效率低下。其次，缺乏数字化基础设施限制了智能化的实现。智能化生产依赖于大数据、人工智能等先进技术对生产过程进行实时监控和优化。然而，如果企业没有足够的数据存储和处理能力，或者缺乏智能化的决策支持系统，那么智能化生产将难以实现，进而影响生产效率的提升。此外，数字化基础设施的不足还可能导致企业难以实施先进的生产管理方式。例如，精益生产、敏捷制造等现代生产管理方法需要依托数字化技术实现精细化、个性化的生产管理。如果企业的数字化基础设施不完善，这些方法的应用将受到限制，从而影响生产效率的提升。

第二，企业创新能力受限。在数字经济时代，持续创新是企业保持竞争力和取得成功的关键。然而，数字化基础设施的不足往往限制了制造业企业的技术创新能力和市场响应速度。首先，缺乏数字化基础设施限制了企业的技术研发能力。先进的技术研发需要强大的计算能力和数据存储能力支持。如果企业缺乏高性能计算中心、云计算平台等先进的基础设施，技术研发的效率和成果将受到严重影响。此外，数字化基础设施的不足还可能导致企业难以获取最新的技术信息和研发资源，从而限制了创新能力的提升。其次，数字化基础设施的不足影响了企业的市场响应速度。在快速变化的市场环境中，企业需要快速捕捉市场需求变化并作出响应。然而，如果企业的数字化基础设施不完善，市场信息的收集和分析将受到限制，导致企业难以准确把握市场趋势和客户需求。这将影响企业的产品设计和营销策略的制定，从而降低市场响应速度和竞争力。

第三，供应链协同困难。在全球化背景下，供应链协同对于制造业企业的发展至关重要。然而，数字化基础设施的不完善往往使制造业企业在供应链管理上难以实现协同和优化。首先，数字化基础设施的不足导致供应链信息传递不畅。供应链协同需要各参与方之间实时、准确地传递信息。如果企业的数字化基础设施不完善，信息的传递将受到阻碍，导致供应链各环节之间的协同效率降低。这将增加企业的运营成本和风险，甚至可能导致供应链中断或延误等问题。其次，缺乏数字化基础设施限制了供应链优化的实现。通过先进的数字化技术，企业可以对供应链进行精细化管理和优化，提高供应链的效率和灵活性。然而，如果企业的数字化基础设施不足，这些优化措施将难以实现。例如，缺乏智能化的供应链管理系统将导致企业难以对供应链进行实时监控和调整；缺乏先进的数据分析技术将导致企业难以对供应链数据进行深入挖掘和分析，从而无法发现潜在的优化机会。

综上所述，数字化基础设施的不完善对制造业数字化转型产生了多方面的制约作用。为了提高生产效率、增强创新能力和实现供应链协同优化，制造业企业需要积极加强数字化基础设施建设和完善工作。同时，政府和社会各界也应给予更多支持和关注，共同推动制造业的数字化转型和升级。

（二）数字化基础设施覆盖不均衡

1. 城乡和区域间覆盖差异及其影响

我国数字化基础设施在城乡和区域间的覆盖存在显著差异。城市地区由于经济发达、政策支持等，数字化基础设施建设相对完善；而农村地区和欠发达地区则面临网络覆盖不足、数据中心建设滞后等问题。这种覆盖不均衡造成了以下影响。①区域经济发展不平衡：数字化基础设施的覆盖差异加剧了区域经济发展的不平衡性，制约了欠发达地区的经济增长潜力。②社会公平问题：数字化基础设施的覆盖不均衡导致信息获取的不平等，进一步加剧了社会公平问题。

2. 缩小覆盖不均衡的策略探讨

为缩小数字化基础设施覆盖不均衡的问题，可以从以下几个方面着手。一是加强政策引导：政府应加大对农村地区和欠发达地区的政策支持力度，推动数字化基础设施的均衡布局。二是强化公共服务：加强农村和欠发达地区的公共服务体系建设，提高数字化基础设施的可及性和可负担性。三是鼓励社会资本参与：引导社会资本积极参与数字化基础设施建设，形成政府与市场共同推动的良好格局。

（三）数字化基础设施更新与维护困难

1. 面临的挑战

随着技术的迅速发展和市场需求的不断变化，数字化基础设施的更新与维护正面临着以下挑战。①技术更新迅速：新的技术和标准不断涌现，要求数字化基础设施不断更新以适应新的发展需求。②维护成本高：数字化基础设施的维护涉及大量的人力、物力和财力投入，会给企业带来沉重的经济负担。③人才短缺：具备数字化基础设施维护和管理能力的人才短缺，制约了企业的数字化转型进程。

2. 解决策略分析

为有效解决数字化基础设施更新与维护困难的问题，可以采取以下策略。①建立完善的更新机制：建立科学完善的数字化基础设施更新机制，确保基础设施能够及时适应新的技术和市场需求。②加强人才培养：加大对数字化基础设施维护和管理人才的培养力度，为企业数字化转型提供有力的人才保障。③探索新的维护模式：探索外包、众包等新的维护模式，降低企业的维护成本并提高维护效率。④强化政策扶持：政府应加强对数字化基础设施建设和更新的政策支持，为企业提供资金、技术等方面的帮助和支持。

二、数据共享与整合难度较大

（一）数据标准不统一，难以实现共享与整合

随着全球数字化浪潮的推进，我国制造业也正在经历一场深刻的转型变革。在这场变革中，数据被誉为"新石油"，其重要性不言而喻。然而，在制造业数字化转型的过程中，一个突出的问题逐渐浮现出来，那就是数据标准的统一。这一问题不仅限制了数据的流通和利用效率，还对整个制造业的数字化转型造成了严重的阻碍。

第一，数据标准不统一制约数据流通。在制造业中，数据的流通和利用

是实现智能化、精细化生产的关键，然而，由于不同企业和部门之间采用的数据格式、数据接口等标准不一致，导致数据在传输和交换过程中存在诸多障碍。① 这种不统一的数据标准使企业之间难以实现数据的实时共享和协同工作，严重影响了生产效率和市场响应速度。具体来说，当一家企业需要与供应链上的其他企业或部门进行数据交换时，如果双方的数据标准不一致，就需要花费大量的时间和成本进行数据格式的转换和适配。这不仅增加了企业的运营成本，还可能因为数据转换过程中的误差产生更大问题。更为严重的是，在市场竞争日益激烈的今天，企业间的协同合作和快速响应市场需求的能力显得尤为重要。数据标准的不统一将直接影响企业间的协同效率和市场响应速度，进而影响到企业的市场竞争力。

第二，数据标准不统一影响数据整合分析。除了制约数据流通，数据标准的不统一还给制造业企业在数据整合方面带来了巨大困难。在数字化转型过程中，企业需要对来自不同部门、不同设备、不同系统的数据进行整合和分析，以便更好地了解生产过程中的各种情况，为决策提供支持。如果数据标准的不统一，将难以对这些不同来源、不同格式的数据进行有效的整合和分析。这种情况下，企业往往需要花费大量的时间和人力成本对数据进行清洗和整理，将其转化为可用于分析的形式。这不仅增加了企业的数据处理成本，还可能因为数据处理过程中的误差导致分析结果的准确性受到影响。更为严重的是，由于缺乏全面、准确的数据支持，企业的决策制定可能会受到误导，导致决策失误，给企业带来巨大的经济损失。为了推动制造业数字化转型的顺利进行，必须采取一系列措施解决数据标准不统一的问题。一方面，政府、行业协会和企业应共同努力，制定和推广适用于制造业的数据标准规范。这需要政府出台相关政策法规，引导和规范企业采用统一的数据标准；行业协会则可以发挥桥梁纽带作用，组织企业共同研究和制定数据标准；企业应积极响应政府号召和行业倡议，主动采用和推广统一的数据标准。另一方面，还需要加强技术研发和创新，推动数据格式和接口的标准化工作。这

---

① 付文宇，李彦，赵景峰. 数字经济如何赋能中国制造业优化升级？ [J]. 经济问题探索，2022 (11)：128-142.

可以通过支持高校、科研机构和企业进行相关技术研究和开发来实现。此外，还可以开展国际合作与交流，引进和吸收国际先进的数据标准和技术成果，推动我国制造业数据标准的国际化进程。

总之，解决数据标准不统一的问题是推动制造业数字化转型的关键所在。只有建立起统一、规范的数据标准体系，才能实现数据的顺畅流通和高效利用，进而推动我国制造业向智能化、精细化方向快速发展。

（二）数据安全与隐私保护问题突出

在数字经济时代，数据安全和隐私保护成为制造业数字化转型中不可忽视的问题。随着数据的不断产生和流通，如何确保数据的安全性和隐私性成为一大挑战。一是制造业企业在数字化转型过程中需要处理大量敏感数据，如客户信息、生产数据等。这些数据一旦泄露或被滥用，将对企业声誉和客户关系造成严重影响。因此，加强数据安全保护是制造业数字化转型的必要条件；二是隐私保护问题也日益突出。在数据共享和整合过程中，如何确保个人隐私不被侵犯成为一大难题。一方面，企业需要充分利用数据创造价值，另一方面，也必须尊重和保护个人隐私权。这需要企业在数据处理过程中建立严格的隐私保护机制，确保个人数据的安全和合规性。

为了平衡数据共享与隐私保护的关系，制造业企业需要建立完善的数据安全管理制度和技术保障体系。同时，还需要加强对员工的安全教育和培训，提高整体的数据安全水平。此外，政府和社会各界也应加强对数据安全和隐私保护的监管和支持，共同营造良好的数据安全环境。

（三）数据共享与整合的法律法规不健全

在数字经济高速发展的今天，数据已经成为推动社会进步和经济增长的重要动力。对于制造业而言，数字化转型不仅是提升生产效率和市场竞争力的关键，更是顺应时代潮流、实现可持续发展的必然选择。然而，在这一转型过程中，数据共享和整合所涉及的法律法规问题却成为一道难以逾越的障碍。

1. 法律法规滞后导致合规性问题

在数字经济快速发展的背景下，数据共享和整合的法律法规尚不健全，给制造业数字化转型带来了一定的法律风险和不确定性。目前，我国现有法律法规在数据共享和整合方面的规定较为模糊和滞后，未能跟上数字经济快速发展的步伐。这使企业在实际操作过程中缺乏明确的法律指导和保障，容易出现合规性问题。

例如，在数据所有权、使用权等权益的界定上，现有法律法规并未给出清晰的答案。这导致企业在进行数据共享和整合时，可能会面临权属纠纷和法律风险。一旦数据权属发生争议，不仅会影响企业的正常运营，还可能引发一系列复杂的法律问题，甚至可能导致企业陷入法律诉讼的泥潭。

2. 数据安全与隐私保护监管不足

除了合规性问题，法律法规的不健全还表现在对数据安全和隐私保护的监管不足等方面。

然而，目前我国对数据安全和隐私保护的法律法规尚不完善，监管部门在执法过程中存在一定的难度和挑战。这导致一些不法分子利用法律漏洞做出数据泄露和滥用等违法行为。这些行为不仅严重损害了企业和个人的利益，也对整个社会的信任体系和数字经济生态造成了破坏。

为了解决这些问题，政府和相关部门需要加强对数据安全和隐私保护的监管力度。首先，应完善相关法律法规，明确数据所有权、使用权等，为企业提供明确的法律指导和保障。同时，还应加强对数据泄露和滥用等违法行为的打击力度，切实保护企业和个人的合法权益。此外，制造业企业也应加强自身的数据安全和隐私保护措施。建立健全的数据管理制度和内部控制机制，加强对员工的数据安全培训和教育，增强整体的数据安全意识和能力。同时，积极采用先进的数据加密和脱敏技术，确保数据的机密性和完整性。

总之，面对数字经济快速发展的挑战和机遇，制造业企业在数字化转型过程中必须高度重视数据共享和整合所涉及的法律法规问题。只有加强法律法规建设、完善监管体系，并不断提升自身的数据安全和隐私保护能力，才能确保数字化转型的顺利进行，实现可持续发展。

三、企业数字化转型阻碍较多

（一）企业对数字化转型的认知不足与观念落后

在我国，制造业企业普遍存在着对数字化转型的认知不足与观念落后的问题。

许多企业对数字化转型的理解仍停留在简单的技术应用层面，认为只要引入一些先进的信息化系统或自动化设备，就能实现数字化转型。然而，数字化转型并非简单的技术升级，而是一场涉及企业战略、组织、文化等多方面的深刻变革。由于缺乏全面的认知，许多企业在实施数字化转型时往往只注重技术的引入，而忽视了与管理、组织、文化等方面的协同变革，导致数字化转型难以深入推进。

同时，部分制造业企业受传统思维惯性影响，对数字化转型存在抵触心理。他们担心数字化转型会改变现有的业务模式和管理方式，带来不确定性和风险。这种观念上的落后和保守心态，使得企业在面对数字化转型时缺乏主动性和积极性，容易错失发展机遇。

为了提升企业对数字化转型的认知和观念更新，首先，需要加强对数字化转型的宣传和培训。政府、行业协会等组织可以举办各类研讨会、培训班等活动，向企业普及数字化转型的理念、方法和成功案例，帮助企业全面了解数字化转型的内涵和价值。其次，企业需要加强内部学习和交流，打破传统思维惯性，树立积极拥抱变革的观念。企业领导层应发挥带头作用，推动企业内部形成数字化转型的共识和氛围。

（二）企业数字化转型资金与技术支持不足

资金与技术支持是企业实施数字化转型的基础保障。然而，在我国制造业企业中，普遍存在着资金和技术支持不足的问题。

一方面，许多中小制造业企业自身资金实力有限，难以承担数字化转型所需的高额投入。另一方面，尽管政府和社会各界对制造业数字化转型给予了一定的关注和支持，但相关政策和资金支持仍显不足，无法满足企业的实际需求。此外，企业在寻求外部融资时，往往面临融资难、融资贵等问题，进一步加剧了资金困境。

在技术支持方面，我国制造业企业在某些关键技术领域与国外仍存在一定差距。虽然近年来我国在数字化技术领域取得了显著进步，但在高端装备制造、工业互联网等关键领域仍需加强自主研发和创新能力。同时，企业在引进先进技术时往往面临技术转移难、消化吸收难等问题，制约了技术支持作用的发挥。

为了给企业提供有效的资金和技术支持，推动其数字化转型，政府应加大对制造业数字化转型的资金扶持力度，设立专项基金、提供优惠贷款等措施减轻企业融资压力。同时加强技术研发和创新支持，鼓励企业加大研发投入、培育创新人才、加强产学研合作等方式来提升企业的自主创新能力。此外还应加强国际合作与交流，引进国际先进技术和管理经验，促进企业数字化转型水平的提升。

（三）企业数字化转型过程中的组织与文化变革挑战

在数字化转型过程中，企业不仅需要应对技术和资金方面的挑战，还需要面对组织和文化变革的挑战。这些挑战往往更为复杂和艰巨，直接关系到数字化转型的成败。

在组织层面，数字化转型要求企业打破传统的部门壁垒和层级结构，构建敏捷、高效的组织形态。然而，在实际操作中，许多企业难以摆脱传统组织模式的束缚，部门间沟通不畅、协作不力等问题时有发生。这导致企业在实施数字化转型时难以形成合力，阻碍了变革的深入推进。

在文化层面，数字化转型要求企业树立开放、创新的文化氛围，鼓励员工积极拥抱变革、勇于尝试新事物。然而，在许多制造业企业中，保守、僵化的企业文化仍占据主导地位。员工对新事物持怀疑态度、缺乏创新意识等问题普遍存在。这种文化氛围不仅限制了员工的创造力和积极性，也制约了企业的创新能力和市场竞争力。

　　为了有效应对组织和文化变革的挑战，推动企业顺利完成数字化转型要做出以下决策。首先，企业需要制定明确的组织变革计划，通过组织结构调整、流程优化等措施打破部门壁垒提高组织协同效率。同时加强员工培训和教育提高员工的数字化素养和创新能力，培养一支具备数字化思维的人才队伍。其次，企业需要积极营造开放创新的文化氛围，鼓励员工敢于尝试新事物、勇于承担责任，激发员工的创造力和创新精神。同时加强企业文化建设将数字化思维融入企业文化之中，形成推动企业持续发展的强大动力。

四、复合型高层次人才十分欠缺

（一）缺乏具备数字技术与制造业背景的复合型人才

　　随着数字技术的快速发展和深入应用，数字经济已经成为推动中国经济增长的重要引擎。在这个背景下，制造业作为国民经济的支柱产业，正面临着转型升级的历史性机遇。然而，实现制造业的高质量发展，关键在于拥有一支具备数字技术与制造业背景的复合型人才队伍。当前，我国在这方面的人才储备远远不能满足市场需求，人才短缺问题已经成为制约制造业转型升级的瓶颈之一。

1. 复合型人才需求量大增的原因

　　第一，技术进步推动制造业变革。随着数字技术的飞速发展，制造业的生产方式、管理模式和商业模式都发生了深刻变革。数字技术的广泛应用，如大数据分析、云计算、物联网等，为制造业提供了更高效、更精准的生产和管理手段。这种变革要求从业人员不仅要具备传统制造业的知识和技能，还需要掌握数字技术的相关知识和能力，以适应新的生产和管理模式。

　　第二，制造业转型升级的需求。我国制造业正面临着转型升级的压力，需要向高端、智能化和绿色化方向发展。数字技术的应用是实现这一转型的关键。具备数字技术与制造业背景的复合型人才能够更好地理解和应用数字技术，推动制造业的转型升级，提高企业的竞争力和创新力。

第三，全球化竞争的挑战。在全球化背景下，我国制造业正面临着来自国际市场的激烈竞争。数字技术的应用可以提升制造业的国际竞争力，而具备数字技术与制造业背景的复合型人才则是企业参与全球化竞争的重要力量。他们需要具备跨文化交流、国际市场营销等方面的能力，以适应全球化竞争的需要。

2. 人才供给不足问题突出

尽管复合型人才的需求量大增，但我国在这方面的人才供给却严重不足。一方面，传统的制造业人才培养模式注重专业技能的培养，而忽视了对数字技术和数据分析能力的培养，导致现有的人才队伍难以适应数字经济时代的需求。另一方面，数字技术领域的人才培养也面临着同样的问题。许多高校和培训机构在培养数字技术人才时，往往只注重技术知识的传授，而忽视了对制造业业务流程和管理规范的培养，导致培养出的人才难以发挥实际作用。因此，导致当前的人才市场呈现出复合型人才供不应求的局面。

3. 如何培养和引进复合型人才以满足市场需求

面对复合型人才供不应求的局面，我国需要采取一系列措施来培养和引进这类人才，以满足制造业转型升级的需求。以下是一些可采取的措施。

（1）改革人才培养模式

为了培养具备数字技术与制造业背景的复合型人才，我国需要对现有的人才培养模式进行改革。首先，高校和培训机构应该打破传统的学科界限，加强跨学科、跨专业的交叉培养。例如，可以开设数字技术与制造业相结合的复合课程，让学生在掌握数字技术的同时，也能了解制造业的业务流程和管理规范。其次，应该注重实践能力的培养。高校和培训机构可以通过与企业合作建立实践基地、开展项目实践等方式，让学生在实践中学习和掌握数字技术和数据分析方法，以实现自身实践能力的提升。

（2）加大人才引进力度

除了改革人才培养模式，我国还需要加大复合型人才的引进力度。首先，可以通过制定更加优惠的人才政策来吸引海外留学人员和国内优秀人才投身制造业。例如，可以提供有竞争力的薪酬待遇、优先的职称晋升等激励措施。

其次，可以建立多元化的人才引进渠道。例如，可以通过校企合作、科研机构与企业合作等方式引进人才，也可以通过国际人才市场招聘具备数字技术与制造业背景的复合型人才。

（3）推动产学研深度合作

产学研深度合作是培养和引进复合型人才的有效途径之一。通过产学研合作可以促进高校、科研机构和企业之间的资源共享和优势互补，从而为复合型人才的培养和引进提供有力支持。例如高校和科研机构可以与企业合作开展科研项目，让学生和科研人员在实际项目中学习和掌握数字技术和数据分析方法。同时，企业也可以为高校和科研机构提供实践基地和人才需求信息，促进人才培养与市场需求的有效对接。

（4）建立完善的人才评价体系

建立完善的人才评价体系对于培养和引进复合型人才至关重要。首先，应该明确复合型人才的评价标准。包括知识、技能、实践经验等多个方面。其次，应该建立多元化的人才评价方式。包括考试、面试、项目实践等多种方式，以全面评价人才的综合素质和能力水平。最后，应该建立完善的人才激励机制，为优秀的复合型人才提供晋升机会、薪酬待遇等方面的激励以吸引和留住更多的人才，为制造业的转型升级提供有力支持。

总之，面对数字经济背景下中国制造业转型升级的挑战，培养和引进具备数字技术与制造业背景的复合型人才至关重要。通过改革人才培养模式、加大人才引进力度、推动产学研深度合作以及建立完善的人才评价体系等措施，我国可以逐步缓解复合型人才短缺的问题，为制造业的转型升级提供有力的人才保障。

（二）高层次人才流动与激励机制不完善

1. 当前高层次人才流动和激励机制存在的问题及其对企业数字化转型的影响

在数字经济高速发展的背景下，中国制造业的转型升级迫切需要高层次人才的参与和推动。然而，当前高层次人才流动和激励机制存在着诸多问题，严重制约了企业的数字化转型进程。

（1）高层次人才流动不畅

在数字经济迅猛发展的时代背景下，高层次人才对于制造业的数字化转型具有不可替代的作用。然而，目前我国制造业高层次人才的流动却受到多种因素的限制，呈现出流动不畅的现状。这种现状不仅制约了制造业的转型升级，也影响了整个行业的创新活力和竞争力。

综合来讲，我国制造业高层次人才流动不畅的现状主要表现为：一是流动意愿受限。在制造业企业中，部分企业在人才选拔和任用上存在论资排辈、裙带关系等不良现象。这些现象导致优秀的高层次人才难以获得公平的晋升机会，导致其职业发展空间受到限制。长此以往，这些人才会产生流动意愿，但由于晋升渠道不畅、机会不均等问题，他们的流动意愿受到抑制。二是流动空间狭窄。目前，我国人才流动的市场化机制尚未健全，人才评价体系并不完善。这使高层次人才的价值难以得到准确衡量，人才的市场价格与其实际贡献存在偏差。同时，制造业企业在招聘高层次人才时往往过于看重学历、职称等硬性指标，而忽视对实际能力和创新精神的考察。这种片面的评价方式导致部分高层次人才被低估或忽视，进一步压缩了其流动空间。三是流动效率低下。由于制造业企业内部管理机制不完善、信息传递不畅等，高层次人才的流动过程往往烦琐复杂，效率低下。这不仅增加了人才流动的成本和时间成本，也降低了企业对于外部人才的吸引力。同时，一些企业对于内部人才的流动也缺乏有效的管理和激励机制，导致内部人才资源的浪费和流失。

我国制造业的行业结构和布局问题也对高层次人才的流动产生了一定的影响。一方面，部分传统制造业领域产能过剩、利润下滑，导致企业对于人才的投入不足，难以吸引和留住高层次人才。另一方面，新兴制造业领域发展迅速，对于人才的需求旺盛但供给不足。这种行业结构和布局的不平衡使高层次人才的流动受到一定的限制。

此外，社会文化因素也对高层次人才的流动产生了一定的影响。在我国传统文化中强调"稳定"和"忠诚"的观念。这使得部分高层次人才在选择工作时更倾向于稳定性较高的企业和职位，而不愿意轻易尝试新的机会和挑战。同时，"地域情结""家乡观念"等因素也限制了部分人才的流动。

综上所述，我国制造业数字化转型过程中高层次人才流动不畅的现状是由多种因素共同作用的结果。为了改善这一现状并推动制造业的转型升级，需要政府、企业和社会各方面的共同努力，营造良好的人才生态环境，促进高层次人才的合理流动和优化配置。

（2）激励机制不完善

在制造业企业中，针对高层次人才的激励机制普遍不足。首先，薪酬结构单一，缺乏长期激励机制，如股权激励、期权激励等，难以激发高层次人才的创新活力和工作热情。其次，非物质激励不足，如职业发展机会、工作环境、企业文化等方面的激励措施缺乏，导致高层次人才对企业的认同感和归属感不强。

（3）对企业数字化转型的影响

高层次人才流动和激励机制的不完善对企业数字化转型产生了深远影响。一方面，人才流动不畅导致企业难以吸引和留住优秀的高层次人才，进而影响了企业数字化转型的人才储备和智力支持。另一方面，激励机制的不足使高层次人才的积极性和创造力受到抑制，不利于企业在数字经济时代下的创新和发展。

2. 建立完善的人才流动和激励机制，吸引和留住高层次人才

为了推动制造业的数字化转型，我国必须建立完善的高层次人才流动和激励机制。以下是一些可采取的措施。

（1）建立市场化的人才流动机制

为了促进高层次人才的合理流动，我国应该建立市场化的人才流动机制。首先，打破人才流动的体制性障碍，消除人才选拔和任用中的不良现象，确保高层次人才能够在公平竞争的环境中获得晋升机会。其次，完善人才评价体系，建立以能力、业绩和贡献为导向的评价标准，准确衡量高层次人才的价值，为其流动提供科学依据。同时，加强人才市场建设，促进人才信息的公开透明，降低人才流动的成本和风险。

（2）完善激励机制

为了激发高层次人才的创新活力和工作热情，我国应该完善激励机制。首先，建立多元化的薪酬结构，包括基本工资、奖金、股权激励等多种激励方式，根据高层次人才的贡献和市场价值给予合理的薪酬回报。其次，加强非物质激励措施的实施，如提供良好的职业发展机会、创造优越的工作环境、培育积极向上的企业文化等，增强高层次人才对企业的认同感和归属感。此外，还可以建立创新人才奖励制度，对在数字化转型过程中作出突出贡献的高层次人才给予荣誉和奖励。

（3）加强产学研合作

产学研合作是培养和吸引高层次人才的有效途径之一。通过加强产学研合作，可以促进高校、科研机构和企业之间的资源共享和优势互补，为高层次人才提供更多的实践机会和创新平台。同时，产学研合作也可以促进人才的合理配置和流动，使更多优秀的高层次人才能够参与到制造业的数字化转型中来。因此，政府应该加大对产学研合作的支持力度，推动高校、科研机构和企业之间的深度合作。

（4）优化人才生态环境

优化人才生态环境是吸引和留住高层次人才的关键。政府应该加大对人才生态环境的投入力度，从政策、资金、服务等多个方面为高层次人才提供支持。例如可以制定更加优惠的税收政策、提供优质的公共服务和社会保障等措施为高层次人才创造良好的生活和工作环境。同时加强知识产权保护和技术创新支持，激发高层次人才的创新活力。此外还可以建立高层次人才库和专家咨询制度等为企业提供更加精准的人才匹配和智力支持。

总之，在数字经济背景下建立完善的高层次人才流动和激励机制是推动中国制造业转型升级的关键环节。通过市场化的人才流动机制、多元化的激励机制、产学研合作以及优化人才生态环境等措施，我国可以吸引和留住更多的高层次人才，为制造业的数字化转型提供强有力的人才保障。这将有助于提升我国制造业的整体竞争力，实现由传统制造业向数字化、智能化制造业的转型升级，进而推动我国经济的持续健康发展。

（三）复合型高层次人才培养与教育体系与市场需求脱节

在数字经济时代，中国制造业的转型升级对复合型高层次人才提出了新的更高的要求。然而，当前的人才培养和教育体系在培养数字技术与制造业复合型人才方面存在诸多不足，无法满足市场需求，制约了制造业的数字化转型进程。

1. 教育内容与市场需求脱节

随着数字技术的飞速发展，制造业正在经历一场深刻的变革。在这场变革中，具备数字技术与制造业背景的复合型人才成为市场的"香饽饽"。然而，我国当前的教育体系在培养这类人才方面却显得力不从心，教育内容与市场需求之间存在明显的脱节，主要体现在以下几个方面。

（1）单一技能与知识的传授

传统的教育体系往往注重单一技能或知识的传授，例如，学生可能在学校中学习了计算机编程、机械制造等专业知识，但这些知识是孤立的，缺乏跨领域、跨学科的综合应用，难以和实际生活联系起来。在数字经济时代，制造业需要的不仅仅是掌握某一专业技能的人才，更需要能够将数字技术与制造业深度融合的复合型人才。这就要求教育体系在向学生传授专业知识的同时，更要注重培养学生的跨学科思维和综合实践能力。

（2）课程设置与教学内容滞后

课程设置和教学内容是教育体系的核心。然而，当前许多高校和职业培训机构的课程设置和教学内容滞后于市场发展和技术进步。一些学校仍然沿用几年甚至十几年前的教材和教学方法，导致培养出的人才难以适应快速变化的市场需求。此外，由于缺乏对市场的深入了解和前瞻性研究，教育机构往往难以准确把握未来市场的发展趋势和人才需求变化，进一步加剧了教育内容与市场需求的脱节。

（3）人才供需矛盾

教育内容与市场需求的脱节还导致了人才供需矛盾的加剧。一方面，大量的毕业生找不到合适的工作岗位，因为他们所学的知识和技能无法满足当前企业的实际需求；另一方面，企业又难以招聘到合适的复合型人才来推动数字化转型。这种矛盾不仅浪费了教育资源，也制约了制造业的转型升级和高质量发展。

为了解决这个问题，教育机构需要紧密关注市场动态和技术发展趋势，及时调整课程设置和教学内容，确保教育内容与市场需求同步。同时，还需要加强与企业界的合作与交流，深入了解企业的实际需求和人才标准，以便更有针对性地培养出符合市场需求的高层次人才。

2. 实践环节不足

实践是检验真理的唯一标准，也是培养和提升人才综合能力的关键环节。对于数字技术与制造业复合型人才的培养来说，实践环节尤为重要。然而，在现有的教育体系中，实践环节往往被忽视或流于形式。

（1）缺乏实际操作和实践经验

许多学生在校期间主要接触的是理论知识的学习，缺乏实际操作和实践经验的机会。这使他们在面对实际工作时往往无所适从，难以将所学的理论知识应用到实际工作中去。即使一些学校安排了实验课程或实习机会，但由于设备陈旧、实习时间短暂等，学生往往难以获得充分的实践锻炼和经验积累。

（2）理论与实践脱节

由于实践环节的不足，学生难以将所学的理论知识与实际应用相结合。这使他们缺乏分析和解决问题的能力，难以满足企业的实际需求。同时，由于缺乏实践经验，学生在毕业后往往需要花费大量的时间和精力去适应工作岗位的要求，这不仅增加了企业的培训成本和时间成本，也影响了学生的职业发展和个人成长。

实践环节对于数字技术与制造业复合型人才的培养具有重要意义。首先，通过实践操作和实践经验的积累可以帮助学生更好地理解和掌握理论知识，提高学习效果和人才培养质量；其次，实践环节可以培养学生的实际操作能力和问题解决能力，提高他们的综合素质和竞争力；最后，实践环节还可以为学生提供与企业和行业接触的机会，帮助他们了解市场需求和行业发展趋势，为未来的职业发展打下基础。

为了解决实践环节不足的问题，教育机构需要加强对实践环节的投入。一方面可以增加实验课程、实习实训等实践教学环节的比重，为学生提供更多的实际操作和实践经验的机会；另一方面可以加强与企业和行业的合作，建立实践教学基地和校企合作平台，为学生提供更多的实践锻炼和职业发展机会。同时还可以通过引入行业标准和职业资格认证等方式，提高学生的实践能力和就业竞争力。

3. 师资力量薄弱

师资力量的强弱直接关系到人才培养的质量。在数字技术与制造业复合型人才培养方面师资力量的薄弱主要表现在以下几个方面：

（1）缺乏跨学科背景的教师

培养数字技术与制造业复合型人才需要具有跨学科背景的教师。他们既需要掌握数字技术的相关知识也需要了解制造业的基本原理和工艺流程。然而，当前许多高校和培训机构的教师往往只具备某一方面的专业知识，缺乏跨学科背景，在教授过程中难以将数字技术与制造业进行有效融合，不利于复合型人才的培养。

（2）缺乏实践经验丰富的教师

实践经验丰富的教师能够为学生提供更加贴近实际的教学内容和指导，帮助学生更好地将理论知识应用到实际工作中去。然而当前许多教师往往缺乏实践经验，教学一般只停留在理论层面，难以给予学生有效的实践指导。这使学生在学习过程中难以获得实际操作和实践经验，影响了学习效果和人才培养的质量。

（3）教师培训和激励机制不足

当前许多高校和培训机构在教师培训和激励机制方面存在不足。一方面缺乏对教师的系统培训，使教师的知识和技能难以跟上市场发展和技术进步；另一方面缺乏有效的激励机制，使教师缺乏积极性和动力去不断提升自己的教学水平和能力。这种不足不仅影响了教师的教学效果也制约了复合型人才的培养质量。

为了解决师资力量薄弱的问题，教育机构需要加强对教师的选拔和培训。一方面可以引进具有跨学科背景和丰富实践经验的优秀人才；另一方面可以加强对现有教师的培训，通过参加学术研讨会、企业实践等方式提高他们的教学水平和能力。同时还需要建立完善的激励机制，激发教师的教学热情和创新精神，为复合型人才的培养提供有力保障。

（四）如何改革和完善人才培养和教育体系，适应市场需求和推动制造业数字化转型

为了培养适应市场需求和推动制造业数字化转型的复合型高层次人才，我国需要改革和完善现有的人才培养和教育体系。以下是一些可能的措施。

第一，更新教育内容和教学方法。为了适应数字经济时代的需求，教育内容和教学方法需要不断进行更新和完善。首先，应该加强跨学科、跨领域的知识融合，打破传统学科的界限，开设更多综合性的课程，让学生在学习过程中能够接触到不同领域的知识和技能。其次，应该采用更加灵活多样的教学方法，如案例分析、项目实践、小组讨论等，激发学生的学习兴趣和主动性，培养其创新思维和解决问题的能力。

第二，加强实践教学环节。实践教学是培养和提升学生综合能力的重要途径。为了加强实践教学环节，高校和培训机构应该积极与企业合作，建立实践教学基地，为学生提供更多的实践机会。同时，还可以引入企业导师制度，让学生在实践过程中能够得到专业人士的指导和帮助，为学生解疑答惑。此外，还可以通过开展实习、实训、创新创业等活动，让学生在实践中学习和成长。

第三，提升师资力量。为了提升数字技术与制造业复合型人才培养的质量，高校和培训机构应该加强师资队伍建设。首先，可以引进具备跨学科背景和丰富实践经验的优秀教师，为学生提供更加专业的指导和帮助。其次，可以加强对现有教师的培训和进修，提高其教学水平和专业素养。同时，还可以建立教师激励机制，鼓励教师积极参与教学改革和科研工作，提高其教学积极性和创新能力。

第四，推动产学研合作。产学研合作是培养适应市场需求人才的有效途径之一。通过产学研合作可以促进高校、科研机构和企业之间的资源共享和优势互补，为人才培养提供有力支持。高校和科研机构可以与企业合作开展科研项目让学生在实际项目中学习和掌握数字技术和数据分析方法。同时企业也可以为高校和科研机构提供实践基地和人才需求信息，促进人才培养与市场需求的有效对接。此外政府应该加大对产学研合作的支持力度，推动高校、科研机构和企业之间的深度合作，共同培养适应市场需求的高层次人才。

第五，建立人才评价与反馈机制。为了确保培养出的人才符合市场需求和用人单位的要求，建立有效的人才评价与反馈机制显得至关重要。首先，应该明确评价标准，包括知识、技能、实践经验等多个方面的内容，确保评价结果的客观性和公正性。其次，应该建立多元化的人才评价方式，包括考试、面试、项目评估等，以全面评价人才的综合素质和能力水平。最后，应该建立完善的人才反馈机制及时收集用人单位对人才的评价和建议，并及时根据具体内容对人才培养过程中存在的问题进行改进和优化，确保培养出的人才能够适应市场需求和推动制造业数字化转型。

总之，面对数字经济背景下中国制造业转型升级的挑战改革和完善复合型高层次人才培养与教育体系至关重要。通过更新教育内容和教学方法、加强实践教学环节、提升师资力量、推动产学研合作以及建立人才评价与反馈机制等措施，我国可以逐步建立起适应市场需求和推动制造业数字化转型的人才培养和教育体系，为制造业的转型升级提供强有力的人才保障，进而推动我国经济的持续健康发展。

第五章　数字经济背景下中国制造业转型与升级的优化策略

第一节　数字经济背景下中国制造业转型与升级的思路

一、采用阶梯式推动制造业产业链数字化转型

（一）高起点地区的数字化转型策略——高端数字产业推进

北京、上海、广东等地区代表着中国制造业数字化转型的第一梯队。数字经济在这些地区已领先于传统制造业，为了继续保持这一优势，这些地区的战略重点应该集中在高端数字产业的布局与发展方面。例如，可以通过政府和企业的合作，推动人工智能、大数据、云计算等前沿技术的研发和应用。在此基础上，通过政策激励与资金支持，吸引和培育顶尖人才，打造领先的数字产业集群，促进传统制造业向智能化、高端化转型。

（二）中游阶段地区的数字化升级路径——工业互联网生态构建

包含天津、江苏、浙江等地在内的第二梯队，拥有良好的制造业基础，但数字经济转型尚待加强。针对这一现状，建议政府与企业共同推动工业互联网生态系统的构建。通过升级工业软硬件设施，实施智能化改造，以及优

化网络结构，加强制造业与信息技术的融合，从而提升产业链的整体智能化和网络化水平。同时，应加大对本地区及周边的中小企业数字化改造的支持，助力中小企业快速集成到工业互联网平台，以激发整个生态系统的活力与创新能力。

（三）起步阶段地区的数字化落地战略——数字基础设施充实

针对第三梯队和第四梯队的相关地区如安徽、湖南、甘肃等，它们在数字化建设方面起步较晚，需要从基础做起。政策上，应当优先考虑推进数字基础设施的建设，如网络、数据中心、智能物流系统等。加强这些基础设施的建设和升级，是支撑这些地区产业升级和数字化转型的根基。同时，可以通过设置数字化示范区，吸引社会的投资，聚合资源，实现点面结合，积累转型经验并向周边地区辐射，从而带动提升整个地区的数字化发展水平。

总体而言，这三个层次的策略旨在确保中国制造业的数字化转型与区域经济的均衡发展相协调，推动全国各地区在数字化转型的道路上同步前进，进而提升中国制造业的整体竞争力和可持续发展能力。在这一过程中，政府的引导与支持、人才培养与技术创新的不断深化，以及横向跨区域合作的拓展，均是不可或缺的关键因素。

二、采用雁阵式对制造业产业链空间布局进行合理优化

（一）制造业产业链的数字化升级

数字经济的驱动效应正在重塑制造业的运营模式，它提供了灵活高效的空间布局新方案。应用智能制造、大数据、云计算等技术，可以实现资源的优化配置，提升制造业响应速度和市场适应性。例如，数字技术承载的智能物流系统可有效控制成本、提升流通效率，为制造业产业链的空间布局优化提供坚实基础。东部地区作为制造业的前沿，虽然基础雄厚、创新活跃，却面临成本上升的压力。利用数字经济打造升级版智能制造体系，可以在提升产业链水平的同时，适应成本变化，加速产业链向中西部的合

理流动。

（二）有序产业链转移与接力

东部成熟产业面临转移需求，而中西部具有接纳潜力，因此推行有序的产业链转移战略至关重要。东部可将部分劳动或资源密集型产业向中西部地区转移，而中西部则应当充分利用其成本和政策优势，接纳并升级这些产业，实现区域经济的平衡发展。在这一过程中，可以采取"雁阵模式"，形成有序的产业转移和发展路线图，东部为首发梯队，中部为中继，西部争取更高层次的产业接力。

（三）按原则优化空间布局

实施"雁阵模式"需要遵循发展比较优势产业原则，并保持产业转移模式的创新性。各地域需找准自己的产业优势，实现资源的有效配置和产业高效发展。同时，保持产业转移节奏的合理性，以免产生地区发展不平衡或其他社会问题。数字经济的推动力将在区域差异和比较优势的考量下，"雁阵模式"的施行在优化我国制造业产业链空间布局中发挥着核心作用，有助于全面提升制造业水平，增强供应链韧性，支持中国经济的健康持续发展。

第二节　数字经济背景下中国制造业转型与升级的优化策略

一、打造新一代数字基础设施

（一）新一代数字基础设施概述

1. 新一代数字基础设施的构成

新一代数字基础设施是数字经济时代的关键支柱，它不仅仅是传统基础设施的电子化，而且是通过先进技术，如5G、云计算、大数据、人工智能

（AI）等，构建一个更加智能、互联的网络环境。① 这些技术提供了前所未有的数据处理能力和连接速度，为制造业的数字化转型提供了可能。新一代数字基础设施包括但不限于以下几个方面。①高速网络：构建高带宽、低时延的网络，是数字基础设施的基石。②云计算平台：提供弹性、可扩展的计算资源，支撑大数据分析和存储。③大数据中心：收集、处理和分析大量数据，为决策提供支持。④人工智能：利用 AI 优化生产流程，提高自动化水平和智能化程度。

2. 新一代数字基础设施的特点

第一，高度集成性。新一代数字基础设施的最显著特征之一是其高度集成性。这种集成不仅体现在技术层面，如将云计算、大数据、物联网（IoT）、5G 等技术融合，还体现在应用层面，如将这些技术应用于工业互联网、智慧城市、远程医疗等多个领域。这种集成性使不同的技术和应用能够相互协作，共同构建一个更为高效和智能的系统。

第二，可扩展性与灵活性。新一代数字基础设施的另一显著特征是其出色的可扩展性和灵活性。随着技术的不断进步和应用需求的多样化，这些基础设施能够迅速适应新的变化和挑战。无论是扩大服务范围、增加存储容量，还是调整服务架构以适应新的业务模式，新一代数字基础设施都能提供必要的支持。

第三，智能化与自动化。智能化和自动化是新一代数字基础设施的核心特征。通过利用人工智能、机器学习等技术，这些基础设施能够自主学习和优化运行过程，提高工作效率和减少人为错误的发生。例如，在智能制造领域，通过数据分析和机器学习，可以实现生产过程的自动优化，提升生产效率和产品质量。

第四，安全性与可靠性。在数字经济时代，数据的安全性和系统的可靠性尤为重要。新一代数字基础设施在设计之初就将安全性作为核心要素进行考虑。采用先进的加密技术、身份验证机制和冗余设计，确保数据安全和系

---

① 温曼童. 数字经济赋能传统制造业转型升级路径［J］. 经济研究导刊，2021（36）：32-34.

统稳定运行，即使在面临外部攻击或内部错误时也能保持高度的可靠性。

第五，可持续性与环境友好性。考虑到环境保护和可持续发展的重要性，新一代数字基础设施还强调其环境友好性。这包括使用节能技术、优化资源利用率以及减少电子废物等。通过这些措施，不仅能减少对环境的影响，还能提高整体运营效率。

新一代数字基础设施以其高度集成性、可扩展性与灵活性、智能化与自动化、安全性与可靠性、可持续性与环境友好性等特点，成为支撑数字经济和制造业转型升级的关键力量。这些特点共同构成了新一代数字基础设施的核心价值，对于中国制造业的未来发展具有重要意义。

3. 新一代数字基础设施的功能与优势

（1）促进数据的高效流通

新一代数字基础设施的首要功能是实现数据的高效流通。在数字经济时代，数据被视为新的"石油"，它的流通对经济活动至关重要。通过高速网络、云计算和先进的数据管理系统，这些基础设施能够确保数据快速、安全地在不同系统和组织之间传输，从而支持各种商业活动和服务的高效运行。

（2）支撑智能化决策

新一代数字基础设施通过提供复杂的数据分析工具和机器学习能力，支撑智能化决策。在制造业中，这意味着能够更准确地预测市场趋势、优化生产流程、减少资源浪费，并提高产品质量。通过分析来自市场、供应链和生产线的大量数据，企业能够做出更加明智和迅速的决策。

（3）提高资源的使用效率

通过集成和优化不同的技术和服务，新一代数字基础设施能够显著提高资源的使用效率。例如，云计算允许企业根据实际需要扩展或缩减资源，大数据分析有助于优化能源消耗，物联网技术能够实现设备和资源的精确监控。这些功能共同作用，不仅提高了经济效率，而且有助于实现更为可持续的生产和消费模式。

（4）促进新业务模式的创新

新一代数字基础设施为新业务模式的创新提供了肥沃的土壤。例如，通过云计算和物联网技术，可以实现基于使用量的定价模型，如按使用时间或效果收费的服务。此外，大数据和 AI 的结合可以推动个性化产品和服务的开发，来满足消费者的个性化需求。

（5）增强网络安全和数据保护

在数字经济中，网络安全和数据保护变得尤为重要。新一代数字基础设施通过采用最新的安全技术和协议，为数据和网络交易提供强大的保护。这包括先进的加密技术、多层次的安全防护措施和持续的安全监控，从多方面对企业技术进行保护，确保企业和用户的数据安全不受威胁。

（6）加强跨界合作与生态系统构建

新一代数字基础设施可以促进不同行业和领域之间的跨界合作。通过提供共享的平台和标准，这些基础设施使不同行业的企业能够更容易地进行协作和创新，共同构建更为丰富和多元的数字经济生态系统。

（二）政府角色与政策支持

首先，政府应当在策略层面加强对新一代数字基础设施的规划和指导。这包括制定明确的政策框架，针对数字基础设施如云计算、大数据、物联网、5G 网络等领域的建设提供政策指引和财政支持。例如，制定长远的网络升级计划，提供资金补贴或税收减免等激励措施，以加速基础设施的建设和升级。其次，政府需要在法规和标准制定上发挥重要作用。这意味着要制定与数字基础设施建设、运营相关的法规，确保数据安全、隐私保护及网络安全。同时，政府还需参与制定相关的国际标准，以促进国内外技术的兼容和协同发展。再次，政府应积极推动产学研用的深度融合。这包括支持高校、研究机构与企业之间的合作，鼓励创新研发，以及转化应用。通过财政资助、税收优惠等手段，激励企业加大对新一代数字基础设施相关技术的研究与开发投入，推动产业升级。最后，政府还需重视高层次人才的培养和技能的提升。这涉及教育体系的改革，加强与数字基础设施相关的专业教育，并为其提供职业培训和再教育机会，以培养和吸引高素质人才加入数字化转型中，为数字基础设施的建设和运维提供人才支持。

在数字经济时代背景下，政府在推动中国制造业转型与升级过程中，尤其在打造新一代数字基础设施方面，扮演着至关重要的角色。通过制定合理的政策和规划、法规和标准制定、产学研用的深度融合以及人才培养和技能提升等多方面的努力，政府可以有效地推动制造业的数字化转型，为经济的持续健康发展奠定坚实的基础。

（三）传统基础设施的数字化改造

随着新一代信息技术的飞速发展，传统基础设施正面临着前所未有的挑战和机遇。如铁路、能源和电网等，早已成为现代社会运作的基石。但它们的设计和运作模式多数仍停留在数字化之前的时代，原有的运作模式限制了它们适应新生产和生活方式的能力。因此，应通过数字化和智能化的改造，使这些传统基础设施能够更好地适应新的需求，提升工作效率和功能的应用。数字化不仅仅是将传统操作转换为数字形式，而且要实现全面的转型升级。例如，对铁路系统的数字化改造不仅包括电子票务系统的引入，还涉及智能调度系统的开发，以及利用大数据和物联网技术实现车辆和线路的实时监控。同样，能源和电网系统也需要通过引入智能电网和分布式能源管理系统来提高其响应速度和效率。数字经济作为新经济形态的重要组成部分，对制造业企业的发展起到了重要的推动作用。通过数字化改造，企业能够实现更加精准的市场定位、更高效的资源配置和更快速的响应。例如，制造业企业可以通过数字平台对其生产设备进行实时监控和维护，这不仅提高了生产的安全性和工作效率，也为企业的高质量发展提供了支持。智能化服务体系的建立是传统基础设施数字化改造的另一重要方向。通过应用人工智能技术，我们可以开发智能交通系统、智能物流系统等，从而大大提高服务能力和用户体验。例如，智能交通系统能够通过实时数据分析优化交通流量，减少道路拥堵情况和降低事故发生率，提高整体交通效率。企业的数字化转型是推动整个社会向数字化转型的重要环节。企业可以利用工业互联网和物联网等数字平台，进行内部硬件设施的数字化升级，从而实现生产流程的优化和管理效率的提升。

二、强化数字要素的驱动功能

（一）数字要素的优势

数字要素是一种新型生产要素，如数据资源、信息技术和网络基础设施，是当今经济发展的基石，对制造业转型起到至关重要的作用。它们通过高效的信息处理、存储和分析能力，为制造业企业带来了革命性的变革。数字要素的特点：一是高效性与快速响应能力，使制造业能够快速响应市场变化；二是可扩展性与灵活性，允许企业灵活调整生产规模；三是智能化与自动化，通过人工智能和机器学习等技术推动生产过程的智能化；四是数据驱动的决策，通过大数据分析为企业决策提供数据支撑；五是网络化与协同效应，提高了供应链的效率和韧性。

数字要素的优势体现在多个方面：①它们显著提升生产效率，减少资源浪费；②增强产品创新能力，缩短产品研发周期；③优化供应链管理，降低运营成本；④促进定制化与个性化生产，满足市场需求；⑤提高能源与资源利用效率，符合绿色可持续发展的要求。数字经济的背景下，中国制造业的转型与升级的关键在于深入理解并有效利用数字要素的特点与优势。企业必须深刻把握这些要素的能力，并合理应用以融入数字经济，实现高质量发展。展望未来，中国制造业应继续深化数字技术与传统制造业的融合，推动产业升级，实现经济结构的全面优化，以适应并引领新一轮全球产业变革。

（二）构建数据集成与共享平台

在当前的数字化时代，制造业企业正面临着一个重要的挑战：数据共享和开放程度较低，导致了数据孤岛现象的普遍存在。这不仅阻碍了数据价值的最大化，也限制了企业间的协同与创新，直接影响到企业的未来与发展。针对这一问题，建议构建一个国家级的工业数据集成与共享平台，该平台将集研发、制造、运营、销售等多个环节于一体，旨在破除企业界对数据的传统观念，促进数据的有效利用和价值最大化。

一方面，政府应当发挥关键的领导作用，牵头建设这一工业数据集成与共享平台。政府的参与不仅可以保证平台的公正性和透明性，还能通过增加资金投入，加速平台的建设和优化。实施重点应放在构建一个跨行业、跨环节的平台上，该平台需具备快速的数据传输速度、广泛的覆盖范围和强大的服务能力。这样的平台可以实现数据的互联互通，避免资源的重复建设，为制造业企业的数字化转型提供有力的支撑。另一方面，制造业企业本身也应该积极参与到这一变革中。企业需要破除数据孤岛的现象，主动共享各业务环节中产生的数据。通过参与数据平台的建设和运营，企业不仅可以更好地释放数据的潜在价值，还能通过数据驱动的方式加速技术创新和业务优化。此外，这种共享模式也有利于企业之间形成更加紧密的合作关系，共同推动整个行业的发展。

通过构建一个全面、高效的工业数据集成与共享平台，不仅可以解决当前制造业中普遍存在的数据孤岛问题，还能促进数据的开放和共享，从而实现数据价值的最大化。这不仅是制造业数字化转型的必然选择，也是推动整个行业可持续发展的关键所在。

（三）健全数据标准和安全监管系统

当前，制造业正经历着数据驱动的转型，其中数据不仅作为信息的载体而存在，更是创新和价值创造的关键资源。然而，数据的潜在价值只有在被有效整合和利用时才能得到充分释放。这就要求企业不仅要重视数据的收集和存储，还需要关注数据的标准化和安全性。

首先，数据标准的建立对于数据资产的形成至关重要。当前，许多企业都存在数据孤岛的问题，即数据分散在不同部门或系统中，缺乏有效的互联互通，难以发挥数据最大的效用。这不仅阻碍了数据的整合和分析，也限制了数据价值的进一步挖掘。因此，建立统一的数据标准，实现数据的格式化、标准化是打破数据孤岛、实现数据整合的关键。通过标准化，不同来源和格式的数据可以被统一处理，形成可以跨部门、跨企业甚至跨行业共享的数据资产。其次，随着数据资产的日益增长，数据安全问题逐渐凸显。数据泄露、滥用等风险不断增加，这对企业的数据管理提出了更高的要求。构建多层次的数据安全监管体系，既要解决数据的权属问题，也要制定明确的数据使用规范。这包括对数据访问权限的控制、对数据的加密存储和传输、对数据使用的监控和审计等。通过这些措施的实施，可以有效保障数据的安全性，减少数据泄露和滥用的风险。最后，数据的流通效率也是释放数据价值的重要因素。数据安全监管体系不仅要保障数据的安全，也需要促进数据的有效流通。这意味着在保障数据安全的前提下，应当推动数据的共享和交换，消除数据流通过程中的障碍。例如，可以通过建立数据交易平台，促进数据的买卖和共享，同时确保交易过程中的数据安全和隐私保护问题。

总之，完善的数据标准和数据安全监管体系对于制造业企业释放数据价值具有重要意义。这不仅能促进数据的有效整合和利用，还能确保数据安全，提高数据流通效率。随着技术的不断进步和市场的不断发展，企业应不断优化其数据管理策略，以充分利用数据资产，推动企业的持续发展和创新。

三、明确制造业转型升级的方向

（一）转型升级战略的制定与实施

1. 制定与企业特性相符的战略

在数字经济背景下，中国制造业的转型与升级需紧密围绕企业自身特性来制定战略。企业特性包括但不限于其规模、产品类型、技术能力、市场定位及企业文化。制造业企业应首先进行深入的内部分析，明确自身的核心竞争力和发展瓶颈。例如，大型企业可能更注重技术创新和品牌建设，而中小企业则可能侧重于市场灵活性和定制化服务。通过这种自我分析，企业能够更有效地识别适合自身的转型升级路径。

对于技术驱动型企业，其战略重点应放在加强研发投入和技术创新等方面。这包括利用数字技术优化产品设计、提升生产效率和质量控制。同时，注重智能化、自动化技术的应用，加速企业向智能制造转型。针对市场驱动型企业，重点在于挖掘市场需求，实现快速响应。这类企业应加强市场分析和消费者行为研究，通过数据分析来精准定位产品和服务，同时利用数字化手段提高供应链的响应速度和灵活性。对于资源驱动型企业，战略应侧重于资源优化配置和成本控制。通过数字化手段进行资源规划和管理，提高资源利用效率，同时通过智能化升级减少能源消耗和原材料浪费。

制定符合企业特性的数字化转型目标时，应具体、可量化，且与企业长期发展规划相一致。例如，对于注重技术创新的企业，其目标可能是提高新产品的研发速度和市场占有率。确保战略实施的资源配备。这包括足够的资金支持、技术人才和管理团队。同时，应考虑到企业文化和员工的接受度，确保转型过程中人力资源的有效利用和管理。此外还要持续监控和评估战略实施效果，企业应定期检视战略实施的进展和成效，及时调整战略以应对市场变化和内部挑战。

2. 针对不同类型制造业的战略调整

制造业有多种类型，其中包括传统制造业、高新技术制造业、定制化制造业等，它们在技术基础、市场需求、生产模式等方面有着显著的差异。

对于传统制造业而言，数字化转型的核心在于提高生产效率和产品质量。这需要企业通过引入先进的数字技术，如物联网、大数据分析和云计算等，优化生产流程，实现设备的智能监控和维护。同时，企业应加强对供应链的数字化管理，通过数据分析提高物料采购和库存管理的效率。高新技术制造业应将创新作为其转型升级的核心。这类企业需要加大研发投入，利用数字技术加速产品开发周期，提高研发的灵活性和效率。同时，积极拓展与其他高科技领域的交叉融合，如人工智能、生物科技等，以此带动新产品和新业务模式的创造。对于定制化制造业来说，关键在于如何快速、准确地响应市场的个性化需求。这要求企业利用数字化手段，如客户关系管理（CRM）系统、产品生命周期管理系统，来捕捉和分析客户需求。同时，应用灵活的制造系统和自动化技术，以提高生产的灵活性和定制化能力。此外，在全球范围内加强环保意识的背景下，制造业的绿色转型也变得至关重要。这类企业需要通过数字化手段优化能源管理，减少废弃物的产生和排放，实现生产过程的环境友好化。同时，探索循环经济模式，通过回收和再利用原材料来减少对自然资源的依赖。

3. 强化数字技术在企业转型中的应用

第一，智能化生产系统的构建。制造业企业应积极引入智能化生产系统，如智能制造、自动化装备、机器人技术等，以提高生产效率和灵活性。这些系统通过实时数据收集和分析，能够优化生产流程、降低能耗和成本，同时也能够提高产品质量和生产安全性。

第二，大数据与云计算的应用。通过大数据分析，企业能够更深入地理解市场需求、客户偏好以及生产流程中的各种动态。云计算平台的应用使这些数据分析变得更加高效和经济，同时为企业提供弹性的计算资源，支持企业快速响应市场变化。

第三，供应链管理的数字化转型。在数字技术的支持下，制造业企业的供应链管理可以变得更加透明和高效。通过应用物联网技术进行实时追踪和监控，使企业能够及时了解物料流动情况，预防供应链中断风险，同时提高库存管理的精准度。

第四，客户关系和服务的数字化。利用数字技术，制造业企业可以更好地与客户进行互动和沟通。例如，通过社交媒体、移动应用等平台收集客户的反馈信息，企业能够更快速地响应市场变化，针对不同需求开展定制化产品和服务，从而提升客户满意度和品牌忠诚度。

第五，研发创新的数字驱动。数字技术可以显著加速产品研发过程。通过虚拟仿真、CAD/CAM 系统等工具，企业能够在产品设计和测试阶段节省大量时间和资源。此外，数字技术还可以帮助企业探索新材料、新工艺，从而推动创新的发展。

第六，数字化培训和人才发展。在数字技术不断演进的今天，企业员工的持续教育和培训同样重要。利用在线学习平台、虚拟现实和增强现实等技术，帮助员工快速掌握新技能，适应数字化转型的需求。

4. 提升企业核心竞争力与市场适应性

首先，提升技术创新能力是加强企业核心竞争力的基石。制造业企业应加大研发投入，不断探索和采纳新技术，特别是在数字化、智能化方面的创新。这包括但不限于自动化设备的应用、智能制造系统的建立，以及新材料和新工艺的开发。通过持续的技术创新，企业不仅能提高生产效率和产品质量，还能开发出新的产品和服务，以适应市场的多样化需求。其次，加强品牌建设和制定市场营销策略对于提升企业的核心竞争力也至关重要。在数字化时代，企业的品牌形象和市场传播策略需要与时俱进。这意味着利用数字媒体和社交平台加强与消费者的互动和沟通，同时通过精准营销和大数据分析来更好地理解市场趋势和消费者行为。强大的品牌影响力和有效的市场策略能够帮助企业在竞争中脱颖而出，增强其市场适应性。再次，优化企业管理和运营模式也是提升竞争力的关键。在数字经济时代，企业需要更加灵活高效的管理机制来应对快速变化的市场环境。这包括推行精益管理、改善供应链管理、提高资源配置效率等。通过优化内部管理，企业能够降低运营成本，提高响应市场变化的速度和效率。最后，持续的人才发展和培训是保持企业竞争力的长期策略。在技术迅速发展的今天，企业需要不断培养和吸引具有数字技能的人才。这包括对现有员工进行数字技术培训，以及吸引那些擅长数字化管理和创新的新人才，为企业创造更大的效益，促进企业的发展和繁荣。

（二）数字化转型的示范与推广

1. 建设数字化转型示范场景

第一，确定示范项目的选取标准。示范场景应选取具有代表性和影响力的项目，这些项目应能够展现数字化转型的全方位效应，包括生产效率的提升、成本的降低、产品质量的提高，以及市场响应速度的加快。同时，这些示范项目应具有一定的创新性和前瞻性，能够反映行业未来发展的趋势。

第二，强调实际应用与理论结合。在建设示范场景时，不仅要注重技术的先进性和实用性，还要确保这些技术能够与企业的实际生产和运营紧密结合。这意味着示范场景应充分考虑到企业的特定需求和现有条件，确保技术应用的有效性和可持续性。同时，通过案例研究、数据分析等方法，提炼出可供其他企业学习和借鉴的理论和模型。

第三，注重多方参与和合作。建设数字化转型示范场景需要政府、行业协会、企业以及科研机构等多方的共同参与和支持。政府可以提供政策支持和资金扶持，行业协会可以协助推广和分享经验，企业则是实际应用的主体，而科研机构可以提供技术支持和理论指导。这种跨部门、跨行业的合作有助于形成一个综合性的生态系统，促进知识和经验的共享。

第四，重视示范效应的评估和反馈。建立完善的评估机制来监测示范场景的效果至关重要。这包括对技术应用效果、经济效益、环境影响等多个方面的定期评估。通过对示范项目的持续跟踪和评估，可以及时发现问题并进行调整，同时也能够从中积累宝贵的经验和教训，为未来项目的开展提供参考。此外，积极收集行业内外的反馈，可以不断优化示范场景，提高其示范效应和推广价值。

2. 推广成功的数字化转型案例

（1）精心选择具有代表性的案例

成功的数字化转型案例应具有较高的代表性和影响力。选择时应考虑案例的行业背景、企业规模、转型难度以及创新程度。优选的案例应涵盖不同行业、不同规模的企业，以及各种不同的技术应用，从而确保它们能够广泛地反映数字化转型的多样性和复杂性。

（2）深入分析案例的成功要素

对每个成功案例进行深入分析，识别其成功的关键因素。这可能包括先进的技术应用、高效的管理流程、创新的商业模式、企业文化的支持等。通过对这些成功要素的剖析，可以为其他企业提供具体的转型路径和策略。

（3）制作和发布详细的案例研究报告

为了使案例更加具有说服力和参考价值，应制作详细的案例研究报告。这些报告应包括企业的背景信息、转型前后的对比分析、实施过程中的挑战和解决方案，以及转型为企业所带来的具体成效。报告应采用容易理解的语言和清晰的图表来进行展示，以便不同背景的读者都能够轻松理解。

（4）广泛传播和分享案例

利用多种渠道和方式来传播这些成功案例。可以通过行业协会的会议、专业论坛、社交媒体、行业杂志等渠道进行。同时，可以组织研讨会和工作坊，邀请案例中的企业分享他们的经验和教训。此外，与高等院校和研究机构的合作，也能够帮助将这些案例转化为更系统的学术研究和教学材料。

通过这样一系列的活动，成功的数字化转型案例能够被有效地推广和共享，从而为中国制造业的其他企业提供宝贵的参考和指导。这不仅有助于提升整个行业的数字化水平，还能够激发更多企业进行创新和尝试，共同推动中国制造业在数字经济时代的转型升级。

3. 培育数字化人才与标杆企业

一方面，培育数字化人才是推动制造业转型升级的基础。在当前的数字化时代，人才是推动技术创新和应用的关键因素。制造业企业需要拥有能够理解并运用数字技术（如数据分析、人工智能、物联网等）的专业人才，以便在生产、管理、研发等各个环节实现数字化升级。因此，企业应与教育机构通力合作，参与制定相关的教育和培训课程，确保培养出符合未来需求的人才。同时，企业还应建立内部培训体系，不断提升现有员工的数字化技能，以适应快速变化的技术环境。此外，对于优秀的数字化人才，企业应提供有吸引力的职业发展路径和工作环境，以留住关键人才。

另一方面，打造标杆企业是推广和示范数字化转型成功经验的重要手段。标杆企业作为数字化转型的佼佼者，其成功经验和实践模式对于同行业或相似规模的其他企业具有重要的参考价值。这些企业通常在数字化战略的制定、技术创新的应用，以及企业文化的转变等方面有着先进的实践和成熟的经验。通过组织研讨会、案例发布、企业参观等活动，可以有效地将这些标杆企业的经验传播给更广泛的制造业参与者。此外，政府和行业协会可以通过政策支持、资金扶持和荣誉认定等方式，鼓励和表彰那些在数字化转型方面取得显著成绩的标杆企业，从而激发更多企业的转型热情和创新活力。

培育数字化人才和打造标杆企业是中国制造业在数字经济时代转型升级的双轮驱动。通过系统性的人才培养战略和对标杆企业的培育与推广，不仅能够提升整个行业的数字化水平，还能够促进行业内知识和经验的共享，加快制造业的整体转型和升级进程。

4. 政府与企业的协同作用

首先，政府在制定和执行有利于制造业数字化转型的政策方面扮演着关键角色，这包括为企业提供税收优惠、财政补贴、研发资金支持等激励措施，以降低企业在数字化过程中的成本和风险。[1] 同时，政府还需制定相应的行业标准和规范，确保数字化转型过程中的数据安全、知识产权保护以及合理竞争。此外，政府还可以通过设立专项基金、创新中心等方式，支持企业在关键技术领域的研究和应用。其次，企业在政府政策的引导和支持下，需要主动拥抱数字化转型。这要求企业不仅要提升自身的技术水平和创新能力，还需调整经营战略，以更好地适应数字经济的要求。企业应积极参与到政府组织的各类数字化项目和试点中，以此来加速自身的转型步伐。同时，企业还需加强与行业内外的合作，共享资源，开展联合研发，从而在更大的范围内推动技术创新和应用。再次，政府与企业间的协同还体现在人才培养方面。政府可以通过支持高等院校和职业培训机构的建设，为企业提供所需的优秀数字化人才。同时，企业应与教育机构紧密合作，参与课程设计，提供实习和就业机会，确保人才培养的实用性和针对性。此外，政府还可以通过组织各类技能大赛、创新挑战赛等活动，激发企业员工的创新精神和技术热情。最后，政府与企业在推广数字化转型成功案例和经验分享方面也需要密切合作。政府可以通过建立平台、组织论坛和展会等方式，帮助企业分享自身的成功经验，同时吸收其他企业的先进做法。这种信息的共享和经验的交流有助于形成良好的行业氛围，鼓励更多企业参与到数字化转型中来。

（三）促进制造业企业的数字化升级

1. 加速数字化转型的步伐

一方面，企业自身需要主动适应并拥抱数字化变革。这意味着企业应投入必要的资源来升级其技术基础设施，如引入先进的制造设备、采用大数据

---

[1] 殷维. 数字经济下制造业高质量发展的路径与建议 [J]. 商场现代化，2021（22）：124-126.

分析、云计算、人工智能等技术来优化生产流程和提高运营效率。同时，企业还需要重视研发投入，不断开发和应用新技术，以保持产品和服务的竞争力。在组织结构和企业文化方面，企业也需进行适当调整，建立更加灵活和响应迅速的管理体系，以适应快速变化的市场环境。此外，企业还应加强对员工的数字技能培训，确保团队成员能够高效利用新技术。

另一方面，政府的支持和引导同样至关重要。政府可以通过制定有利政策，比如提供税收优惠、资金补助等支持，降低企业的转型成本和风险。同时，政府还应推动制造业相关的教育和培训项目，以解决数字化转型中的人才短缺问题。此外，政府还可以通过建立行业标准和监管框架，促进形成健康的市场环境，保护知识产权，确保转型过程中的公平竞争。通过这些措施，政府可以为企业提供一个稳定且有利的外部环境，促进其数字化转型。

此外，加速数字化转型的步伐还需要行业内部的协作与共享。鼓励企业间进行资源共享，减少重复投资，加快技术创新和应用，实现共赢发展。同时，行业内部的信息共享和经验交流也至关重要，它可以帮助企业了解最新的行业趋势和技术发展，从而做出更加有效的战略决策。

实际上，国际合作也是加速数字化转型步伐的一个重要方面。通过与国外先进企业的合作，中国的制造业企业可以引进其先进的技术和管理经验，加快自身的学习和改进过程。同时，通过参与国际标准的制定，中国制造业可以更好地融入全球市场，提升自身的国际竞争力。

2. 克服转型过程中的困难与挑战

第一，技术挑战是数字化转型的主要障碍之一。许多企业在引入和应用新技术，如大数据、云计算、人工智能等方面面临诸多困难。这些技术的应用不仅需要大量的资金投入，还需要相关的技术知识和专业技能。为了克服这一挑战，企业应寻求与技术供应商的合作，通过外部专业力量的引入来缩短技术落地的时间。同时，企业还需要加大对内部员工技能培训的投入，提升团队的整体技术水平。

第二，文化和组织挑战也是数字化转型过程中不可忽视的因素。数字化转型不仅是技术的变革，更是企业文化和管理模式的根本改变。传统的企业文化和组织结构可能会阻碍新技术的接受和应用。因此，企业需要通过重塑企业文化、优化管理流程，改进员工激励机制等措施，来建立更加灵活和开放的组织环境，从而支持数字化转型。

第三，数据安全和隐私保护是数字化转型中不可忽视的关键问题。随着大量数据的收集、存储和分析，企业面临着越来越严峻的数据安全挑战。企业需要建立健全的数据安全管理体系，采取有效的技术手段来保护数据安全，同时遵守相关的数据保护法规，确保客户信息的隐私不被泄露。

第四，合作伙伴和生态系统的构建对于数字化转型的成功至关重要。单一企业很难独立完成所有转型任务，因此需要构建包括供应商、客户、研究机构等在内的合作伙伴网络。通过这种合作，企业不仅可以共享资源、降低风险，还可以在更大的范围内推动创新和技术应用。此外，政府和行业协会在构建良好的行业生态系统方面也发挥着重要作用，他们可以通过政策引导和平台搭建，促进行业内部的信息交流和资源共享。

3. 提高生产效率与质量

首先，数字化技术的应用是提高生产效率的关键。通过引入自动化和智能化的生产设备，如机器人、智能传感器和高级控制系统等，企业可以显著提高生产线的自动化程度，减少人力成本和出错率。此外，采用先进的生产计划和调度系统，如 ERP（企业资源规划）和 MES（制造执行系统），可以优化生产流程，减少生产周期，确保更高效的资源利用。

其次，数据驱动的决策支持系统对于提升产品质量至关重要。通过实施大数据分析和机器学习算法，企业能够从大量生产数据中提取有价值的洞察，用于优化产品设计、提升生产工艺和改进质量控制流程。例如，通过对产品缺陷数据的分析，企业可以准确地识别质量问题的根源，并快速采取措施以预防未来的缺陷。

再次，持续的过程创新对于提升企业的生产效率和产品质量同样重要。这要求企业不断探索新的生产方法和工艺技术，以适应市场的变化和新材料的应用。企业应鼓励创新文化，促进员工的创意思维，同时与科研机构和高等教育机构合作，以获取最新的科技成果和技术支持。

最后，质量管理体系的建立和完善是确保产品质量的基础。企业需要制定严格的质量控制标准和流程，同时通过数字化手段进行监控和管理。例如，通过实施实时质量监测系统和自动检测设备，企业可以及时发现并解决生产过程中的质量问题，从而确保产品质量的一致性和可靠性。

4. 增强企业在全球市场的竞争力

第一，企业需要持续创新和提升产品与服务的附加值。在全球市场上，创新是一个企业获得竞争优势的关键。这不仅包括产品的技术创新，也涉及服务模式、商业模式的创新。通过研发投入、采用先进技术以及优化产品设计，企业可以提供更具吸引力的产品和服务，以满足市场的不同需求。此外，企业还应关注消费者的变化和趋势，通过市场研究和数据分析，不断调整和优化产品线和服务，以更好地满足全球客户的需求。

第二，加强品牌建设和国际营销策略是增强全球竞争力的重要手段。品牌不仅是质量和信誉的象征，也是企业文化和价值观的传达。企业需要通过有效的品牌战略，提升品牌知名度和影响力。这包括通过数字营销、社交媒体推广以及参与国际展会等方式，提高品牌的国际可见度。同时，企业应了解和适应不同地区的市场规则和消费习惯，制定差异化的市场进入策略。

第三，积极参与国际合作和全球供应链的构建对于提升全球竞争力同样至关重要。通过与国际合作伙伴建立战略联盟，企业不仅可以共享资源，还能相互学习，共同发展。此外，融入全球供应链体系，不仅可以提升企业在国际市场上的地位，还可以通过学习先进的供应链管理经验来提高自身的运营效率和响应速度。

第四，企业需要不断提升自身的跨文化管理能力和拓宽国际视野。在全球化的市场环境中，理解和尊重不同文化的重要性不容忽视。企业应培养具有国际视野的管理团队，加强跨文化交流和协作能力的培训，以便更好地与全球客户和合作伙伴进行沟通和合作。同时，企业也应关注国际市场的政策和法规变化，以及时调整自身的市场策略。

四、推动供需动态匹配的力度

(一) 构建数字化生产及运营平台

1. 统一企业内部的数字化生产平台

首先，统一的数字化生产平台可以实现企业内部信息流的高效整合。在传统制造业中，不同部门之间的信息孤岛现象普遍存在，这导致信息传递效率低下，决策延迟。而数字化生产平台通过集成 ERP、MES、SCM 等系统，能够实现数据的无缝流通和共享，从而支持更加快速和准确的决策制定。其次，这种平台有助于实现生产过程的实时监控和优化。通过引入物联网技术，企业可以对生产线上的各种设备进行实时监测和分析，及时发现和解决生产中的问题。同时，借助大数据分析和人工智能技术，企业能够根据历史数据和市场趋势预测生产需求，优化生产计划和资源配置，减少浪费。再次，数字化生产平台还能够促进产品质量的提升。通过集成质量管理系统（QMS），平台能够持续跟踪产品质量，实时收集和分析质量相关数据，帮助企业及时调整生产工艺，确保产品质量符合标准。从次，通过平台的追溯系统，企业能够在必要时迅速追踪到具体的生产批次和工序，有效管理产品召回和品质问题。最后，构建的数字化生产平台还应具备灵活性和扩展性。随着企业规模的扩大和市场需求的变化，平台应能够灵活适应新的生产工艺和管理需求。同时，考虑到未来技术的发展，平台的设计应具备良好的兼容性和扩展性，以便于未来进行升级和改造。

2. 协调各部门的生产信息流

在中国制造业的数字化转型中，协调各部门的生产信息流是确保整个组织高效运行的关键环节。有效的信息流协调能够极大地提升企业的响应速度和市场适应性，进而优化供需匹配。

第一，建立集中的数据管理系统是实现有效信息流协调的基础。这一系统应集成来自企业各个部门的数据，包括但不限于采购、生产、销售、财务和人力资源等。通过集中管理，企业能够确保数据的一致性和准确性，消除信息孤岛，促进不同部门之间的信息共享和协作。这种集中的数据管理方式也为上层管理提供了全面且实时的视图，有助于企业更好地做出战略决策。

第二，实施高效的内部通信和协作工具是加强部门间协调的关键。随着数字化技术的发展，各类企业级通信和协作平台能够帮助团队成员即时沟通，高效协作。例如，利用即时消息、视频会议和项目管理软件，可以极大地提高跨部门团队协作的效率，确保信息及时传达和反馈。

第三，推行流程自动化和智能化是优化生产信息流的重要手段。通过自动化工具和系统，如智能工作流程和机器学习算法，企业可以自动处理日常的数据录入和报告生成等任务，减少人为错误，提高工作效率。此外，智能化系统还可以根据历史数据和市场动态，自动调整生产计划和物料需求，确保供应链的灵活性和响应速度。

第四，培养数据驱动的企业文化是长远协调生产信息流的关键。企业需要在全员范围内推广数据意识，鼓励员工利用数据进行决策，这意味着不仅是数据分析师或 IT 专家，每个员工都应具备基本的数据理解能力，能够在日常工作中应用数据驱动的思维。[1] 通过这种文化的培养，企业能够更好地利用数据洞察，实现跨部门的协调和优化。

3. 实现精益生产与运营效率的提升

一方面，数字化技术的引入对于实现精益生产至关重要。通过集成先进的自动化和智能化设备，如机器人、传感器和 AI 算法等，企业能够实现生产过程的实时监控和智能调整。这不仅提升了生产效率，还降低了资源浪费，推动企业实现效益最大化。例如，利用物联网技术实时监控设备状态和生产流程，可以及时发现和解决故障，减少停机时间。同时，通过大数据分析预测市场需求变化，企业可以及时调整生产计划，减少库存积压。

另一方面，精益管理的实施对于提升运营效率同样关键。精益生产的核心在于消除浪费、优化流程和提升客户价值。在数字化平台的支持下，企业能够更加精准地识别和消除生产中的各种浪费，如过度生产、等待时间和不

---

① 吴爽. 数字经济和制造业高质量融合发展的对策研究——基于杭州的实践分析 [J]. 中共杭州市委党校学报，2021 (06)：88-96.

必要的运输等。通过持续的流程优化和改进，企业可以提高生产灵活性，快速响应市场变化。数字化工具还能帮助企业更好地进行供应链管理和客户关系管理，从而提高整体运营效率。

此外，员工的培训和参与对于精益生产和运营效率的提升同样重要。企业需要通过培训提升员工对数字化工具的使用能力，同时培养他们的精益思维和问题解决技能。鼓励员工参与到持续改进的过程中，通过他们的实际经验和反馈，不断优化生产流程和运营模式。企业还需要建立有效的绩效评估体系，以持续跟踪精益生产和运营效率的提升情况。通过设定明确的绩效指标，如生产周期时间、产品合格率和客户满意度等，企业可以定期评估改进措施的效果，及时调整策略。这种基于数据的绩效评估不仅可以帮助企业量化改进成果，还能够激励员工持续参与改进活动。

4. 线上线下业务的无缝对接与动态连接

首先，从技术层面来看，实现线上线下业务的无缝对接需要强大的 IT 基础设施和集成的软件系统作为支撑。这包括但不限于云计算平台、大数据处理系统、CRM 和 ERP 系统。通过这些技术的整合，企业能够实现数据的实时共享和流程的自动化，确保线上订单、库存管理、生产调度和物流配送等环节的高效运作。例如，线上订单系统与生产控制系统的直接连接可以大幅缩短从订单接收到生产启动的时间，提高响应速度。其次，从战略和流程层面来看，线上线下业务的融合要求企业进行内部流程的重构。这意味着企业需要打破传统的部门壁垒，建立跨部门的协作机制，以确保信息流和业务流的畅通。同时，企业还需要调整其市场策略，以适应数字化和网络化的商业环境，确保线上线下业务策略的一致性和互补性。再次，从文化层面来看，实现线上线下业务的有效融合还需要企业建立一种新的组织文化。这种文化鼓励创新、强调敏捷和灵活性，支持跨部门和跨职能的协作。企业需要通过培训和内部沟通，提升员工对数字化转型的认识和参与度，确保他们能够适应新的工作方式和流程。最后，考虑到客户体验的重要性，线上线下业务的无缝对接还需要重视客户交互和服务体验的统一。无论是线上还是线下，企业都应提供一致的品牌形象和服务标准，确保客户在不同渠道中获得相同质量的体验和服务。通过 CRM 系统等工具的应用，企业可以更好地理解和满足客户的需求，提升客户满意度和忠诚度。

（二）创新产品体验

1. 及时响应市场需求变化

一方面，对市场趋势的敏锐洞察是及时响应市场需求变化的前提。在快速变化的市场环境中，企业需要通过多种渠道收集市场信息，包括消费者反馈、竞争对手动态、行业趋势报告等。利用大数据分析和人工智能技术，企业可以从这些数据中提取有价值的洞察，预测市场需求的变化趋势。例如，通过社交媒体分析可以捕捉到消费者的偏好变化，通过竞品分析可以了解竞争对手的动向。这些信息对于企业制定或调整产品策略至关重要。

另一方面，基于市场洞察的快速灵活的产品开发和迭代能力是响应市场变化的核心。在当前的市场环境中，消费者对产品的需求越来越多样化和个性化，这要求企业能够快速推出新产品或对现有产品进行迭代。为此，企业需要建立灵活的产品开发流程，缩短从设计到生产的时间。采用敏捷开发方法和跨功能团队协作可以加速产品从概念到市场的过程。同时，利用数字化工具，如 CAD/CAM 软件和快速原型技术，可以缩短产品设计和测试的周期。

此外，企业还应积极采用定制化和个性化的生产策略来满足不同消费者的需求。通过灵活的生产系统和先进的制造技术，如 3D 打印和智能制造等，企业能够在不增加过多成本的前提下，提供多样化的产品选项。这种定制化的能力不仅可以提升消费者满意度，还可以作为企业竞争优势的重要来源。

及时响应市场需求的变化还需要企业在内部建立有效的沟通和协调机制。这包括销售团队与产品开发团队之间的紧密合作，确保市场的最新需求能够迅速传达给产品设计和生产部门。通过这种跨部门的协作，企业可以确保在市场需求发生变化时快速反应，保持产品和服务的竞争力。

2. 创新产品设计和用户体验

在数字经济背景下，中国制造业的转型升级不仅要关注生产效率和市场需求的快速响应，也必须重视创新产品设计和用户体验的提升。这对于增强企业产品的市场吸引力和构建品牌竞争优势具有重要意义。

创新产品设计要求企业在保持产品功能性的同时，注入更多的创意和科技元素。在设计阶段，企业应深入研究目标市场的需求趋势和消费者偏好，结合最新的科技发展，如物联网、人工智能、可持续材料等，设计出既符合市场需求又具有创新特点的产品。例如，智能家居产品的设计不仅要考虑其实用性，还要考虑如何通过智能化增加用户的便利性和舒适度。用户体验的提升不仅仅局限于产品本身，还包括整个客户购买和使用过程中的体验。这要求企业优化客户接触点，如销售渠道、客户服务和售后支持等，确保客户在每个环节都能获得满意的体验。例如，通过线上平台提供定制化服务，让客户在购买前能够体验到个性化的设计和选择。同时，利用大数据和客户反馈，不断改进产品，并提供及时有效的售后服务。此外，企业还应通过数字化手段增强用户体验。这包括使用虚拟现实、增强现实技术为客户提供沉浸式的产品体验，或通过数据分析进行个性化推荐和优化用户体验。利用这些先进技术，企业不仅可以提供更加生动和直观的产品展示，还能更好地理解和预测用户需求，为用户提供更加贴心的服务。持续的创新和改进是保持产品设计和用户体验优势的关键。企业应建立起持续创新的机制，鼓励员工提出新想法，同时与外部设计师、科研机构和用户紧密合作，不断获取新的灵感和反馈。通过定期的产品更新和迭代，企业能够持续提供符合市场趋势和用户需求的新产品，保持品牌的活力和吸引力。

3. 增强产品使用价值

首先，增强产品使用价值需要企业在设计阶段就深入理解和预测用户需求。这意味着产品设计不仅要考虑功能性和技术性能，还要关注用户的实际使用场景和体验需求。为此，企业需要进行市场调研，收集用户反馈，了解用户的痛点和期望。基于这些信息，企业可以设计出更加符合用户需求的产品，如更便捷的操作界面、更贴合用户习惯的交互方式或更具吸引力的外观设计。其次，产品的智能化和个性化是提升使用价值的重要途径。随着物联网、人工智能等技术的发展，智能化产品越来越受到市场欢迎。这些智能化技术能够使产品更加智能和便捷，如通过用户行为学习来自动调整设置，或通过远程控制来提高用户的使用便利性。此外，个性化定制也越来越成为一种趋势，让用户能够根据自己的喜好和需求定制产品，增加产品的吸引力和满意度。再次，持续的技术创新和升级也是保持产品使用价值的关键。在快速变化的市场环境中，企业需要不断地对产品进行技术升级和功能优化，以适应新的市场需求和技术变革。这包括定期发布产品更新，加入新功能或改进现有功能，以及运用最新技术来提升产品的性能和可靠性等。最后，加强与用户的持续互动和反馈机制，对于提升产品使用价值同样至关重要。企业应通过多渠道与用户保持联系，收集用户的使用反馈和建议。通过这种持续的互动，企业不仅能够及时了解用户对产品的满意度和改进意见，还能够加强用户对品牌的忠诚度和口碑传播。

（三）推动数字化转型与智能化升级

1. 引进先进的数字技术手段

首先，云计算和大数据技术的应用是制造业数字化转型的基础。云计算提供了强大且灵活的数据处理能力，使企业能够高效处理大量的生产和市场数据。结合大数据分析，企业可以从海量数据中提取有价值的洞察，指导生产决策和市场策略。例如，通过分析消费者行为数据，企业能够更准确地预测市场趋势，调整生产计划以满足市场需求。其次，人工智能和机器学习的引入是提升制造业智能化水平的关键。AI 技术能够在复杂的生产环境中实现高效的决策支持，优化生产流程，提高质量控制的准确性。机器学习算法可以通过分析历史生产数据，不断优化生产参数，减少能源消耗和材料浪费。再次，物联网技术的应用使设备和生产线的智能化管理成为可能。通过装备传感器和连接网络，企业可以实时监控设备状态、环境变化和生产进度，及时调整生产策略，提升运营效率。此外，物联网还有助于实现远程诊断和维护，减少设备故障率和维护成本。最后，数字孪生技术的应用为制造业带来了革命性的变化。通过创建产品或生产线的虚拟副本，企业可以在数字空间中模拟、测试和优化生产过程。这不仅可以大幅度降低实物测试的成本和风险，还能加速产品开发周期，提升设计创新能力。

2. 改造基于劳动力和资本的生产方式

第一，引入自动化生产线和机器人技术是改造传统生产方式的关键步骤。通过自动化技术，可以显著提高生产效率，降低人力成本，同时减少人为错误事件的发生，提升产品的一致性和质量。例如，应用机器视觉系统和智能机器人可以实现精确快速的组装和检测，对于精密制造和大规模生产尤其重要。

第二，实施智能化生产管理系统，如企业资源规划和制造执行系统，是优化资源配置和生产流程的重要措施。这些系统可以整合企业的关键业务流程，如供应链管理、库存控制、订单处理和财务管理等，实现信息的实时共享和流程的自动化，从而提高企业运营效率和增强适应市场变化的能力。

第三，数字化和智能化的生产方式还需要企业对员工进行相应的技能培训和再教育。随着生产方式的变化，员工需要掌握新的技能，如操作自动化设备、数据分析和维护智能系统等。企业应通过内部培训或与教育机构合作，提升员工的技能水平，以适应新的生产环境。

第四，构建基于数据驱动的决策系统是实现智能化生产的重要环节。通过收集和分析生产数据，企业可以更准确地预测市场需求，优化生产计划，减少库存积压。同时，数据分析还可以用于监测设备性能，预测维护需求，减少意外停机时间。

3. 应用数字技术于采购、市场分析、设计、加工等环节

在中国制造业的数字化转型与智能化升级过程中，将数字技术应用于采购、市场分析、设计、加工等环节是实现整体优化和提升企业竞争力的重要策略。这种应用不仅提高了生产效率和准确性，还为企业带来了新的业务模式和增长机会。

首先，数字化技术在采购环节的应用可以显著提升采购效率和降低成本。通过采用电子采购系统（e-Procurement），企业可以实现采购过程的自动化和数字化，从而减少手工操作的错误和时间延迟等事件。同时，利用大数据分析可以优化供应链管理，预测原材料需求，选择最优供应商，降低库存成本。

其次，在市场分析环节，数字技术的应用帮助企业更准确地把握市场动态和消费者需求。通过分析社交媒体、在线销售数据、消费者行为等信息，

企业可以获得即时的市场反馈，及时调整营销策略和产品规划。此外，通过利用人工智能算法进行市场预测和趋势分析，企业可以在竞争激烈的市场中抢占先机。

再次，数字技术在产品设计和开发环节的应用，为企业带来了创新的可能。利用计算机辅助设计（CAD）和三维建模软件，设计师可以在数字环境中快速迭代产品设计，提高设计效率，降低物理原型的制造成本。同时，通过数字孪生技术，企业可以在虚拟环境中测试和验证产品设计，加快产品开发周期。

最后，在加工生产环节，应用数字技术如数控机床（CNC）、自动化装配线和机器人技术，可以提高生产效率，保证产品质量的一致性和精准性。此外，利用物联网技术实现设备的智能监控和维护，可以降低故障率，延长设备寿命，大大节省维护成本。

4. 构建新业态、新模式，向智能化、数字化转型

一方面，制造业的数字化转型需要构建新的业态。这意味着企业应超越传统的制造业模式，探索如智能制造、定制化生产、服务型制造等新业态。智能制造依托于先进的信息技术和自动化技术，实现生产过程的自动化、智能化和网络化，提高生产效率和产品质量。定制化生产则利用数字化手段快速响应消费者个性化需求，实现小批量、多样化的生产。服务型制造则是将传统制造业与服务业相结合，通过提供全方位的解决方案和增值服务，提升产品附加值和市场竞争力。

另一方面，推动向数字化模式的转型，意味着企业需要在其运营和管理中深度融合数字技术。这包括利用大数据、云计算等技术进行市场分析、客户关系管理和供应链优化，以及通过平台化策略将不同的资源和能力整合起来，提供更为灵活和高效的服务。例如，制造业企业可以构建在线订购平台，实现与客户的直接交互，或者通过数字化平台与供应商、合作伙伴进行紧密合作，优化资源配置和流程管理。

同时，数字化转型还要求企业创新其商业模式。这包括从产品销售转向提供综合解决方案、从一次性交易转向基于订阅的服务模式，或者通过数据驱动的洞察开发新的收入来源。例如，制造业企业可以通过收集和分析产品

使用数据，为客户提供预测性维护服务，从而开拓新的收益模式。实现智能化、数字化转型的成功，要求企业不仅在技术上进行投资，还需要在组织文化和员工技能上进行相应的调整。培养一支既懂得技术又具备创新思维的员工队伍，以及建立一个支持创新、鼓励试错的企业文化，以上举措对于企业数字化转型的成功至关重要。

五、发挥产学研协同创新能力

（一）建立高效的知识管理平台

1. 促进产业、学校、科研机构间的沟通与合作

第一，建立此类平台首先需要打破传统界限，促进跨领域的知识流动和资源共享。这可以通过建立联合研发中心、创新实验室或技术转移办公室来实现。这些机构或平台能够作为不同领域专家交流思想、分享研究成果、协同解决问题的桥梁。例如，企业可以与高校合作，共同开发新材料或新工艺，或者与科研机构合作，共同研发先进的制造技术等。

第二，促进产学研合作的有效途径之一是通过行业联盟或协会来整合资源。通过这些组织，可以更方便地开展行业内外的技术交流会、研讨会和研究项目，从而促进知识的交流和技术的传播。同时，行业联盟还可以作为政策倡议和标准制定的平台，引导和推动整个行业的协同发展。

第三，数字技术在促进产学研协同创新中也发挥着至关重要的作用。利用云计算、大数据分析等数字工具，可以有效地管理知识资源，提高研究数据的可访问性和可用性。例如，通过建立在线数据库和协作平台，研究人员可以远程访问实验数据，共享研究成果，促进跨区域、跨机构的协作。

第四，建立产学研协同创新体系还需要注重人才培养和流动机制的构建。企业与高校和研究机构的合作不仅限于技术层面，还包括人才培养和交流。例如，企业可以设立奖学金支持高校学生的研究项目，或提供实习机会让学生了解实际的工作环境。同样，高校和研究机构的研究人员也可以定期到企业进行交流，了解产业的最新需求和发展趋势。

2. 提高知识资源共享与信息透明度

一是建立统一且开放的数字化知识管理平台是提高知识共享的关键。这样的管理平台可以集中存储来自企业、学校、科研机构的研究成果、专利信息、技术文档等，便于各方检索和访问。通过实现这种集中化和数字化的知识资源管理，可以减少信息孤岛现象的发生，提高研发效率，加速知识的传播与应用。二是推动标准化和信息透明度的提升对于知识资源共享同样重要。这包括制定统一的数据标准和共享协议，确保不同机构和平台之间的数据兼容性和互操作性。同时，建立透明的知识共享机制，如明确的知识产权归属和使用规则，可以增加各方参与共享的意愿，降低知识转移和协作过程中的法律与商业风险。三是利用先进的信息技术如区块链，可以进一步增强知识共享的安全性和可靠性。区块链技术的应用能够确保知识资源的来源和交易的透明性与不可篡改性，增强知识共享平台的信任度。这对于保护知识产权、防止重要技术泄露尤为关键。四是建立跨领域协作机制也是提高知识共享效率的重要途径。通过组织跨行业工作组、研讨会、展览会等活动，可以促进不同领域之间的交流与合作，发掘跨领域创新的可能性。这种跨界协作不仅有助于拓宽思维视野，还能为解决复杂的技术难题提供多元化的思路和方案。

3. 解决信息不对称问题，提升匹配度和信任度

一方面，构建高效的信息共享平台是解决信息不对称的关键。这种平台应能整合来自企业、学校、科研机构的数据和信息，提供统一的访问界面和搜索功能。利用云计算和大数据技术，平台能够处理和分析大量数据，挖掘潜在的合作机会和创新点。例如，可以通过文本挖掘和语义分析技术，识别不同研究项目之间的相关性，推荐可能的合作伙伴。

另一方面，确保信息质量和透明度是提升信任度的必要条件。这要求平台上的信息来源可靠、更新及时，并且明确信息的来源和使用范围。建立严格的信息审核机制和知识产权保护措施，可以增加用户对平台信息的信赖度。同时，透明的信息共享政策和规则也有助于消除参与者之间的疑虑，促进更开放的交流和合作。

此外，加强用户培训和引导也是提升信息匹配度和信任度的重要环节。

用户需要了解如何有效地利用平台资源，包括搜索技巧、数据分析方法和协作工具的使用。举办定期的培训研讨会和在线教程，可以帮助用户更好地利用平台的功能，提高协同工作的效率。建立反馈和评价机制对于持续优化信息共享平台也至关重要。通过收集用户的反馈和建议，平台管理员可以不断改进平台的功能和用户体验。此外，设立评价体系，允许用户对信息质量和合作过程进行评价，可以提供宝贵的改进建议，同时也增加了平台的互动性和动态性。

4. 为产学研合作提供广泛的信息和资源

首先，构建这样的平台需要整合来自工业、教育和科研机构的多元化资源。这包括但不限于学术研究成果、行业报告、市场分析、技术趋势和专利数据库等。这种整合不仅提高了资源利用效率，还为企业提供了宝贵的市场和技术洞察，帮助他们在竞争激烈的市场中做出更加精准的决策。

其次，平台应该具备强大的数据处理和分析能力。通过应用人工智能、大数据分析等先进技术，平台能够从海量数据中提取有用信息，识别潜在的创新机会和技术发展趋势。例如，利用机器学习算法分析科研文献和专利，可以发现新的研究方向和技术联结点，为企业提供创新灵感。

再次，鼓励跨领域的协作和信息交流也是此类平台的一个重要功能。通过组织在线研讨会、工作坊和网络研究团队，平台可以搭建学术界、工业界和科研机构之间沟通的桥梁。这种跨界合作不仅能促进知识和经验的交流，还能产生新的思维碰撞和创新合作。

最后，平台还应提供一系列工具和服务，支持产学研项目的实施和管理。这包括项目管理工具、在线协作平台、知识产权管理咨询等。通过这些工具和服务，合作伙伴可以更加高效地管理项目进度，保护知识产权，促进创新成果的转化。

（二）优化产学研协同创新流程

1. 建立各类数据库和数据处理系统

（1）建立综合性的行业数据库

这种数据库应收集和整理涉及特定行业的各种数据，包括市场趋势、消费者行为、竞争环境、技术进展等。对于制造业而言，这样的数据库可以帮助企业洞察市场动态，预测未来趋势，并据此调整其产品开发和市场策略。例如，汽车制造业的数据库可能包含从原材料价格到消费者偏好的变化等多种信息。

（2）开发专门的科研数据库和数据处理系统

这些系统旨在收集科研成果、实验数据、论文出版物等信息。通过对这些数据的深度分析，企业和研究人员可以获得有关新材料、新工艺和新技术的最新进展，促进创新想法的产生。例如，通过分析关于新型电池材料的研究数据，可以加快电动汽车领域的技术创新。

（3）构建企业内部的数据管理系统

这个系统应当能够有效地整合企业内部的各种数据，包括生产数据、销售数据、供应链信息等。通过高效管理这些数据，企业可以优化其运营流程，提升生产效率和市场响应速度。例如，使用高级数据分析工具可以帮助企业预测生产需求，减少库存成本。

（4）实施跨领域的数据集成和分析

在产学研协同创新的背景下，跨领域数据的集成尤为重要。这要求建立一个能够兼容和整合来自不同领域和不同格式数据的系统。通过这种跨领域的数据集成，可以促进不同领域之间的知识融合和创新协作。例如，结合工程技术和市场营销的数据可以帮助企业开发出更符合市场需求的新产品。

2. 整合知识资源，提高资源配置效率

第一，建立多源知识整合机制。这意味着汇集来自不同领域和不同来源的知识资源，包括学术研究成果、行业报告、市场分析、专利信息和技术文档。例如，通过建立一个综合性的在线平台，可以实现学术论文、专利数据库和行业分析报告的整合，为研究人员和企业提供一站式的知识资源访问。

第二，实施高效的数据管理和分析策略。在大数据时代，对海量数据进行有效管理和分析是提高资源配置效率的关键。应用先进的数据分析技术，如机器学习和数据挖掘，可以从复杂的数据集中识别模式、预测趋势和提取关键洞察，从而指导科研决策和技术创新。

第三，推动跨界知识融合。在产学研协同创新过程中，不同领域间知识的结合能够催生新的创新思路和解决方案。例如，将计算机科学与材料科学相结合，可以在新材料的开发过程中引入计算模型和算法，加速材料的研发和测试过程。

第四，优化资源共享机制。这包括建立共享的实验设施、研发平台和共享实验室，以及实施开放式创新策略。通过共享高成本的设备和实验室，可以减少重复投资，提高研发效率。同时，开放式创新策略鼓励跨组织之间的知识交流和协作，加速创新成果的应用和商业化。

第五，强化知识产权管理和技术转移机制。在知识资源的整合过程中，确保知识产权的合理使用和保护是非常重要的。这不仅涉及制定明确的知识产权政策和使用规则，还包括建立有效的技术转移和商业化渠道，确保创新成果能够得到有效的保护和合理的应用。

3. 推动知识创新成果的高效转化

一方面，加强创新成果在实际应用中的转化是推动知识创新成效的重要方面。这需要制造业企业与学术界及科研机构之间建立更紧密的合作关系。通过设立联合研发中心或创新实验室，可以将最新的科研成果快速转化为实际的生产技术和产品。例如，企业可以与大学合作，将在实验室阶段的新材料或新工艺快速应用于生产线，从而提升产品性能和生产效率。

另一方面，促进知识成果的商业化是实现创新成果高效转化的另一个关键环节。这要求企业不仅要关注技术的研发，还需要重视市场导向和商业模式的创新。通过建立企业孵化器或技术转移办公室，可以有效地将科研成果转化为市场上的创新产品或服务。同时，加强与投资者、孵化器、创业公司的联系，可以为创新成果的商业化提供资金支持和市场渠道。

此外，提升知识产权管理和保护机制对于创新成果的转化也至关重要。良好的知识产权保护不仅可以激励研发人员和企业进行更多的创新活动，还能保护创新成果不被侵犯，确保企业和研究人员从中获得合理的回报。因此，建立和完善知识产权管理体系，加强知识产权的申请、保护和维权工作，是推动知识创新成果高效转化的关键环节。加强对创新成果转化过程的监测和评估也非常重要。这可以通过建立评价指标体系和反馈机制来实现。通过对创新项目的跟踪评估，企业和研究机构可以及时了解创新成果转化的进展和效果，及时调整创新策略和方向，不断提高创新成果转化的效率和效果。

4. 强化三方主体间的协调发展与合作

（1）建立有效的沟通渠道和协作平台

对于三方主体而言，沟通是合作的基础。通过建立线上交流平台、定期举办研讨会和工作坊，可以促进不同主体间的意见交流和信息共享。例如，线上平台可以定期发布行业动态、科研进展和市场需求分析，为三方提供实时的信息支撑，实现资源共享。

（2）创新合作模式

随着数字技术的发展，传统的合作模式可能不再适应新的挑战和需求。因此，需要探索更灵活、更高效的合作模式，如共享研发中心、联合实验室、产学研联合培训计划等，以更好地利用各方资源和优势，实现资源共享。

（3）促进资源共享和优化配置

三方主体应通过共享研发设施、实验数据和市场分析报告等方式，实现资源的优化配置。例如，通过建立共享数据库，企业可以访问高校和科研机构的最新研究成果，而学术界和科研机构也可以了解行业的最新需求和挑战。

（4）共同制定长期的合作发展战略

产业、学校和科研机构需要共同探讨和规划长期的合作目标和路径，确保合作项目与各方的长期发展战略相一致。这包括共同参与国家或地区的科技发展规划、联合申请政府研发项目等，以确保合作的连续性和深入性。

（三）提升产学研协同创新成果的转化率

1. 加强高学历人才与市场需求的对接

首先，明确市场需求是高学历人才培养和使用的前提。制造业企业需要深入分析市场趋势、技术发展方向和未来技能需求，与高等教育机构和科研院所共同确定人才培养的重点领域和专业方向。例如，对于智能制造和数字化管理等领域的专业人才需求量大，因此应优先考虑这些方向的人才培养和引进。其次，加强产学研之间的沟通与协作，以保证人才培养与市场需求的紧密对接。高等教育机构和科研院所应通过与企业的紧密合作，了解行业最新的技术要求和技能需求，进而调整课程设置和研究方向。同时，企业也应参与到人才培养过程中，为其提供实习、培训机会，帮助学生更好地理解实际工作环境和技术应用。再次，建立灵活多样的人才引进和培养机制。除了传统的招聘和培训方式，企业还可以通过设立奖学金、资助科研项目、参与联合培养博士生等方式，吸引和培养符合未来发展需求的高学历人才。此外，鼓励人才流动，如行业内部的交流派遣、学术界与产业界之间的人才流动，也是促进人才与市场需求对接的有效途径。最后，强化人才培养与使用的评估机制。通过定期评估人才培养质量和人才在实际工作中的表现，可以及时发现培养过程中的问题和不足，调整人才培养计划和人力资源策略。同时，这种评估还可以为其他企业和教育机构提供宝贵的经验和参考。

2. 提高科研成果的实用性和持续性

（1）加强科研项目与实际应用之间的联系

为了提高科研成果的实用性，必须确保研究方向和项目与行业需求紧密相连。这需要企业、高校和研究机构在项目启动之初就进行深入的需求分析和市场调研，确保研究项目能够解决实际问题或满足市场需求。例如，对于新材料的研发项目，应考虑其在制造业中的应用前景和技术可行性。

（2）强化科研成果的技术转移和商业化过程

提高科研成果的实用性还需要有效的技术转移机制，将研究成果转化为商业产品或提供解决方案。这包括建立技术转移办公室、搭建产学研合作平台，以及与行业合作伙伴共同开发应用场景等。同时，还需对商业化过程中的知识产权进行管理和保护，确保研究成果得到合理应用。

（3）提升研究成果的适应性和更新能力

为了保证科研成果的持续性，研究项目应当考虑长远发展，包括技术的可持续发展和未来的升级路径。例如，在进行产品设计和系统开发时，应考虑到未来技术的兼容性和可升级性，使科研成果能够适应技术的快速发展和市场的变化。

（4）加强对科研成果应用效果的监测和评估

持续跟踪科研成果的应用情况，评估其在实际生产和市场中的表现，可以为未来的研究方向和项目调整提供重要参考。同时，定期的成效评估也有助于发现问题、总结经验、不断优化和改进，确保科研成果能够持续产生积极效益。

3. 搭建创新成果转化效率的评估机制

首先，建立量化的评估标准是评估创新成果转化效率的基础。这包括定义明确的性能指标、市场反馈指标和经济效益指标。例如，可以通过量化分析产品在市场上的表现、用户反馈和经济回报，来评估某项技术创新的市场适应性和商业价值。

其次，实施定期的评估和反馈机制。这意味着不仅在创新项目完成后进行评估，而且在整个创新过程中都需要定期回顾和评估。采用这样的机制可以及时发现问题，调整策略，确保创新项目始终朝着既定目标前进。例如，通过分析半年或年度的评估报告，可以监控创新项目的进展，及时调整资源分配和研发方向。

再次，引入第三方评估机构或专家。这可以提供更加客观和全面的评估。第三方机构或行业专家可以基于他们的专业知识和市场经验，提供关于创新成果商业化潜力和技术可行性的独立意见。例如，邀请行业内的专家进行定期审查，可以帮助企业和研究机构更准确地评估其创新成果的市场前景。

最后，将评估结果与未来的创新战略相结合。评估不应仅仅是一次性的活动，而应成为制定未来创新战略的重要依据。通过分析评估结果，企业和研究机构可以了解自身在创新过程中的优势和不足，从而更有效地规划未来的研发方向和资源投入。

4. 推进数字化优化升级的实际应用

第一，明确数字化升级在企业运营中的具体应用场景。这需要企业基于自身的生产特点和市场定位，是识别数字化升级能够带来最大效益的关键环节。例如，对于一些重工业企业而言，数字化可能主要用于提高生产线的自动化水平和优化供应链管理；而对于生产消费品的企业，数字化的重点可能在于客户关系管理和市场分析。

第二，采取逐步推进的策略，避免在数字化转型过程中产生突然的中断或冲击。实际操作中，企业可以先从较小的项目开始，逐渐扩展到更复杂的系统。这种逐步推进的策略可以帮助企业在实际操作中积累经验，同时降低潜在的风险。

第三，加强员工的数字技能培训和意识提升。数字化转型不仅仅是技术层面的升级，更是一种组织文化和工作方式的转变。因此，提高员工的数字技能和认知水平是确保数字化优化升级成功的关键。这包括对员工进行定期的技能培训、数字工具的使用教学，以及对数字化转型重要性的宣导。

第四，建立有效的数据分析和决策支持系统。数字化优化升级的一个重要方面是通过数据驱动的方式来指导企业的运营决策。这需要企业建立高效的数据收集、处理和分析体系，确保决策过程中能够依据准确和实时的数据来进行。

第五，持续监测和评估数字化优化升级的效果。这不仅包括技术层面的性能评估，更包括对业务效益的综合考量。通过定期的效果评估，企业可以及时了解数字化升级的成果，以便于调整和优化后续的数字化战略。

六、建立数字治理保障机制

（一）构建完善的数字安全管理体系

1. 加强消费者信息安全保护

（1）制定严格的消费者数据收集和处理政策

企业在收集和使用消费者数据时，需要遵循透明原则和最小必要性原则。这意味着企业应明确告知消费者数据的收集目的、范围和使用方式，并且只收集实现该目的所必需的最少数据。例如，对于在线购物平台来说，只需收集完成交易所必需的消费者信息，而无须收集与购物无关的额外信息。

（2）加强数据存储和传输的安全性

这包括使用加密技术来保护数据在存储和传输过程中不被非法访问或篡改。同时，企业还需定期进行数据安全审计，确保采取的技术和措施能够有效抵御最新的网络安全威胁。例如，部署先进的防火墙和入侵检测系统，以防止外部攻击。

（3）建立数据泄露应急响应机制

在数据泄露事件发生时，企业应有明确的应急计划，包括立即采取措施停止数据泄露、通知受影响的消费者、调查事件原因并采取补救措施等。例如，一旦发现数据泄露，企业应立即启动应急预案，尽快控制损害并公开透明地向公众通报情况。

（4）加强消费者对数据安全的认识和教育

企业应通过各种渠道，如官方网站、社交媒体和用户协议，向消费者宣传数据安全的重要性，并教育他们如何保护自己的信息安全。例如，通过用户手册和在线教程，教育消费者设置强密码、警惕网络钓鱼等基本的网络安全知识，以防止个人信息泄露。

2. 监控信息的采集、处理、分析过程

第一，确立严格的数据采集标准和规范。企业应制定明确的数据采集政策，包括确定哪些数据可以被收集、收集数据的具体目的以及数据收集的方法。这些政策必须遵守相关的数据保护法律和行业标准，以保证数据采集过程的合法性和道德性。

第二，实施数据处理过程的透明化。透明化要求企业在数据处理过程中要向利益相关者公开其数据处理的方式和目的。这可以通过数据处理政策的公示、用户协议或数据处理报告的形式实现。透明化的做法不仅增加了企业的可信度，而且有助于消费者和监管机构对企业的数据处理活动进行监督，共同保护消费者的合法权益。

第三，加强数据分析的合规性检查。随着大数据和人工智能技术的应用，数据分析变得越来越复杂。企业需要确保其数据分析活动不违反任何隐私保护和数据安全的法律法规，特别是在涉及敏感数据（如个人身份信息、健康记录等）的处理时。

第四，建立数据安全监控和预警系统。这一系统的建立旨在实时监控数据处理活动，及时发现并有效应对任何异常情况或潜在的数据泄露风险。此外，预警系统可以在数据安全受到威胁时，立即通知相关管理人员，采取必要的应急措施。

第五，定期对数据管理体系进行审计和评估。为保持数据处理过程的适当性和有效性，企业应定期邀请外部审计机构对其数据管理体系进行全面的审计。这样的评估有助于识别和改进数据管理中的不足，确保企业的数据管理体系能够适应快速变化的技术和市场环境。

3. 确保信息授权的合理性与安全性

首先，建立和实施明确的信息授权政策。这意味着企业需要制定清晰、透明的规则来规定如何、何时以及为何目的收集和使用消费者的数据。信息授权政策应当明确，消费者需要对企业使用其数据表示明确的同意，特别是在处理敏感信息（如个人身份、健康数据等）时。此外，这一政策应该容易让人理解，方便消费者访问和查阅。

其次，加强对用户授权行为的管理和监督。这包括确保用户在授权数据使用时充分了解其决定的含义，以及确保用户可以轻松地撤销其授权。企业需要提供清晰、便捷的界面和流程，使用户能够轻松管理其个人数据的使用权限，例如，通过用户账户设置中的隐私控制选项，可以使用户对个人信息进行保护。

再次，实施定期的合规性审查和风险评估。随着法律法规和市场环境的变化，企业应定期检查其信息授权政策和实践是否符合当前的合规要求。同时，对信息授权流程进行风险评估，以识别潜在的安全漏洞或不当授权的风险，并采取相应的补救措施。

最后，加强与消费者的沟通和教育。企业应通过各种渠道，如在线帮助中心、客户服务和社交媒体，向消费者普及关于数据安全和隐私保护的知识。通过提高消费者对数据使用权益的认识，帮助他们做出更明智的决策，以促进整个数字生态的健康发展。

（二）制定与执行信息数据安全法规

1. 构建法律框架以保障数字信息安全

（1）制定全面而具体的数据安全法规

中国应继续完善其数字信息安全的法律体系，确保法规能够涵盖数据收集、存储、处理、传输和销毁的各个环节。此外，法规应明确规定数据处理者的责任和义务，包括数据泄露时的通报责任、对用户数据访问和修改的限制，以及对违反规定行为的处罚措施。

（2）加强对新兴技术的法律监管

随着技术的快速发展，新兴技术如大数据、人工智能、物联网等带来了新的安全挑战。因此，应对法律框架不断更新，以加强对这些新技术应用中可能出现的数据安全风险的监管。例如，对于基于人工智能的数据处理和分析，法规应确保其不侵犯个人隐私，不产生歧视性结果。

（3）建立健全的监督和执行机制

法律的制定仅是保障数字信息安全的第一步，更重要的是有效执行。这需要政府相关部门建立强有力的监督体系，包括专业的数据安全监管机构和专门的执法团队。通过定期的审计、检查和监督，确保所有企业和机构都严格遵守数据安全法规。

（4）鼓励公众参与和社会监督

除了政府监管，公众的参与和社会监督同样重要。政府应通过提高公众对数据安全重要性的认识，鼓励公众参与到数据安全保护中来。例如，通过公开透明的信息发布机制，让公众能够了解数据安全法规的内容，以及如何在发现数据安全问题时进行举报。

2. 通过法律约束提升数字信息安全标准

首先，制定具体、操作性强的数字信息安全标准是基础。这些标准应覆盖数据的整个生命周期，包括数据的收集、存储、使用、传输和销毁等各个阶段。例如，针对不同类型的数据（如个人数据、金融数据等），应有不同的安全标准，确保对敏感数据施加更高级别的保护。此外，这些标准应明确数据处理者在数据安全方面的责任，如加密保护、访问控制、数据泄露时的应急响应等。

其次，加强对数字信息安全法规的执行力度。法律规定的制定只是第一步，关键在于执行和监督。政府部门应加大监管力度，定期对企业的数据处理活动进行审查和评估，确保工作的正常运行。此外，还应建立严格的违法惩罚机制，对违反数据安全法规的企业或个人施加足够的处罚，以起到警示和遏制作用。

再次，促进公众对数字信息安全的意识提升。公众对于个人数据的保护意识是数字信息安全的重要组成部分。政府和企业应通过教育和宣传活动，提高公众对于个人数据保护的认识，包括如何安全地管理个人信息、如何识别和应对数据泄露等风险。

最后，加强国际合作和标准对接。在全球化背景下，数据流动不再局限于国内，因此与国际安全标准的对接显得尤为重要。中国应积极参与国际数字信息安全标准的制定，与其他国家和地区共享最佳实践，同时在国内推广国际认可的安全标准，以提升国内企业在全球市场的竞争力。

3. 为制造业数字化升级提供法律保障

第一，明确制定针对制造业数字化特点的法律法规。这些法律法规应针对制造业在数字化升级过程中可能遇到的各种法律问题，如知识产权保护、网络安全、数据隐私保护、跨境数据流动等，提供清晰的指导和规范。例如，制定专门的数据保护条款，确保制造业在收集和使用消费者数据时的合法性和安全性。

第二，加强对数字化制造业的监管和指导。政府部门应建立健全的监督体系，包括定期进行行业评估、监督企业的数据使用和网络安全状况，以及为企业提供数字化转型的指导和帮助。这不仅能确保行业遵守相关法律法规，还能帮助企业及时了解和适应最新的法律政策变化。

第三，建立有效的纠纷解决机制。随着数字化转型的深入，制造业可能会面临各种新型的法律纠纷。因此，建立一个快速、高效的纠纷解决机制对于制造业的发展至关重要，这包括在线仲裁系统、专业的争议解决团队等，以确保及时解决与数字化相关的法律问题。

第四，鼓励公私部门进行合作，共同制定和完善法律规范。政府应与私营部门、学术机构以及行业协会合作，共同探讨和制定适应数字化时代的法律框架。这样的合作可以确保法律规范既符合国家政策，又能满足行业的实际需求。

4. 强化数字经济与制造业的法律合规性

首先，制定符合数字经济特征的制造业法律规定。这需要对传统法律框架进行审视和调整，以包含数字技术的发展和应用。例如，法律应覆盖云计算、大数据分析、人工智能在制造过程中的应用，确保这些技术的使用不会侵犯知识产权，不会损害消费者的数据隐私权，同时保证产品和服务的质量安全。

其次，加强数字经济与制造业间的合规性教育和培训。企业领导和员工需要对相关的法律法规有足够的了解，这包括数据保护、知识产权、网络安全等方面。通过定期的培训和教育，可以增强员工的法律意识，减少因无知而造成的法律风险。

再次，建立有效的合规性监督机制。企业应内设合规部门或聘请专业的合规顾问，监督企业运营中的各项活动，确保遵守国家法律法规及国际标准。这包括定期进行内部审计，检查数据处理、产品设计和市场营销等活动是否符合法律要求。

最后，积极参与国际合规性标准的制定和对接。随着全球经济一体化，国际合规性标准对于进入国际市场的中国制造业企业至关重要。企业应积极参与相关国际组织的活动，了解和影响国际合规性标准的制定，同时及时调整自身的运营策略，以适应国际市场的要求。

（三）健全数字政府治理体系

1. 加强对数字化制造产品的监管

（1）建立全面的数字化制造产品质量标准

制定一系列针对数字化制造产品的质量标准和测试程序是监管的首要步骤。这些标准应覆盖产品的设计、生产、测试、销售和售后各个阶段，确保所有产品都符合最高的质量要求。例如，对于利用 3D 打印技术制造的产品，应制定特定的材料和性能标准。

（2）强化市场监督和产品追踪体系

监管部门应通过实施严格的市场监督措施，确保所有在市场上销售的数字化制造产品都符合规定标准。这包括定期的市场抽查、产品质量审查以及对违规企业的处罚。同时，建立产品追踪系统，确保产品来源的可追溯性，从而在发生质量问题时能快速定位并采取措施。

（3）加强对新兴技术的监管

随着数字技术的不断发展，新兴技术如人工智能、物联网在制造业中的应用日益广泛。监管部门需不断更新和完善对这些新技术的监管政策和指南，确保技术应用的安全性和合规性。例如，对使用人工智能算法的产品进行额外的安全和性能评估，保证生产的正常运行。

（4）鼓励企业自我监管和质量保证体系的建立

除了政府的监管，企业自我监管也非常重要。鼓励企业建立和完善内部质量控制体系，如 ISO 质量管理体系，从而在生产过程中自行发现并纠正问题。同时，通过开展外部认证和审核工作，进一步增强企业产品的市场信誉。

2. 制定智能产品安全评估流程

第一，建立全面的安全评估标准。智能产品安全评估的首要步骤是制定一套全面的安全标准和指南。这些标准应涵盖智能产品的整个生命周期，从设计、开发、测试到生产、销售和售后服务。例如，在设计阶段，需要评估产品的数据收集和处理方式是否符合数据保护法规；在生产阶段，需要确保产品的物理和网络安全；在销售和售后服务阶段，需要对消费者的隐私保护和数据安全进行持续监控。

第二，实施跨学科的评估团队。安全评估不应仅限于技术层面，而应该是一个跨学科的过程。评估团队应包括工程师、数据科学家、法律专家、用户体验设计师等，确保从多个角度对智能产品的安全性进行全面评估。这样可以确保在产品的设计和开发阶段就考虑到了所有可能的安全问题，以避免其他安全问题的发生。

第三，建立动态的评估和监控机制。智能产品的安全评估是一个持续的过程，不应该仅在产品开发阶段进行。随着产品的不断更新和技术的发展，需要定期对其重新评估。

3. 完善智能产品相关法律法规

在数字经济时代，随着智能产品迅速渗透到日常生活的各个领域，完善智能产品相关的法律法规显得尤为重要。这不仅保障了消费者的权益，也为制造业的健康发展提供了法律框架。

首先，定义智能产品的法律地位和分类。智能产品的多样性和复杂性要求法律明确界定什么构成智能产品，包括其功能、操作方式、数据处理能力等。此外，根据产品特性和应用领域进行分类，例如家用智能设备、工业智能机器人等，有助于针对不同类别制定具体的法规要求。

其次，制定智能产品的安全标准和合规要求。智能产品需遵循严格的安全标准，包括但不限于物理安全、网络安全和数据保护等。例如，对于集成了人工智能的产品，应明确要求其算法透明、可解释，以及如何处理和保护用户数据。同时，确保制造商和供应商遵守这些标准，定期进行合规性评估。

再次，确保智能产品的责任和赔偿清晰明确。法律需明确在智能产品引发的事故或损害中，制造商、供应商和用户的责任范围。例如，在产品设计缺陷导致的伤害案件中，制造商应承担相应的法律责任。同时，设立专门机构处理与智能产品相关的消费者投诉和纠纷。

最后，不断更新和适应技术发展的法规体系。由于智能产品技术日新月异，法律法规也需要不断更新以适应新的技术发展。这包括对新兴技术如人工智能、物联网的监管政策，以及对新型智能产品的快速响应机制。同时，鼓励企业进行跨国合作，与国际标准接轨，促进智能产品的全球贸易和技术交流。

总而言之，完善智能产品相关的法律法规是保护消费者、促进产业健康发展以及推动国家数字经济战略的关键。通过明确智能产品的分类、设立严格的安全标准、确保责任和赔偿清晰，以及不断更新法规以适应技术发展，可以构建一个更安全、更高效、更有利于创新的智能产品法律环境。

第三节　数字经济背景下中国制造业转型与升级的未来展望

一、构建数字生态共同体

数字化产业集聚需要一个能够实现数据共享的平台增加其黏性；数字基础设施在与数字技术的相互依存过程中需要一个高度敏捷的数字平台来适应数字经济的快速迭代。而这些功效都可以通过"数字生态共同体"实现，这个共同体应该建立在数字基础设施平台之上，向制造企业、科研团队、信息化厂商、科研院所、AI 创业公司开放。基于这一平台可以更好地解决数字经济发展中遇到的瓶颈，实现制造业升级。对应的策略主要有以下几点：

（一）促进数据标准制定与共享

在当今这个数字化飞速发展的时代，制造业作为经济发展的关键领域，正面临着从传统生产模式向自动化、智慧化和数字化方向的重大转型。为了使这一转型更加高效和顺畅，建立规范的大数据标准变得尤为重要。这不仅有助于不同企业和行业间的数据顺利交流，还确保数字化技术在制造业中得到有效应用。

制造业的数字化转型是一个复杂的过程，涉及自动化、智慧化和数字化等多个方面。转型过程中产生的海量数据，如果没有统一的标准，将难以在不同企业和行业之间进行有效交流。因此，建立大数据标准对于促进这些数据的交流和利用具有重要意义。首先，在制定这些数据标准时，需要全面考虑并鼓励各制造企业及相关行业组织参与。这是因为不同的企业和行业在生产过程、技术应用等方面存在差异，只有充分考虑和吸纳这些差异，才能制定出既具普遍性又具针对性的标准。其次，为了确保这些数据标准的适用性和有效性，构建一套完整的制造业数据标准体系和相应的检测系统是必不可少的。这些标准和系统不仅能够帮助企业更好地理解数字化转型，还能够及时发现和纠正标准实施过程中的问题。再次，建立健全的社会数据收集、交易和存储制度对于确保数据应用的规范性和安全性同样重要。这包括数据的隐私保护、版权问题以及数据交易的规范化管理等方面。最后，加大公共数据的开放程度对于促进数据资源的合理应用和整个社会的数字化发展具有重要作用。通过公共数据的开放，不仅可以促进创新和效率的提升，还有助于形成更加健康和有序的数据生态环境。

以汽车制造行业为例，如果能够建立统一的数据标准，那么不同汽车厂商之间的零部件设计和生产过程数据就能够实现无缝对接，这将极大提高生产效率和产品兼容性。例如，发动机制造商 A 和车身制造商 B 使用相同的数据标准，那么他们在设计和生产过程中所收集和分析的数据能够更加准确和高效地共享和应用，从而减少设计和生产中的误差，提高整车的装配效率和质量。制造业在数字化转型的过程中，建立规范的大数据标准不仅有助于提高制造效率和产品质量，还对促进不同企业和行业间的数据交流和协作具有重要意义。这需要各企业、行业组织以及政府部门共同努力，通过制定合理的标准和制度，确保数字化技术在制造业中的有效应用。

（二）加强数据安全与知识产权保护

目前，数据安全和知识产权保护已成为维护企业核心竞争力的关键。有效的数据安全保护需要从数据的传输和交换等过程开始，结合数据治理和内容识别进行全方位保护。这种保护不仅涉及技术层面，还包括管理、法律和组织文化等多个方面。

在数据治理层面，保护措施应覆盖网络终端、平台和数据存储等各个环节。这意味着企业需要建立一套完整的数据管理架构，明确数据的所有权和使用权，这对于防止数据被非法使用或泄露至关重要。例如，对于数据的存储、访问和传输，应实施严格的权限管理和监控机制。同时，采用定期检查和不定时抽查相结合的监管方式，可以有效预防数据安全隐患的发生。在此基础上，加大对数据安全问题的处罚力度，以法律手段保障数据安全，对于遏制数据泄露和滥用现象具有重要作用。例如，企业可以定期对生产工作进行数据安全审计，检查是否有未授权的数据访问或异常的数据传输行为。此外，企业还可以不定时进行抽查，以确保员工遵守数据保护政策，从而构建起一套有效的数据治理机制。

在内容识别层面，特别是对于制造业企业而言，加强对企业数据及用户信息的保护尤为重要。制造业企业应根据其产品设计和业务需求定制数据保护方案，特别是在处理涉及企业核心技术和客户信息的数据时，需要采取更为严格的安全措施。这包括开发特定的数据加密和访问控制策略，确保企业核心信息的安全性。比如，制造业企业可以根据其产品设计的敏感性，对相关数据实施高级加密，同时限制访问权限，只允许授权人员访问关键数据。此外，企业还应针对客户信息采取额外的保护措施，如实施强化的身份验证和访问监控，保护客户隐私和企业利益。

总体而言，加强数据安全与知识产权保护是一个系统工程，它要求企业从技术、管理和法律等多个层面进行综合考量和部署。通过建立有效的数据治理体系和内容识别机制，可以大幅提升企业数据的安全性和知识产权的保护水平，从而在激烈的市场竞争中占据有利地位。

（三）建设大数据资源分析与应用平台

在数据驱动逐渐成为主流的当下，建设大数据资源分析与应用平台成为促进制造业数字化转型的关键举措。通过加速建设这样的平台，不仅能够提升数据资源的高效应用，还能够显著加强制造业企业在信息化建设的规模和深度。随着数字技术的日益成熟，这一平台可以实现大规模数据的集成、分析与应用，从而为企业提供更加精准和实时的决策支持。这种大数据平台的建设，依托先进的数字技术，不仅限于数据的收集和存储，更重要的是它能够为制造业企业提供智能化、系统化的研发和生产方案。这意味着制造业企业可以通过平台，实现对生产流程的全面数字化监控和管理，进而提高生产效率并降低成本。同时，依托于大数据平台的强大分析能力，企业能够及时调整生产策略，应对市场变化，增强市场竞争力。此外，大数据平台的建设也推动了一个多方参与的生态系统的形成。这个系统不仅包括制造业企业，还涉及学校、研究机构和消费者等多方面的主体。通过建立这样一个数据共享和公共研发平台，可以促进知识的交流和创新思想的碰撞，进而加速新产品的研发和老产品的改进。重点在于，这样的大数据平台能够加强数据资源的汇集和分析，支持制造业企业在科学决策和产业创新方面的需求。这种数据的深度分析能力，不仅能够帮助企业洞察市场趋势，还能够提升产品和服务的个性化和精准性。具体来说，一个制造业企业通过接入这样的数据平台，能够实时地收集和分析市场动态、生产线运行数据。这些数据的实时分析和反馈，能够帮助企业及时调整生产策略，优化产品设计和生产流程。同时，与学校和研究机构进行知识共享，进一步促进了企业技术创新和产品升级，从而提升了企业的生产效率和市场竞争力。

综上而言，通过建设大数据资源分析平台，一方面，评估体系可以借助大数据技术的数据收集、分析功能来落实，挑选出优质资本，并且找到适配的投资地；另一方面，大数据融资平台可以帮助中小企业解决融资难的问题，在平台上不仅可以对外资进行评估，也可以对本土中小企业进行评估，通过平台信息对接实现外资与中小企业之间的适配。平台不仅能够促进制造业的数字化转型，还能加强产业链的数据处理能力，提升产业的自主性和创新能力。这对于提升整个制造业的竞争力，构建一个更加灵活、高效、创新的产业环境具有重大意义。

二、完善制造业转型升级环境

（一）优化外资引入体系

合理引入和监管优质外资在本地企业和制造业产业升级中扮演着至关重要的角色。外资不仅能够为当地企业带来资金支持，而且在技术、管理经验等方面也提供了重要推动力，这对本地制造业的提升和转型具有深远影响。

首先，外资的正面作用在于其对本地企业和制造业产业升级的促进。外资企业通常携带先进的技术和管理经验，对本地企业形成了强有力的激励和学习机会。例如，技术含量高、生产效率高的外资企业引入本地市场，不仅可以提升产业的整体技术水平，还能通过竞争促使本地企业加速技术创新和管理改进。然而，不合理外资的引入也可能对制造业的健康发展造成损害。这主要表现在市场竞争秩序的扰乱和对本土企业的不公平竞争方面。因此，防控风险成为优化外资引入体系的重要环节。在这一过程中，大数据技术的应用显得尤为重要。通过收集和分析有关外资企业的数据，可以有效地监管外资质量并优化投资环境。利用大数据技术不仅可以筛选出符合本地产业发展需要的优质外资，还可以帮助制定更加合理的投资政策和策略。其次，建设一个全面的评估体系对于引入和监管外资极为重要。这个体系应当能够全面衡量生产效率和要素投入，优先考虑那些知识和技术密集型的外资。细化的评估标准，如技术含量、市场环境和技术溢出效应等，都应当成为考量的重要因素。进一步地构建大数据评估和融资平台可以有效助力中小企业融资，并实现外资与本土企业的有效匹配。这样的平台能够更好地分析市场需求和资金流向，帮助中小企业获取必要的资金支持，同时为外资提供精准投资方向。最后，营造一个良好的投资环境是吸引高质量外资的关键。这不仅包括传统的"硬环境"，如基础设施和法律体系，还包括"软环境"的转变，比如市场准入政策、知识产权保护和透明高效的政府服务。例如，通过现代化的网络体系、便捷的行政审批流程等软环境建设，可以大幅增强外资企业的投资意愿和提升满意度。

优化外资引入体系是一个系统工程，需要从多个角度出发，综合运用政策、技术和市场机制，以实现本地制造业的升级和可持续发展。通过精准筛选和高效监管外资，可以最大限度地发挥其在本地经济发展中的积极作用，同时避免潜在的负面影响。

（二）加强交通基础设施建设

交通基础设施的合理布局和升级不仅仅事关提高人民日常生活便利的问题，更是一种深远的经济策略。交通基础设施会通过资源配置效应、成本效应、溢出效应等影响制造业的转型升级。具体的，便捷的交通基础设施可以促进人力资本、商品、技术、设备等要素的便捷流动和交流，从而加速技术进步；便捷的交通设施能够有效减少制造厂商与市场之间的运输成本，有助于激发企业的规模效应。要实现这一目标，首先必须确保交通网络的布局既考虑到成本效益，又能实现对各地区的广泛覆盖。这意味着，交通规划需要根据不同地区的特点和需求进行量身定制，确保资源的最优配置。

一方面，对于经济欠发达地区，重点应放在建设高等级公路和高速铁路上。这一策略的核心在于提高这些地区内的可通达性，从而促进本地制造业的发展。例如，内陆地区由于受地理位置的限制，往往在经济发展上处于不利地位。在这些区域，可以重点发展陆运网络，如高速公路和铁路等，以提高地区间的连通性。这不仅有助于推动本地产品更快速地进入国内外市场，而且能有效吸引外部投资，推动当地经济的多元化发展。

另一方面，对于那些邻近先进制造业地区的区域，加强交通互联互通尤为重要。这些区域可以通过建立高效的交通网络，如高速铁路，来降低与先进制造业地区的物流成本，进而促进产业协作和技术吸收。例如，邻近高技术发展地区的区域可以通过建设快速交通网络，快速吸收先进技术和管理经验，加速本地产业升级和创新。

同时，沿海地区由于其独特的地理优势，应更加注重港口和海运设施的建设。这不仅能够促进国际贸易，也能够提升国际化经营能力和水平，而且对于工业发展也至关重要。优质的海运网络能够为沿海地区带来更多的外贸机会，有利于这些地区更好地融入全球经济体系，推动当地经济的快速增长。

通过上述措施，不仅可以提升交通基础设施的效率和扩大覆盖范围，还能促进区域间的经济互补和产业链的优化。这种策略的实施将有助于实现全面而均衡的区域发展，推动经济结构的转型和升级，进而为国家的长远繁荣奠定坚实的基础。

（三）调控财政投资以引导区域特色发展

在当前经济全球化和区域协调发展的背景下，合理调控财政投资，以适应和引导区域特色发展成为中国区域经济政策的重要组成部分。特别是在制造业领域，通过对财政投资的结构和规模进行双重调控，不仅可以促进区域间经济的均衡发展，还能引导地区间制造业发展的异质性。这种策略的核心在于合理控制财政投资的规模，避免财政资源的浪费和地方产业对财政的过度依赖。

对于东部地区而言，这一策略的实施尤为关键。东部地区作为中国经济最发达的区域，其基础设施和公共服务已相对完善。因此，财政投资应重点放在提升这些基础公共服务的质量上，同时支持高端制造业的发展。具体来说，可以通过投资于城市交通、环保设施和信息基础设施等方式，促进高端制造业和服务业的融合发展，从而提升整个区域的经济质量和竞争力。

在中部地区，财政投资的重点应转向教育和医疗等公共服务领域。中部地区虽然工业基础较好，但在技术和人才方面仍有较大的提升空间。因此，增加对教育和医疗的财政投入，不仅可以改善当地居民的生活质量，还能为制造业向技术密集型转型提供必要的人才和技术支持。例如，通过增设职业技术学院、支持地方高校的科研创新，可以有效促进当地技术密集型制造业的发展。

相比以上地区，西部地区的情况则更加特殊。由于历史和自然条件的限制，西部地区在基础设施和公共服务方面与东部和中部地区存在较大差距。因此，财政投资应首先加强对西部地区基础设施建设上的支持，为未来的产业迁移和升级做好准备。同时，还要改善教育和医疗公共保障，提高当地居民的生活质量，这不仅有利于留住和吸引人才，也有助于提升整个区域的经济潜力和发展动力。

通过对财政投资规模的合理控制和对不同区域特色的针对性投资，可以有效促进中国制造业的区域均衡发展。这不仅有助于缓解区域间的经济差距，还能促进整个国家经济的高质量发展。在此过程中，需要综合考虑各地区的实际情况和特点，制定出更加科学合理的财政投资策略。

三、组织双元复合型人才队伍

（一）创新人才培养机制

传统的人才培养模式已不能满足当前形势的要求，尤其是在实践能力方面。因此，针对这一挑战，必须对人才培养机制进行创新，以适应制造业企业数字化转型的迫切需求。

第一，复合型人才的需求日益凸显。制造业的数字化转型不仅需要人才掌握传统的制造技术，更要求他们能够熟练运用新型信息技术。这一点对于人才培养机制提出了新的挑战：如何有效地结合这两种技术的教育与培训，培养出既懂制造技术又精通信息技术的复合型人才。这需要高等教育机构在课程设计上进行创新，使之更加贴近制造业的实际需求。

第二，实践能力的提升是创新人才培养模式的关键点。理论知识的学习固然重要，但如果缺乏足够的实践机会，学生们很难将所学知识应用于真实的工作环境。因此，教育机构需要注重实践教学的比重，为学生提供更多的实习、实训机会，确保他们能够在实际工作中迅速适应并发挥作用。

为了实现这一目标，制造业企业可以与高校合作，共同建设人才培育基地。这种合作模式使学生能够将在课堂上学习到的理论知识直接应用于企业的实际项目中，不仅提高了教学质量，还增强了课程的实践指向性。此外，随着数字经济时代的到来，高校还需要动态调整学科专业设置，与时俱进地加强与前沿学科的教学体系合作，从而扩大数字人才的培育规模。这不仅有助于学生更好地适应数字化转型的需要，也为制造业企业提供了更多合格的人才。

创新人才培养机制是适应制造业企业数字化转型需求的关键。通过调整教育体系、强化实践教学与企业的深度合作，可以有效地提高人才的实践能力，为数字化转型培养出更多合格的复合型人才。

（二）加强数字化职业教育

为有效应对制造业在数字化转型过程中面临的人才缺口和劳动力减少问题，一个关键策略是强化数字化职业教育。这种教育方式不仅增强了人才的竞争优势，还有助于满足行业的特定需求。在此背景下，重要的是认识到，制造业的数字化转型不单单是一种技术升级，还涉及对劳动力技能和知识结构的全面改造。

　　一方面，制造业企业应当以市场和技术需求为导向，对人才进行有针对性的培养。这不仅包括对现有员工进行技能升级和数字化转型培训，也意味着在招聘新员工时更加注重其数字化技能。这种需求导向的人才培养策略，能够确保企业在数字化转型的过程中始终保持技术优势和市场竞争力。

　　另一方面，对于技能门槛较高且相对独立的岗位，企业可以采用外包加培训的策略。这种策略不仅能够缓解企业在人力资源方面的压力，还能够通过专业的培训机构来满足特定技术需求。例如，对于某些特定的高技能岗位，企业可以选择将这些岗位外包给具备相关技能的专业人士，同时为他们提供必要的培训和技术支持，以确保他们能够快速融入企业的数字化转型进程中，也有助于实现企业的可持续发展。

　　在实际操作中，企业内部员工在企业转型需求下学习新技术的案例是非常普遍的。通过这种方式，员工不仅提升了自身的技能水平，还能够帮助企业顺利渡过数字化转型期。

　　加强数字化职业教育是应对制造业数字化转型中的人才缺口和劳动力减少问题的重要策略。通过灵活的用工形式和制订针对性的培训计划，企业不仅可以提高员工的技能水平，还能更好地适应市场的变化和技术的发展。最终，这将为企业带来更大的竞争优势，促进其在数字化时代的持续发展。

（三）加大高素质人才比例

　　数字经济有助于人才培养，可以极大拓宽劳动者获取学习信息的渠道，提高制造业人力资本，降低高校培养的人才与社会需要的人才之间存在的差异。新冠疫情期间，许多网络课堂、在线教育、线上考试系统得到快速发展，各学历阶段、各学科领域的教育资源都可以在网上广泛获得，给人才培养带来了极大便利，而远程教育也将成为中国未来一个时期发展空间最大的行业，需要政府给予更多支持。在硬件方面，政府要加速数字基础设施建设，尤其是让偏远地区能够通过手机、电脑等电子终端迅速稳定地获取网络资源，减少网络资源不均等带来的信息获取不完全问题；在软件方面，政府要注重对制造业高技术、复合型人才的培养：一是推进基础教育投入均等化，紧抓农村学生的基础教育，切实提高其高等教育入学比率；二是进一步扩大数字经济"无人区"领域学术研究生的招生人数，注重对基础理论、前沿学科和核心技术领域的人才培养，切实缩小与发达国家的差距，对专业型硕士，要制订针对性、实践性强的学习计划和考核标准，切实为企业输送高水平应用型人才，减少镀金现象的发生；三是鼓励民间办学，提升民办教育主体的社会地位，减少民办学校学生在就业中受到的歧视，使其在恰当的岗位发挥应有的作用，保障民办教师的待遇福利和切身权益，同时也不能放松对民办学校的办学资质和办学质量的考核；四是加强与互联网企业合作，为制造业注入互联网基因，提高劳动者数字素养，以人才红利代替人口红利，推动制造业转型升级。

（四）实施差异化人才政策以匹配产业结构

不同地区在数字经济发展和制造业升级方面存在差异，东部沿海地区由于早期的经济开放和技术积累，数字经济和高端制造业较为发达。相比之下，中部和西部地区较为滞后。因此，人才政策需要根据各地区的劳动力和产业特点，进行有针对性的规划和调整。

具体到东部地区的策略，应将重点放在吸引和培养与数字技术、高端制造业相关的人才方面。由于这些地区已具备一定的技术基础和产业优势，在此吸引海外高端和紧缺人才，不仅可以解决本地的人才短缺问题，还能促进技术创新和产业升级。例如，上海、北京等地区通过建立高科技园区，吸引了大量海外人才，这些人才的引入有效促进了当地数字经济和新一代信息技术的发展。

在中部地区，由于经济转型的需求，应更侧重于高等教育的投入和本地人才的培养。这包括加强与产业需求对接的专业设置，提高教育质量，以及增加对学生实践能力培育的投入。例如，湖北武汉通过众多高等院校，培养了大量符合当地产业需求的人才，有力支撑了该地区的经济发展。

对于西部地区，鉴于其劳动密集型产业的特点和数字经济的发展落后，人才政策应侧重于人力资本的积累。这包括加强基础教育和职业教育，以及提升高等教育的水平。例如，四川通过加强职业教育和高等教育的投入，提高了劳动力的整体素质，为当地的产业转型提供了人才支持。

根据地区特点制定的差异化人才政策，不仅有助于优化人才结构，更是实现产业升级和区域均衡发展的关键。通过这样的策略，可以更好地匹配人才和产业的发展需求，促进经济的持续健康发展。

结　语

　　制造业发展在国家工业发展中占据着重要地位，是实现产业转型的前提，但是我国目前仍然存在着制造业技术水平不高、劳动密集特点突出、制造业污染严重等诸多现实问题，为了实现制造业创新发展，推动制造业转型升级，对制造业展开深入研究十分重要。现阶段，数字经济呈现出了良好的发展态势，已经成为经济发展的新模式，切实地促进经济高质量发展，拥有不可估量的发展前景。数字技术在各个产业发展中的作用不容忽视，特别是数字经济与我国传统制造业之间的融合与渗透。通过本书研究，可以看出数字经济对制造业转型升级产生了显著影响，体现在制造业企业技术创新、制造业企业资本循环等方面，虽然数字经济时代下我国制造业转型升级取得了明显的成效，但是也要认识到其中面临的现实问题，例如数字化基础设施不完善、数据共享与整合难度较大、企业数字化转型阻碍较多、复合型高层次人才欠缺等，基于此，提出了数字经济背景下中国制造业转型升级的思路与优化策略，以发挥数字经济在中国制造业中的最大驱动能效。

参考文献

[1] 邓小华, 袁晨露. 数字经济发展对安徽省制造业转型升级影响研究 [J]. 青岛大学学报 (自然科学版), 2023 (12): 21-23.

[2] 侯玉荣. 数字经济赋能皮革制造业转型升级研究 [J]. 中国皮革, 2024 (01).

[3] 韦帅民. 数字经济与制造业低碳转型的理论与经验证据 [J]. 技术经济与管理研究, 2023 (12): 45-48.

[4] 王佳, 韩雪珂, 张欣然, 等. 数字经济下生产性服务业与制造业融合发展的实现路径研究 [J]. 商业经济, 2024 (01): 56-59.

[5] 刘亦文, 高京淋. 数字经济发展对制造业企业投资效率提升的影响 [J]. 金融经济学研究, 2023 (12): 32-34.

[6] 杨永生, 雷洪博, 张宇飞, 等. 数字经济与制造业绿色转型发展耦合协调测度与评价 [J]. 生态经济, 2023 (12): 28-31.

[7] 李亮亮, 邢云文. 数字经济赋能共同富裕: 逻辑理路、问题指向与实践进路 [J]. 经济问题, 2024 (01): 10-17.

[8] 周洁. 数字经济发展对劳动力就业的影响与对策——基于政治经济学的视角 [J]. 湖南社会科学, 2023 (06): 51-60.

[9] 原磊, 王山. 数字经济助力现代化产业体系建设 [J]. 当代经济研究, 2023 (12): 5-13.

[10] 朱洁西, 李俊江. 数字经济赋能制造业出口技术升级: 内在机制与经验

证据 [J]. 浙江社会科学, 2023 (12): 31-42+156-157.

[11] 孟庆强. 数字经济对制造业绿色转型影响的实证检验——基于河南省的数据检验 [J]. 河南工程学院学报 (社会科学版), 2023, 38 (04): 19-25+37.

[12] 包彤. 数字技术赋能制造业结构双重优化: 效益提升与绿色转型 [J]. 南方经济, 2023 (12): 83-106.

[13] 刘国武, 李君华. 数字经济发展对产业结构转型升级的影响——基于需求端视角 [J]. 当代经济科学网络首发, 2023-12-11.

[14] 陈付山. 制造业数字化转型路径研究 [J]. 价值工程, 2023, 42 (34): 5-7.

[15] 曹张龙. 数字经济驱动产业结构升级的理论机制及其门限效应 [J]. 统计与决策, 2023, 39 (22): 18-23.

[16] 尹忠明, 史兆晨, 王嘉琪. 数字经济对我国制造业出口结构的影响 [J]. 财经科学, 2023 (12): 132-145.

[17] 任海龙. 数字经济推动经济高质量发展的内在逻辑和实践路径 [J]. 黑龙江金融, 2023 (11): 13-18.

[18] 周珺, 周明生, 卓娜. 数字经济时代我国制造业的绿色转型发展 [J]. 科技导报, 2023, 41 (22): 77-82.

[19] 胡晓梅, 李杰, 陈鼎等. 长三角地区数字经济对制造业产业升级的影响 [J]. 曲靖师范学院学报, 2023, 42 (06): 69-74.

[20] 赵倩. 数字经济对河南省制造业转型升级的作用机制研究 [J]. 河南农业, 2023 (33): 45-47.

[21] 曾祥炎, 魏蒙蒙, 梁银笛. 数字经济促进区域协调发展: 机理、难点与对策 [J]. 东岳论丛, 2023, 44 (11): 114-120+192.

[22] 张震宇, 侯冠宇. 数字经济赋能经济高质量发展: 历史逻辑、理论逻辑与现实路径 [J]. 西南金融, 2023 (11): 32-44.

[23] 林孔团, 张轩浩, 侯杰, 等. 数字经济赋能制造业升级的空间效应研究 [J]. 天津商业大学学报, 2023, 43 (06): 3-9+43.

［24］张银丹. 数字经济、产业结构升级与经济高质量发展［J］. 陕西行政学院学报，2023，37（04）：102-111.

［25］付美鑫，卢佳怡. 数字经济发展对京津冀地区制造业升级的影响研究［J］. 商业经济，2023（12）：23-26.

［26］周茜. 数字经济对制造业绿色发展的影响与机制研究［J］. 南京社会科学，2023（11）：67-78.

［27］孙婉君. 数字经济下制造业转型升级中的问题研究［J］. 商场现代化，2022（24）：92-94.

［28］宋露琴. 数字经济时代的企业创新变革探究［J］. 全国流通经济，2022（36）：52-55.

［29］罗军，邱海桐. 城市数字经济驱动制造业绿色发展的空间效应［J］. 经济地理，2022，42（12）：13-22.

［30］马素芳. 以数字经济推动区域经济高质量发展［J］. 中国外资，2022（24）：53-55.

［31］李晓华. 制造业数字化转型与价值创造能力提升［J］. 改革，2022（11）：24-36.

［32］姚敏，陈俊. 深化推进数字经济和实体经济融合发展［J］. 群众，2022（24）：44-45.

［33］王梅霞. 数字经济背景下金融助力制造业高质量发展［J］. 塑料助剂，2022（06）：85-88.

［34］陈素梅，李晓华. 数字经济驱动制造业绿色发展的作用机理［J］. 企业经济，2022，41（12）：140-150.

［35］黄永林. 我国数字经济发展的成效与未来方向［J］. 人民论坛，2022（23）：79-83.

［36］王峰. 制造业数字化转型与智能化升级之路［J］. 信息化建设，2022（12）：36-37.

［37］李文雄. 数字经济下制造业数字化转型路径研究［J］. 中国商论，2022（23）：145-147.

［38］王一鸣. 数字经济与实体经济应深度融合［J］. 中国品牌，2022（12）：88-89.

［39］田欣雨. 数字经济推动产业结构升级的机理和路径探究［J］. 全国流通经济，2022（34）：107-110.

［40］闫德利. 数字经济的内涵、行业界定和规模测算［J］. 新经济导刊，2022（04）：63-72.

［41］邵春堡. 数字经济为何能成为新的经济形态［J］. 数字经济，2022（11）：2-6.

［42］王强，姚正海. 数字经济赋能经济高质量发展的实践经验研究——以广东省为例［J］. 改革与开放，2022（22）：9-16.

［43］方婷. 数字产业化对制造业高质量发展的影响研究［J］. 价值工程，2022，41（36）：25-27.

［44］郭建民，马原野. 加快推动制造业数字化转型，不断做强做优做大数字经济［J］. 中国发展观察，2022（11）：33-38.

［45］马玥. 数字经济赋能经济高质量发展的机理、挑战及政策建议［J］. 求是学刊，2022，49（06）：74-83.

［46］倪寒飞. 数字经济将会为中国经济增添新兴活力［J］. 商业观察，2022（32）：14-16.

［47］易秋平，刘友金. 数字经济条件下传统制造业价值链重构新解［J］. 北方经贸，2022（11）：42-46.

［48］谢杰，崔秋霞，蔡思腾，等. 数字经济时代下制造业中小企业数字化转型问题及建议［J］. 中国科技产业，2022（11）：56-59.

［49］王梓潼. 数字经济促进我国制造业绿色转型的路径分析［J］. 营销界，2022（21）：17-19.

［50］田刚元，陈富良. 数字经济、产业集聚与黄河流域制造业高质量发展［J］. 统计与决策，2022，38（21）：10-14.

［51］周勇，吴海珍，韩兆安. 数字经济对制造业转型升级的影响［J］. 统计与决策，2022，38（20）：122-126.

［52］贾凯，张新月，田立强. 供应链云服务下制造业企业数字化转型问题与对策研究［J］. 中国储运，2022（11）：66-68.

［53］付文宇，李彦，赵景峰. 数字经济如何赋能中国制造业优化升级？［J］. 经济问题探索，2022（11）：128-142.

［54］屠年松，李柯，柴正猛. 数字经济如何影响制造业全球价值链地位：机制分析与空间溢出［J］. 科技进步与对策，2022，39（22）：62-71.

［55］温曼童. 数字经济赋能传统制造业转型升级路径［J］. 经济研究导刊，2021（36）：32-34.

［56］杨虎涛. 新发展格局构建与数字经济发展：内在逻辑与政策重点［J］. 学术月刊，2021，53（12）：60-73.

［57］李秋香，张舸，黄毅敏，等. 我国数字经济发展存在的问题及对策研究［J］. 创新科技，2021，21（12）：11-18.

［58］周之瀚，杨曦. 数字经济的产业效应——基于数据要素化的理论分析［J］. 当代财经，2021（12）：101-114.

［59］周晓辉，刘莹莹，彭留英. 数字经济发展与绿色全要素生产率提高［J］. 上海经济研究，2021（12）：51-63.

［60］韩芳. 促进数字经济健康快速发展的途径［J］. 活力，2021（23）：177-178.

［61］王晓红，谢兰兰. 新发展格局下数字经济发展战略研究［J］. 企业观察家，2021（12）：76-81.

［62］李国斌. 发展数字经济赋能经济社会高质量发展［J］. 中国科技产业，2021（12）：7-9.

［63］范本. 数字经济推进区域协调发展［J］. 经济师，2021（12）：52-54+57.

［64］殷维. 数字经济下制造业高质量发展的路径与建议［J］. 商场现代化，2021（22）：124-126.

［65］孔存玉，丁志帆. 制造业数字化转型的内在机理与实现路径［J］. 经济体制改革，2021（06）：98-105.

[66] 谢智刚. 数字经济与中国经济数字化转型 [J]. 财政科学, 2021 (11): 20-25.

[67] 任骏. 数字经济: 为产业插上智慧翅膀 [J]. 宁波通讯, 2021 (21): 24-25.

[68] 王贵铎, 崔露莎, 郑剑飞, 等. 数字经济赋能制造业转型升级: 异质性影响机理与效应 [J]. 统计学报, 2021, 2 (05): 9-23.

[69] 李勇坚. 我国数字经济发展现状、趋势及政策建议 [J]. 科技与金融, 2021 (11): 24-33.

[70] 崔艺瑄, 熊晓轶. 数字经济发展对我国产业结构优化升级的影响研究 [J]. 商业经济研究, 2021 (21): 176-179.

[71] 孙艺新. 能源数字经济的创新元素与发展展望 [J]. 中国电力企业管理, 2021 (31): 64-66.

[72] 吴爽. 数字经济和制造业高质量融合发展的对策研究——基于杭州的实践分析 [J]. 中共杭州市委党校学报, 2021 (06): 88-96.

[73] 王敏. 大力发展数字经济 打造经济高质量发展新引擎 [J]. 贵阳市委党校学报, 2021 (05): 28-32.

[74] 郭志燊. 数字经济时代的挑战与财政应对 [J]. 新理财 (政府理财), 2021 (10): 37-38.

[75] 武晓婷, 张恪渝. 数字经济产业与制造业融合测度——基于投入产出视角 [J]. 中国流通经济, 2021, 35 (11): 89-98.

[76] 王玉香, 蒋剑. 数字经济时代制造业企业数字化转型路径研究 [J]. 全国流通经济, 2021 (28): 135-137.

[77] 李治国, 王杰. 数字经济发展、数据要素配置与制造业生产率提升 [J]. 经济学家, 2021 (10): 41-50.

[78] 武振楠. 数字经济时代传统产业的变革思考 [J]. 商场现代化, 2021 (18): 113-115.

[79] 戴浩, 詹洋. 数字经济驱动制造业高质量发展研究——基于产业结构高级化水平与政府支持的门槛效应 [J]. 咨询与决策, 2021, 35 (03):

67-80.

［80］刘鑫鑫，惠宁. 数字经济对中国制造业高质量发展的影响研究［J］. 经
　　　济体制改革，2021（05）：92-98.

［81］李勇坚，刘奕. 数字经济成为经济持续健康增长的新动能［J］. 中国发
　　　展观察，2021（18）：16-20+46.

［82］周丽妍，陈思皓. 数字经济促进传统制造业转型升级的路径［J］. 中小
　　　企业管理与科技（下旬刊），2021（10）：40-42.

［83］夏杰长，刘诚. 数字经济赋能共同富裕：作用路径与政策设计［J］. 经
　　　济与管理研究，2021，42（09）：3-13.

［84］王美惠子. 数字经济背景下中国制造业转型升级研究［J］. 产业与科技
　　　论坛，2021，20（17）：11-12.

［85］蔡延泽，龚新蜀，靳媚. 数字经济、创新环境与制造业转型升级［J］.
　　　统计与决策，2021，37（17）：20-24.

［86］董超. 数字经济发展对产业结构高级化的影响研究［J］. 对外经贸，
　　　2021（08）：80-83.

［87］杨继东，叶诚. 制造业数字化转型的效果和影响因素［J］. 工信财经科
　　　技，2021（04）：79-93.

［88］周晓辉. 先进制造业与数字经济的融合度测算：以长三角为例［J］. 统
　　　计与决策，2021，37（16）：138-141.

［89］肖亚庆. 大力推动数字经济高质量发展［J］. 中国军转民，2021（15）：
　　　18-20.

［90］郭南芸，杨文婷. 数字经济赋能制造业转型升级研究［J］. 广西经济，
　　　2021，39（Z4）：37-44.

［91］李建军，于志恒. 数字经济时代制造业转型升级方法探究［J］. 现代商
　　　业，2021（22）：45-49.

［92］王晓红，谢兰兰. 新发展格局下数字经济发展战略研究［J］. 开放导
　　　报，2021（04）：80-91.

［93］邵春堡. 数字经济如何创造实际价值［J］. 中国产经，2021（15）：

66-71.

[94] 张鹏飞, 李勇坚. 我国数字经济现状及发展趋势 [J]. 中国国情国力, 2021 (08): 10-13.

[95] 刘洋, 陈晓东. 中国数字经济发展对产业结构升级的影响 [J]. 经济与管理研究, 2021, 42 (08): 15-29.

[96] 易宪容. 中国企业数字化转型的问题与机会 [J]. 光彩, 2021 (08): 8.

[97] 夏诗园. 数字经济赋能 "双循环" 新发展格局的机理与路径 [J]. 福建金融, 2021 (07): 3-8.

[98] 刘天慧. 数字经济发展路径比较研究与政策分析——以天津市为例 [J]. 北方经济, 2021 (07): 49-52.

[99] 王敏. 新发展阶段数字经济高质量发展研究 [J]. 哈尔滨师范大学社会科学学报, 2021, 12 (04): 75-78.

[100] 赵帆, 冯百侠. 数字经济背景下制造企业管理转型要素分析 [J]. 中国经贸导刊 (中), 2021 (07): 63-64+94.

[101] 本刊评论员. 推动数字经济与制造业深度融合 [J]. 江南论坛, 2020 (12): 1.

[102] 陈赟, 张春玲. 促进我国数字经济健康快速发展 [J]. 通信企业管理, 2020 (12): 6-11.

[103] 魏江. 数字经济发展背后的四个认识 [J]. 中国中小企业, 2020 (12): 34-35.

[104] 郑健壮, 李强. 数字经济的基本内涵、度量范围与发展路径 [J]. 浙江树人大学学报 (人文社会科学), 2020, 20 (06): 33-39.

[105] 秦海林, 马涛. 数字经济赋能高质量发展 [J]. 智慧中国, 2020 (11): 45-47.

[106] 王德辉, 吴子昂. 数字经济促进我国制造业转型升级的机制与对策研究 [J]. 长白学刊, 2020 (06): 92-99.

[107] 刘雷. 数字经济的概念及发展问题对策探讨 [J]. 北方经贸, 2020 (11): 38-40.

［108］薛挺，胡霞. 数字经济促进成都经济发展与转型的难点与对策［J］.
山西农经，2020（20）：13-14.

［109］陈建新，刘伯超，朱洪春. 数字经济背景下常州制造业数字化转型升
级对策研究［J］. 商场现代化，2020（19）：124-126.

［110］宋颖昌，张朝. "数据+平台"：打造数字经济高质量发展引擎［J］. 网
络安全和信息化，2020（10）：4-5.

［111］戴静. 数字经济对中国制造业高质量发展的影响研究［D］. 南京：南
京邮电大学，2022.

［112］田振兴. 数字经济驱动制造业高质量发展的机理、效应及路径优化研
究［D］. 石家庄：河北地质大学，2022.

［113］刘一腾. 数字经济驱动中国制造业升级研究［D］. 长春：吉林大
学，2022.

［114］王晨晨. 数字经济驱动制造业转型升级：作用机制与经验证据［D］.
兰州：兰州财经大学，2022.

［115］任佳明. 数字经济对高技术制造业高质量发展的影响研究［D］. 太原：
山西财经大学，2022.

［116］刘家旗. 效率视角下数字经济对经济高质量发展的影响研究［D］. 西
安：西北大学，2022.

［117］李雅欣. 数字经济对长三角地区制造业升级的影响研究［D］. 南京：
中共江苏省委党校，2022.

［118］罗嗣坤. 数字经济对制造业高质量发展的影响研究［D］. 南昌：江西
财经大学，2022.

［119］楚小静. 数字经济对制造业绿色创新效率的影响研究［D］. 郑州：河
南大学，2022.

［120］钟诗韵. 数字经济促进中国制造业结构升级的实证研究［D］. 南昌：
江西财经大学，2022.

［121］王丹. 数字经济对中国制造业出口技术复杂度的影响研究［D］. 蚌埠：
安徽财经大学，2022.

[122] 杜晗. 数字经济推动中国制造业价值链升级研究 [D]. 济南：山东财经大学，2022.

[123] 毕丽萍. 数字经济发展对我国制造业出口贸易的影响研究 [D]. 济南：山东财经大学，2022.

[124] 刘书彤. 数字经济赋能制造业全要素生产率研究 [D]. 济南：山东财经大学，2022.

[125] 魏雪. 数字经济赋能制造业企业高质量发展的内在机理与实现路径研究 [D]. 成都：四川大学，2022.

[126] 邓嘉浩. 数字经济对制造业结构高级化的影响 [D]. 成都：西南财经大学，2022.

[127] 王琴. 数字经济对我国制造业高质量发展的影响研究 [D]. 秦皇岛：燕山大学，2022.

[128] 李静. 数字经济对制造业产业结构升级的影响研究 [D]. 保定：河北大学，2022.

[129] 王贵铎. 数字经济赋能制造业转型升级研究 [D]. 呼和浩特：内蒙古财经大学，2022.

[130] 闫珊珊. 数字经济对中国制造业优化升级的影响研究 [D]. 沈阳：辽宁大学，2022.

[131] 石博涵. 数字经济与制造业融合测度研究 [D]. 北京：中国社会科学院大学，2022.

[132] 张珍. 数字经济对制造业服务化的影响 [D]. 合肥：合肥工业大学，2022.

[133] 詹洋. 数字经济对中国制造业高质量发展的影响研究 [D]. 武汉：湖北大学，2022.

[134] 王新慧. 数字经济赋能制造业结构优化的效应测度与提升路径研究 [D]. 石家庄：河北地质大学，2022.

[135] 吴锦舟. 数字经济对制造业结构升级的影响研究 [D]. 大连：东北财经大学，2021.

［136］陈金凤. 数字经济驱动制造业转型升级的区域差异研究［D］. 福州：福建师范大学，2021.

［137］邢皓. 数字经济赋能安徽制造业高质量发展的实现路径研究［D］. 蚌埠：安徽财经大学，2021.

［138］陈晨. 数字经济发展水平对制造业升级的影响研究［D］. 重庆：重庆工商大学，2021.

［139］马丽旦. 数字经济背景下制造业商业模式创新影响因素研究［D］. 北京：对外经济贸易大学，2021.

［140］王姝楠. 数字经济背景下中国制造业转型升级研究［D］. 北京：中共中央党校，2020.